总第89集

行政执法与行政审判

中华人民共和国最高人民法院
行政审判庭 编

中国法制出版社
CHINA LEGAL PUBLISHING HOUSE

图书在版编目（CIP）数据

行政执法与行政审判．总第89集／中华人民共和国最高人民法院行政审判庭编．—北京：中国法制出版社，2023.5

ISBN 978-7-5216-3191-3

Ⅰ.①行… Ⅱ.①中… Ⅲ.①行政执法-中国-丛刊 ②行政诉讼-审判-中国-丛刊 Ⅳ.①D922.11-55 ②D925.318.2-55

中国版本图书馆CIP数据核字（2022）第226679号

责任编辑 周琼妮（zqn-zqn@126.com） 封面设计 杨鑫宇

行政执法与行政审判（总第89集）

XINGZHENG ZHIFA YU XINGZHENG SHENPAN（ZONG DI-89 JI）

编者/中华人民共和国最高人民法院行政审判庭

经销/新华书店

印刷/三河市紫恒印装有限公司

开本/710毫米×1000毫米 16开 印张/19 字数/254千

版次/2023年5月第1版 2023年5月第1次印刷

中国法制出版社出版

书号 ISBN 978-7-5216-3191-3 定价：68.00元

北京市西城区西便门西里甲16号西便门办公区

邮政编码 100053 传真：010-63141600

网址：http：//www.zgfzs.com **编辑部电话：010-63141807**

市场营销部电话：010-63141612 **印务部电话：010-63141606**

（如有印装质量问题，请与本社印务部联系。）

目　录

【高端论坛】

1　审理行政案件的基本思路　郭修江

【行政赔偿专题研究】

36　直接损失赔偿标准的适用困局及反思
——以 329 件违法强拆行政案件为视角　郑　怡　熊　霓

52　行政违法强拆案件损害赔偿的认定困境与破解进路
——以中国裁判文书公开网 235 份判决书为样本　刘　璐　黄　晨

69　强拆行政赔偿案件司法审查的困境与出路
——以 P 市法院 2015—2020 年 2273 篇裁判文书为样本
王　辉　颜亚伟

【理论与实践】

85　证券行政处罚与刑事处罚的衔接困境与机制优化　陈良刚

99　审判实践中行政黑名单法律规制的困境与完善
——基于 T 法院行政黑名单案件问题研究　朱　琳　刘　伟

111　紧急情况下公安机关现场处置行为合法性审查　潘　伟　程　媛

123　行政诉讼变更判决适用扩大化研究
——基于 550 份行政裁判文书的分析　郑建昆　肖　俊

135　行政性垄断的司法审查研究　齐爱平

152　经营型承租人权益保护的路径探析
——以国有土地上房屋征收与补偿案例为视角　张　俊

【案例分析】

166　用工单位违法发包、分包、转包情况下的工伤认定问题分析　李德申　谭　红

173 突发疾病死亡视同工伤认定 梁菲 邓玲
180 职工停保后与重新参保之间产生的工伤费用不属于工伤保险基金支付范围 张倩
186 工伤职工自行放弃的工伤保险待遇赔付不能申请先行支付 夏嘉 何华
194 因工受伤就医途中再次发生非主要责任的外力伤害宜一并认定为工伤 董莉萍 邓斌 刘杨
199 宅基地的权利必须依照法定程序依法取得 秦绪栋
204 履责之诉中裁判基准时及裁判方式的规则厘定 张璐 甄硕
212 法院无权通过判决直接确定土地所有权的归属 杨英

【调查研究】

219 关于不动产登记类行政案件的调研报告
——基于本院建院以来行政审判的实证考察
北京市第三中级人民法院行政庭课题组
235 黑龙江省高级人民法院关于近五年行政抗诉案件的分析报告
黑龙江省高级人民法院行政庭课题组
244 工伤认定类案审理调研报告 上海铁路运输法院课题组

【规范性文件】

296 最高人民法院关于推进行政诉讼程序繁简分流改革的意见

高端论坛

审理行政案件的基本思路

郭修江

【摘要】人民法院审理行政案件，要全面落实解决争议、保护权利、监督权力三大目的，围绕被诉行政行为，依法受理案件，全面审查被诉行政行为的合法性，积极回应当事人的诉讼请求和理由，选择最有利于争议解决的审理方式和裁判方式，实质化解行政争议，促进行政管理目标的实现。

【关键词】行政行为　合法性审查　回应　行政判决

行政诉讼不同于民事诉讼、刑事诉讼，作为三大诉讼之一的行政诉讼制度，有其自身特点。人民法院审理行政案件，应当遵守我国现行行政诉讼法的制度设计安排，依照行政诉讼法的规定进行审理、裁判。在审判实践中，2014 年修正后的行政诉讼将解决行政争议作为行政诉讼法的目的之一，一些法官就此认为，要实现实质化解行政争议的诉讼目的，行政诉讼必须更多地采用民事诉讼规则，通过对原告诉讼请求是否成立进行审查而非被诉行政行为合法性审查，实现案结事了。我们认为，这种观点是错误的。根据我国现行行政诉讼法的规定，行政案件正确的审理思路应当是：以被诉行政行为为中心，坚持监督行政机关依法行政、保护公民法人和其他组织合法权益、实质化解行政争议的有机统一，依法受理行政案件，在全面审查被诉行政行为的合法性基础上，充分救济公民法人和其他组织的合法权益，采用最能够有效化解行政争议的审理和裁判方式，进行审理和案件判决。

一、全面落实行政诉讼法的目的和原则

（一）行政诉讼目的

根据《行政诉讼法》第一条的规定，行政诉讼的目的包括三个方面，一是解决行政争议（化解争议），二是保护公民、法人和其他组织的合法权益（保护权利），三是监督行政机关依法行使职权（监督权力）。根据《民事诉讼法》第二条规定，民事诉讼的主要目的是“确认民事权利义务关系，制裁民事违法行为，保护当事人的合法权益”，说到底是定分止争，解决原、被告之间的民事纠纷。根据《刑事诉讼法》第二条规定，刑事诉讼的主要目的是“保证准确、及时地查明犯罪事实，正确应用法律，惩罚犯罪分子，保障无罪的人不受刑事追究”，简单说就是惩治犯罪。与民事诉讼法和刑事诉讼法规定相比较，行政诉讼目的具有多重性。人民法院审理行政案件，必须同时兼顾监督权力、保护权利、化解争议。三个目的要在每一个行政案件中充分体现，不能有任何偏废。只强调监督行政机关依法行使职权，发现行政行为存在违法就一撤了之，将会导致行政案件来回“翻烧饼”，案结事不了；只强调保护公民、法人和其他组织的合法权益，不对被诉行政行为合法性进行严格审查，违法行政行为为侵害当事人合法权益的，判决驳回原告诉讼请求，将会导致老百姓对行政诉讼的功能作用产生怀疑，产生官官相护的不良影响，最终丧失对行政诉讼的信心；只强调化解行政争议，无原则地“和稀泥”，“小闹小解决、大闹大解决”，案件处理缺乏规则底线，将会挑动更多民众采取极端手段解决问题，不仅不能解决纠纷，反而会引发更多的社会矛盾。因此，行政诉讼中必须处理好三个目的之间的关系。我们的观点要以监督权力为基础，用通俗的话说就是，在对被诉行政行为合法性进行全面审查的基础上，分清是非，切实让公民、法人和其他组织受到被诉行政行为侵害的合法权益得到充分救济，在审判中选择最有利于纠纷解决的审理方式和判决方式依法作出裁判。

（二）合法性审查原则

《行政诉讼法》第六条规定，人民法院审理行政案件，对行政行为是否合法进行审查。合法性审查原则是行政诉讼的特有原则，其适用于所有类型的行政案件，贯穿行政诉讼程序全过程，适用于一审、二审、审判监督全部

程序。合法性审查原则的核心是对被诉行政行为合法性进行全面审查，不受原告诉讼请求和理由的限制，体现的是依法治国、依法行政的宪法原则。合法性审查原则要求人民法院在审理行政案件时，依据法律法规、参照规章，对被诉行政行为是否合法进行审查，体现行政诉讼监督行政机关依法行政的鲜明特色；同时，合法性审查原则也限制行政审判权的无限扩张，人民法院要尊重行政机关在既有裁量范围内作出的判断，除非行政行为滥用职权、显失公正，否则原则上不得干预行政行为合理性问题，更不得超越变更判决适用范围违法作出变更判决，用行政审判权取代行政权。

（三）促进行政管理目标实现

人民法院的审判工作与行政机关的管理工作，总体目标是一致的。审理行政案件，不能把两者对立起来。行政审判工作要“成事”，要提高行政机关依法管理行政事务的能力和水平，促进行政管理事项目标的达成，而不是削弱行政管理，甚至导致协助管理目标无法达成。行政审判监督行政机关依法行政，但不是为了监督而监督。对于行政行为违法依法应当撤销，但撤销会给国家利益、社会公共利益造成重大损害的，或者行政行为程序轻微违法、但对原告权利不产生实际影响的，人民法院应当依法判决确认被诉行政行为违法，但不撤销行政行为，保留其法律效力，在监督的同时确保行政管理目标的实现。

小结：行政诉讼要兼顾监督权力、保护权利、化解争议三大诉讼目的，坚持对被诉行政行为合法性审查不动摇。通过合法性审查，促进行政机关依法行政，促进行政管理目标的实现，保护公民、法人和其他组织合法权益，实现行政争议的实质化解。

二、行政诉讼的立案审查

行政诉讼与民事诉讼、刑事诉讼相比，立案条件较为复杂。其原因在于，司法不能代替行政，法律通过对行政诉讼受理条件的严格限制，以保障行政活动不受司法审判的过度干预，确保有效行政。《行政诉讼法》第四十九条和《最高人民法院关于适用〈中华人民共和国行政诉讼法〉的解释》（以下简称《行政诉讼法适用解释》）第六十九条第一款对行政诉讼起诉条件作出具体规定，概括起来行政诉讼起诉条件主要考虑以下事项。

（一）原告是与被诉行政行为有利害关系的人

《行政诉讼法》第二十五条第一款规定，行政行为的相对人以及其他与行政行为有利害关系的公民、法人或者其他组织，有权提起诉讼。所谓“利害关系”，是指根据普通人的一般认知，行政行为有可能对起诉人的权利义务造成区别于其他人的特别侵害或不利影响。行政相对人、受害人、竞争权人、相邻权人、为维护自身合法权益的投诉人都是与被诉行政行为有利害关系的人，具有原告资格；权利受到被诉行政行为区别于其他成员特别侵害的小区业主、集体经济成员、公司股东等，也是与被诉行政行为有利害关系的人，具有原告资格。原告资格的核心在于“利害关系”，而利害关系的核心在于起诉人的权利可能会受到被诉行政行为区别于他人的特别侵害或不利影响。不能用“法律上”或者“行政法上”的词语对“利害关系”进行缩限。2014年修改后的《行政诉讼法》第二十五条第一款①在吸收《最高人民法院关于执行〈中华人民共和国行政诉讼法〉若干问题的解释》（现已失效，以下简称《行政诉讼法执行解释》）第十二条②原告资格标准时，删除了“法律上”三个字，原因就是“利害关系”不需要“法律上”或“行政法上”的限制。当事人主张的利益只要不是法律上禁止的非法利益即应当予以保护。实践中，相当数量的裁判文书还在用“法律上利害关系”甚至“行政法上利害关系”解读行政诉讼原告资格的法定条件，这是违反《行政诉讼法》规定的。

（二）被告是作出行政行为的行政机关

《行政诉讼法》第二十六条第一款规定，公民、法人或者其他组织直接向人民法院提起诉讼的，作出行政行为的行政机关是被告。“谁行为谁被告”，这是确定作出的行政行为案件中适格被告的基本原则。“作出行政行为的行政机关是被告”，有三层含义必须明确：第一，要确定被诉行政行为作出的单位是谁。“组织”“责成”“配合”实施行政行为的主体不是实施主体，也不是实施行为的适格被告。例如，政府责成行政执法局强制拆除违法建筑，并组织公安、自然资源、环保等部门配合。当事人不服强制拆除行为提起行

---

① 《行政诉讼法》第二十五条第一款规定：“行政行为的相对人以及其他与行政行为有利害关系的公民、法人或者其他组织，有权提起诉讼。”

② 《行政诉讼法执行解释》第十二条规定：“与具体行政行为有法律上利害关系的公民、法人或者其他组织对该行为不服的，可以依法提起行政诉讼。”

政诉讼，只能以具体实施强制拆除行为的行政执法局为被告，政府作为“责成”和“组织”者，不是强制拆除行为的实施主体，公安、自然资源、环保等部门是在各自职权范围内配合行政执法局强制拆除违法建筑，也不是强制拆除行为的实施主体，因此都不是诉强制拆除违法建筑行为案件的适格被告。第二，要明确被诉行政行为。只有明确被诉行政行为，才能准确确定适格被告。以前述强拆案件为例，如果原告起诉的是强拆过程中，公安人员为维护秩序将原告从违建中强行拉出造成其身体伤害的行为，适格被告就不是实施强制拆除行为的行政执法局，而是现场维持秩序的公安机关，其他参与机关对该行为均不承担责任。第三，要明确利益主体。在行政诉讼中，有的行政机关没有担当精神，明明是委托其他非行政机关实施违法行政行为，但是拒不承认，有的还要求受委托的组织主动承认是其自己作出的违法行为。此时，人民法院要结合案件的基本事实，根据利益归属确定获益的行政机关是适格被告。例如，集体土地征收过程中，村委会将被征收人的房屋强制拆除，乡镇政府是集体土地征收实施主体的，即便村委会承认是自己强制拆除，人民法院也应当根据案件事实，认定该行为是由乡镇政府委托实施的，将乡镇政府列为适格被告。这是因为，在集体土地征收过程中强制拆除被征收人房屋，通常村委会并非获益主体。

原告起诉不履行法定职责行为的，具有相应法定职责的行政机关是适格被告。原告向不具有相应职责义务的行政机关申请履责，该行政机关不予答复，原告以该机关为被告提起诉讼的，被告不适格，不符合起诉条件。应当注意的是，不履行法定职责案件指的是起诉行政机关不作为的案件。如果原告申请履责，不具有相应职责的行政机关作出回应，明确拒绝履责，不属于不履行法定职责案件。此时，应当按照“谁作出行政行为谁是被告”的规则确定适格被告，作出拒绝履行行为的行政机关是适格被告，人民法院经实体审理后，认为拒绝行为合法，可以依法判决驳回原告的诉讼请求。

（三）有具体的诉讼请求和事实根据

《行政诉讼法适用解释》第六十八条规定对《行政诉讼法》第四十九条第三项规定的有具体的诉讼请求作出解释，排除一并审理民事纠纷案件，单纯就行政案件而言，具体的诉讼请求主要是要有明确的被诉行政行为，并非民事诉讼中的具体请求内容。因为，行政诉讼中人民法院对被诉行政行为的合法性进行审查，不受原告诉讼请求和理由限制，判决也是根据被诉行政行为合法、违法以及违法的具体形态、程度等作出判决，并不受原告具体请求的限制。例如，原告请求撤销被诉行政行为，理由是程序违法。人民法院审理后，发现被诉行政行为适用法律错误，但结果并无不当，且撤销该行政行为将会严重损害国家利益、公共利益，人民法院应当依法判决确认被诉行政行为违法，不撤销保留效力。而不是说原告请撤销被诉行政行为理由不成立，人民法院判决驳回原告诉讼请求。所以，行政诉讼中，过分强调原告的具体请求内容，没有太多的实际意义。

事实根据是指原告要对起诉的事实和理由承担初步证明责任，防止虚假诉讼、滥诉。《行政诉讼法适用解释》第五十四条第一款第二项就规定，公民、法人或者其他组织提起诉讼时应当提交证明被诉行政行为或者不作为存在的材料。原告起诉被诉行政行为侵犯其合法权益，就要提供证据初步证明被诉行政行为存在。不能初步证明被诉行政行为存在，起诉就不符合法定条件。

（四）属于人民法院受案范围

行政诉讼法对行政诉讼的受案范围采取概括加肯定列举、否定列举方式作出规定。《行政诉讼法》第二条是概括性规定，行政行为侵权可诉。第十二条系肯定式列举，其中第一款是对常见可诉行政行为的不完全列举；第二款是关于单行法律、法规在行政诉讼法规定的可诉行政行为之外可以增加列举的规定，为今后逐步扩大行政诉讼法受案范围留有余地。

理解行政诉讼法规定的可诉行政行为的关键是，要对我国行政诉讼法上的“行政行为”概念有一个正确的理解。我国行政诉讼法使用的“行政行为”是一个广义的概念，包括行政机关、法律法规规章授权组织与行政职权相关联的所有作为与不作为行为。具体包括：主动行为和应申请行为，单方行为和双方行为，法律行为和事实行为，作出的行为和不履行法定职责行为，具体行政行为和抽象行政行为，内部行政行为和外部行政行为，合法行政行为和违法行政行为等，行政主体与行政职权相关联的所有作为和不作为，均属于有行政诉讼法规定的行政行为范畴。

可诉的行政行为仅是指对当事人权利义务产生实际影响，有可能侵害或者对其人身权、财产权等合法权益产生不利影响的行政行为。《行政诉讼法适用解释》第一条第二款对排除可诉性的行政行为进行了较为全面的列举规定，排除不是行政行为的刑事侦查行为、调解与仲裁行为、执行生效判决裁定行为，以及行政指导行为、驳回当事人申诉的重复处理行为、不产生外部法律效力的内部行为、论证研究层报咨询等过程性行为、内部层级监督行为、信访事项处理行为以及其他对当事人权利义务不产生实际影响的行政行为，还有《行政诉讼法》第十三条规定的不可诉的国防、外交等国家行为，制定、发布的具有普遍约束力的决定、命令行为，对行政机关工作人员的奖惩、任免行为，最终裁决行为。除此之外，可诉行政行为还排除侵害或影响当事人政治民主权利的行政行为。行政诉讼法规定的“人身权、财产权等合法权益”的范围包括人身权、财产权以及受教育的权利、劳动的权利、休息的权利，获得国家救助的权利等。除言论、出版、结社等政治民主权利之外，其他合法权益均属于行政诉讼保护的权利范围。

行政协议属于行政诉讼受案范围，并不是行政诉讼法直接将行政协议纠纷纳入行政诉讼受案范围，而是肯定行政协议行为，包括订立协议行为、单方变更解除协议行为、不依法履行未按照约定履行协议行为，属于对当事人权利义务产生实际影响的行政行为，进而将其纳入行政诉讼受案范围。如果认为行政协议纠纷属于行政诉讼受案范围，将背离我国现行行政诉讼法的规定，在法律上找不到依据。因此，人民法院受理行政协议案件，首先同样需要原告明确被诉行政协议行为。

从诉讼程序上看，如果原告起诉被诉行政行为不明确，人民法院有指导释明义务，引导当事人起诉最能够解决其实质争议的行政行为提起诉讼。

（五）属于受诉人民法院管辖

管辖问题在行政诉讼中争议不大。级别管辖中，由于当事人对更高级别人民法院审理其案件的渴望，总想在中级人民法院甚至高级人民法院提起一审诉讼。修改后的行政诉讼法规定县级以上人民政府为被告的案件一律由中级人民法院管辖，申请再审案件通过诉讼化改造，全部由生效裁判的上一级人民法院管辖，部分满足了群众的司法需求。但是，由此导致高级人民法院和最高人民法院的案件数量大增，不堪重负。解决行政案件受理“倒金字塔”问题，又成为棘手的法律问题。2021 年 4 月 1 日起施行的最高人民法院《关于正确确定县级以上地方人民政府行政诉讼被告资格若干问题的规定》

和《关于办理行政申请再审案件若干问题的规定》，将部分行政一审案件和申请再审案件的管辖权下移，部分缓解了最高人民法院和高级人民法院的办案压力，但是不可避免地会影响老百姓对更高层级人民法院审理其案件的期待，也不可否认降低级别管辖后，基层人民法院审理案件抗行政干预能力减弱的事实。对于如何实现案件下移和提升抗干扰能力双赢的问题，我们认为，全面推广集中管辖司法改革，由实行集中管辖的基层人民法院异地审理大部分行政案件，不失为一种合法有效的途径。

应当注意的是，集中管辖试点工作自 2013 年开展以来，尤其是 2014 年修正后的《行政诉讼法》第十八条充分肯定集中管辖制度后，在全国各地普遍推行的同时，集中管辖模式多元化也成为有效规范集中管辖试点的严重问题。最高人民法院司改办、政治部要求行政审判庭在审核批准集中管辖方案时，要进一步规范集中管辖模式，原则上一地只能用一种模式，不得多种模式混搭；鼓励一个中级人民法院辖区内确定部分基层人民法院跨行政区划管辖其他区县人民法院管辖案件的模式；不再审批不搞集中，仅仅是在各基层人民法院之间交换案件审理的“推磨式”管辖改革模式；提倡中级人民法院管辖的二审案件实行集中管辖改革试点。实行集中管辖的基层人民法院可以受理以县级、地市级政府为被告的政府信息公开、不履行法定职责、不予受理或程序性驳回复议申请以及涉土地、山林等自然资源权属争议行政裁决等案件。

还需要注意的是，实行集中管辖要因地制宜，不能为了改革而改革。在审判程序上，原告错列是县级以上人民政府为被告在中级人民法院提起诉讼的，受理人民法院应当向当事人释明被告不适格，告知其依法向有管辖权的基层人民法院起诉，原告同意向有管辖权的基层人民法院起诉的，中级人民法院可以将案件移送至基层人民法院受理；当事人不同意向基层人民法院起诉的，中级人民法院应当依法裁定不予立案；已经受理的，裁定驳回起诉。这是因为，当事人不同意向有管辖权的基层人民法院起诉，移送后下级人民法院也难以审理此案。

（六）在法定起诉期限内提起诉讼

起诉期限是行政诉讼法特有的诉讼制度。它不同于民事上的诉讼时效和刑事上的追诉时效。诉讼时效和追诉时效都是实体法上的概念，超过诉讼时效，当事人民事上的实体权利不再受法律保护，并不丧失诉权；刑事上的追诉时效同样是超过追诉时效犯罪行为未被发现，实体上不再追究法律责任。而行政诉讼上的起诉期限，是原告提起行政诉讼的法定条件，超过起诉期限提起诉讼，丧失的是起诉权程序权利，并非实体权利。设立起诉期限制度的目的在于敦促原告及时行使权利，提高行政管理效率。因此，所有的行政案件均适用起诉期限制度，包括起诉行政行为无效和行政协议案件。起诉期限制度可以分为经行政复议的案件和直接起诉的案件两种情形，直接起诉的案件又可分为作出的行政行为案件和不履行法定职责不作为案件两种情形。

经过行政复议的案件，收到复议决定书之日起 15 日内提起诉讼；复议机关逾期不作决定的，可以在 2 个月的复议期满之日起 15 日内提起诉讼。应当注意的是，无论复议决定是维持、改判、实体驳回复议申请，还是不予受理、程序驳回复议申请；无论原告起诉复议决定还是原行政行为，均应当适用 15 日的起诉期限。但是，复议决定未告知起诉期限的，适用 1 年起诉期限的规定。法律另有规定除外。

直接起诉作出的行政行为的，行政机关告知起诉期限的，自知道或者应当知道作出行政行为之日起六个月内提出；未告知起诉期限的，从知道或者应当知道起诉期限之日起计算，但从知道或者应当知道行政行为内容之日起最长不得超过一年。不知道行政行为内容的，最长起诉期限为从作出行政行为之日起 5 年，涉及不动产的不超过 20 年。因不可抗力或者其他不属于起诉人自身原因耽误起诉期限的，被耽误的时间应当予以扣除。与行政机关协商处理的期间，因仲裁、诉讼解决关联争议耽误的期间、受益性行政行为在被告知错误之前耽误的期间等，均属于应当扣除的期间。

直接起诉不作为行为的，申请履行保护其人身权、财产权等合法权益的法定职责，行政机关在接到申请之日起两个月内不履行的，申请人可以在期满后六个月内提起诉讼。法律、法规对履责期限另有规定的从其规定。紧急情况下，起诉期限的起算点不受两个月期满的限制。不履行法定职责案件起诉期限届满后，行政机关履责义务持续存在的，当事人可以再次申请履责，行政机关继续不履责的，属于新的不履责行为，起诉期限重新开始计算。

（七）符合复议、裁决、处理前置要求

1. 复议前置。《行政诉讼法》第四十四条第二款规定：“法律、法规规定

应当先向行政机关申请复议，对复议决定不服再向人民法院提起诉讼的，依照法律、法规的规定。”例如，《行政复议法》第三十条第一款规定，土地确权案件应当先行复议，不服复议决定才可以依法提起行政诉讼。

2. 裁决前置。《国务院法制办公室关于依法做好征地补偿安置争议行政复议工作的通知》规定：“被征地集体经济组织和农民对有关市、县人民政府批准的征地补偿、安置方案不服要求裁决的，应当依照行政复议法律、法规的规定向上一级地方人民政府提出申请。”

3. 先行处理。《国家赔偿法》第九条第二款规定：“赔偿请求人要求赔偿，应当先向赔偿义务机关提出……”单独提起行政赔偿诉讼，应当申请赔偿义务机关先行处理。经过人民法院生效判决确认侵权的行政行为违法后，当事人另行提起行政赔偿诉讼的，仍然属于单独提起的行政赔偿诉讼，应当遵守上述规定。未经申请行政机关先行处理程序，直接起诉不符合单独提起行政赔偿诉讼的法定起诉条件。

（八）不属于重复起诉

《行政诉讼法适用解释》第一百零六条规定：“当事人就已经提起诉讼的事项在诉讼过程中或者裁判生效后再次起诉，同时具有下列情形的，构成重复起诉：（一）后诉与前诉的当事人相同；（二）后诉与前诉的诉讼标的相同；（三）后诉与前诉的诉讼请求相同，或者后诉的诉讼请求被前诉裁判所包含。”至于前诉请求撤销被诉行政行为，后一个诉请求确认被诉行政行为违法，不影响构成不符合法定起诉条件。属于重复起诉的，应当裁定不予立案，已经立案的，裁定驳回起诉。

（九）诉讼标的未被生效裁判或者调解书所羁束

所谓“诉讼标的”受生效裁判羁束，是指原告起诉时所诉行政行为的法律效力已经为生效裁判的主文或者直接影响裁判主文成立的说理所约束，只有通过审判监督程序才能对被诉行政行为的合法性进行审查的情形。被诉行政行为已经被生效判决羁束，无论什么人对该行为提起行政诉讼，都是不可诉的。因为，即便受理人民法院也无法通过一审、二审程序推翻生效判决的结果。

受生效判决拘束与重复起诉之间既有相同之处，也存在明显区别。相同之处在于，前后两个诉针对的被诉行政行为是同一个，或者对前一个诉的被诉行政行为合法性判断已经必然包含对后一个诉的被诉行政为合法性判断；主要区别在于，重复起诉前后两个诉的起诉人相同，而受生效判决拘束前后两个诉的起诉人不受此限制。这是由生效判决是对全社会发生法律效力，而不仅仅是对案件当事人发生法律效力所决定的。

（十）符合合并审理的条件

《行政诉讼法》第二十七条规定："当事人一方或者双方为二人以上，因同一行政行为发生的行政案件，或者因同类行政行为发生的行政案件、人民法院认为可以合并审理并经当事人同意的，为共同诉讼。"《行政诉讼法适用解释》第七十三条规定："根据行政诉讼法第二十七条的规定，有下列情形之一的，人民法院可以决定合并审理：（一）两个以上行政机关分别对同一事实作出行政行为，公民、法人或者其他组织不服向同一人民法院起诉的；（二）行政机关就同一事实对若干公民、法人或者其他组织分别作出行政行为，公民、法人或者其他组织不服分别向同一人民法院起诉的；（三）在诉讼过程中，被告对原告作出新的行政行为，原告不服向同一人民法院起诉的；（四）人民法院认为可以合并审理的其他情形。"合并审理是原则，行政诉讼法上不存在所谓"一案一诉"原则。

实践中，对于被诉行政行为为同一个的案件应当合并一案审理，不得拆分立案；对于被诉行政行为为同类行为的，可以决定合并审理，提高审判效率。对于必要的共同诉讼，当事人分别起诉的，人民法院应当合并一案立案、审理，诉讼中符合起诉条件的当事人另行起诉的，应当追加该起诉人为共同被告；对于一些当事人为壮大声势，坚持要将不同案件当事人的案件合并审理，或者同一当事人将几个互不关联的诉讼捆绑一案起诉的，人民法院经审查认为合并一案起诉不符合合并审理法定条件，经指导释明原告仍坚持合并一案起诉的，人民法院可以以不符合合并起诉条件为由，裁定不予立案；已经立案的，裁定驳回起诉。

（十一）人民法院暂不宜受理的其他情形

因为涉及敏感的政治、国家安全问题，或者通过其他途径更有利于矛盾解纷化解、有助于社会和谐稳定，司法政策规定暂不受理的其他行政案件，人民法院暂不予受理。对于此类暂不予受理的案件，人民法院要做好当事人的工作，协调好各方面的关系，依靠当地党委、政法委，充分发挥政府化解行政争议的资源优势，引导当事人就相关争议先行通过非诉讼纠纷解决机制解决。在大量争议通过非诉讼途径解决后，剩下个别争议通过非诉讼纠纷解决机制确实难以化解的，在当地党委的统筹协调下，人民法院依法受理相关案件，实质化解行政争议。如果人民法院受理涉及敏感的政治问题、涉及国家安全等案件，本身就会成为舆论炒作的焦点，甚至引发集体诉讼、群体性事件，这样不仅不能有效化解行政争议，反而会成为引发更大规模纠纷的导火索。在此情况下，一定要充分发挥我国体制优势，在党委领导下，统筹协调，通过政府协调等非诉讼解决机制，在诉讼外将绝大多数纠纷予以化解，法院作为最后一道防线，依法公正解决剩余极少数纠纷，更有利于维护和谐稳定的社会环境。

小结：行政诉讼与民事诉讼相比，受理条件更加复杂和严格，有受案范围、原告资格、适格被告、明确的诉讼请求和理由、管辖法院、起诉期限、起诉的前置条件、重复起诉、受生效判决羁束、合并审理等许多条件的限制。任何一个条件都会导致起诉人的起诉不成立，从而被人民法院裁定不予立案或驳回起诉。

三、行政案件的实体审理

（一）全面审查被诉行政行为的合法性

1. 对作出的行政行为的审查。《行政诉讼法》第七十条规定："行政行为有下列情形之一的，人民法院判决撤销或者部分撤销，并可以判决被告重新作出行政行为：（一）主要证据不足的；（二）适用法律、法规错误的；（三）违反法定程序的；（四）超越职权的；（五）滥用职权的；（六）明显不当的。"人民法院对行政机关作出的行政行为，要按照前述规定，对被诉行政行为的主要事实是否清楚，适用法律、法规是否正确，是否符合法定程序，是否存在滥用职权和明显不当情形六个方面，进行全面审查。

2. 对不履行法定职责案件的审查。所谓不履行法定职责案件，仅指行政机关消极不作为行为，是与作出的行政行为相对应的概念，不包括拒绝履行、未完全履行。法律、司法解释对不履行法定职责案件应当审查哪些方面未作出专门规定。根据司法实践的做法，通常审查以下四个方面：（1）起诉人是否向行政机关提出履行相关法定职责的申请，行政机关应当主动履责的除外。

（2）被申请的行政机关是否具有相应的法定职责。（3）行政机关履行相应法定职责的法定、规定或约定条件。（4）履行法定职责的条件是否完全具备。其中第一项、第二项属于起诉的程序条件，应当向行政机关提出履责申请未申请直接起诉的（不符合起诉前置条件），或者起诉的行政机关不具有相应法定职责的（被告不适格），可以裁定不予立案或驳回起诉。第三项、第四项条件是实体审理的判断标准，具体条件要依据个案所涉及的相应法律规范确定。被告履责条件成就的，判决被告限期履行或者限期给付，造成损失的，依法承担行政赔偿责任；被告履责条件不成就的，属于请求履行法定职责或者请求履行给付义务理由不能成立的情形，人民法院应当依法判决驳回原告诉讼请求。

3. 回应当事人的诉讼请求和理由。为实质化解行政争议，在全面审查被诉行政行为合法性的基础上，人民法院必须针对原告的诉讼请求和理由作出回应。原告的诉讼请求是对被诉行政行为违法的处理结果的要求。行政诉讼中，原告诉讼请求并不影响人民法院的判决结果。例如，《行政诉讼法适用解释》第九十四条第一款就明确规定："公民、法人或者其他组织起诉请求撤销行政行为，人民法院经审查认为行政行为无效的，应当作出确认无效的判决。"但是，对于为什么不按照原告的请求予以判决，人民法院应当在裁判文书的说理中向原告阐释说明。诉讼理由是指原告提出的支持其诉讼请求的主要依据。原告请求撤销被诉行政行为，诉讼理由可能会有好几个，例如被诉行政行为主要事实不清、证据不足，作出被诉行政行为违反法定程序，被诉行政行为适用法律错误等。只要有一项理由成立，被诉行政行为即构成违法。所以，原告通常也会提出多个理由支持其诉讼请求。为了彻底消除原告的疑虑，人民法院就必须对原告的上述理由逐项进行分析，依据相关证据和法律法规的规定，明确告知其理由成立或不成立的具体原因。对于原告提出的与被诉行政行为合法性根本没有关联性的诉讼请求和理由，人民法院可以简单告知其不属于行政诉讼的审查范围。还有一些原告在诉讼中提出明显有违生活常识、自然规律等明显不能成立的理由，法官可以结合案件具体情况不予回应。

（二）事实审查

1. 法律要件事实。《行政诉讼法》第七十条第一项规定被诉行政行为

"主要证据不足的"，人民法院可以判决撤销被诉行政行为。"主要证据不足"，是指被诉行政行为中的法定要件事实缺乏相应的证据证明。所谓"法律要件事实"，是指作出行政行为的相关法律规范所要求的基本事实。只有行政行为认定的事实与法律规范所要求的事实要件相吻合，才能说明案件的主要事实清楚。法律要件事实通常可以参照刑法中主体、客体、主观方面、客观方面四要件的构成进行分析。具体到案件审理中，法官可以根据被诉行政行为所依据的法律条款，结合其他相关条款，法律条文中隐藏的四要件具体内容，确定使用该条款应当具备的法律要件事实。

2. 证据证明的事实。行政行为认定的事实，必须是有证据证明的事实。因此，对事实的审查，实质上是对证据的审核判断。证据审查首先应当逐一审查各方提供的每一个证据的三性（真实性、合法性、关联性），排除非法证据和无关联证据，依法采信可定案证据。其次，确认无争议事实。对于各方无争议的事实，进行一般审查，未发现存在侵犯国家利益、公共利益或者他人合法权益情形的，原则上予以确认。再次，确定事实问题的争议焦点。事实问题的争议焦点要具体明确，只有与被诉行政行为合法性相关联的争议事实，才可以列入争议焦点。复次，明确举证责任的承担主体。被告对作出的行政行为合法性承担举证责任；原告对符合起诉条件相关事实承担初步证明责任，行政赔偿、补偿案件中对损失事实承担举证责任。最后，综合分析证据，认定事实。根据争议焦点的举证责任分配情况，综合分析各方举证证明力，认定争议事实。

3. 证明标准。行政诉讼中，人民法院判断作为行政机关完成举证责任的标准，通常是高度盖然性标准，又称之为清楚而明了的标准。行政机关对被诉行政行为认定的主要事实要有较为充分的证据予以证明，即便存在个别细节方面的疑问或瑕疵，但总体上不能撼动法律适用所要求的要件事实的客观真实性。对于涉及当事人重大合法权益的行政拘留、吊销企业营业执照等行政处罚案件，以及行政强制执行等案件，应当适用排除合理怀疑标准。这是刑事案件的证明标准，不能排除合理怀疑，即应当认定质控的犯罪事实不能成立，不追究被告人的刑事责任。被诉行政行为涉及当事人重大人身、财产权利的，应当从严格保护公民、法人或者其他组织合法权益的角度考虑，设定更为严格的证明标准。对于行政机关就民事争议作出的行政裁决行为案件，适用优势证明标准。行政裁决处理的民事纠纷，通常就是由人民法院解决的纠纷。人民法院在民事诉讼中，一般采用优势证明标准判断原告是否完成举证责任。行政机关裁决民事纠纷的行政裁决行为，理应也适用相同标准。

4. 尊重行政机关对事实的初次判断。关于行政诉讼的证明标准，目前尚无法律的明确规定。审判实践中主要依靠法官的自由心证。《最高人民法院关于行政诉讼证据若干问题的规定》第五十四条规定，法官要遵循职业道德，运用逻辑推理和生活经验，全面、客观和公正地分析判断，确定证据材料与案件事实之间的证明关系，排除不具有关联性的证据材料，准确认定案件事实。有些案件，行政机关处理时就已经时过境迁，能够收集到的证据确实有限，即便撤销重作，要求行政机关补充调查，客观上也不可能获得新的证据，而依职权又必须作出决定。此时，行政机关基于现有证据、符合举证责任证明标准作出的事实认定，人民法院不能轻易否定，必须充分尊重行政机关依法对案件事实作出的初次判断。切忌对行政案件一律按照排除合理怀疑标准要求行政机关，动辄以被诉行政行为认定事实不清、证据不足为由撤销被诉行政行为、限期重新作出行政行为。尤其是对于土地山岭等权属纠纷行政处理决定的审查，更需要充分考虑相关权属纠纷时间跨度长、使用情况纷繁复杂的实际，对于行政机关在尊重历史、考虑现实，根据优势证明标准作出的基本公平的确权处理决定，人民法院必须予以充分的理解和尊重。反复判决撤销、责令行政机关重新作出确权处理决定，结果只能导致矛盾更加激化。对于确权处理决定案件，人民法院经审理认为确权决定认定事实存在问题，在查明事实后可以作出变更判决，直接确定争议土地山岭的权利归属，实质化解争议。

5. 举证责任的转移。行政诉讼过程中，负有举证责任的行政机关完成举证后，原告仍然坚持否定行政行为认定的相关事实的，应当提供足以推翻该项事实认定的充分证据。人民法院不能仅仅基于原告对行政机关认定事实的怀疑具有一些合理成分，即将举证责任再次转嫁给行政机关，简单以行政机关未对原告的质疑提供合理解释为由，否定行政行为认定的事实。

6. 酌定。法官不能拒绝裁判案件，必须在现有证据情况下作出判断，这就需要对事实“酌定”。其实，在一些行政案件中，同样存在行政机关不得不在现有证据下作出行政决定的情形。例如，因为行政机关的原因造成原告对损失事实不能举证，此时举证责任转移至行政机关。在先行处理过程中，作为赔偿义务机关的行政机关，必须对原告的损失予以赔偿，而实际上由于证据已经在行政行为过程中灭失，对损失的大小，行政机关也只能“酌定”。如何“酌定”事实，人民法院判断“酌定”事实是否属于“主要证据不足”的标准是什么，需要进一步明确。我们认为，“酌定”不是拍脑袋确定，必须结合原告的诉讼请求和其自身条件，遵守法官职业道德，运用逻辑推理和生活经验，按照普通人一般思维进行认定。比如，关于强制拆除行为造成屋内物品损失的“酌定”，有证据证明强制拆除时原告尚在被拆除房屋中正常生活的，对于原告提出的普通家庭都会有的电视、冰箱、桌椅板凳、锅碗瓢盆、衣物铺盖等日常生活必需品，按照强制拆除时新物品市场价格适当折旧计算的损失，人民法院一般应当予以认可。但是，如果原告提出了远远超过正常日用品需要的极高价值的损失，就要结合原告经济状况、贵重物品的来源，以及被拆除时贵重物品是否在被拆除房屋内、建筑垃圾堆放地点是否存留贵重物品残片等相关证据综合认定，不能简单肯定或否定，更不能不考虑该贵重物品是否真实存在，直接在物品价值上打折扣。对于行政机关未采取查封、扣押措施，搬出后交给原告留置在现场的物品，由于原告自身原因拒绝接受未妥善保管扩大的损失，应当由原告自行承担，不得计算在损失范围内。

（三）法律适用审查

1. 依据法律法规、参照规章。根据《行政诉讼法》第六十三条、第六十四条的规定，人民法院审理行政案件，依法对被诉行政行为的合法性进行审查，审查的依据是全国人大及其常委会制定的法律、国务院制定发布的行政法规、省级人大制定发布的地方性法规；同时，还要参照国务院各部委、省级政府、较大市政府制定发布的部委规章、地方规章。根据最高人民法院制定发布的《关于审理行政案件适用法律规范问题的座谈会纪要》规定，所谓“参照规章”，是指人民法院在参照规章时，应当对规章的规定是否合法有效进行判断，合法有效的规章应当作为判断被诉行政为合法的根据，不合法的规章不作为判断被诉行政为合法的根据。人民法院对规章仅仅具有选择适用权，没有宣布规章无效的裁决权。

2. 行政规范性文件的地位。最高人民法院制定发布的《关于审理行政案件适用法律规范问题的座谈会纪要》规定，人民法院经审查认为被诉具体行政行为依据的具体应用解释和其他规范性文件合法、有效并合理、适当的，承认其效力，并可以在裁判理由中对其是否合法、有效、合理或适当进行评述。行政机关为了行政执法活动需要，依据法律、法规、规章，制定和发布的具有普遍约束力的决定命令，通常可称之为行政规范性文件。在行政程序中，执法部门必须执行本级或上级行政机关制定发布的行政规范性文件，这是行政执法的根据之一。进入诉讼阶段后，人民法院对于被诉行政行为引用的规章以下的行政规范性文件，应当进行初步审核判断，只有合法、有效、合理或适当的行政规范性文件才能作为判断被诉行政行为合法性的根据。与规章相同的是，在我国目前的法律制度下，人民法院对行政规范性文件也只有选择适用权，亦不具有宣布其无效的裁判权。修正后的《行政诉讼法》规定，原告可以对被诉行政行为所适用的规章以下的规范性文件一并提起行政诉讼，但是，即便是在一并提起规范性文件审查诉讼中，人民法院发现规范性文件违法，也不具有判决宣布其无效的职权，仍然要通过制定机关或者其上级行政机关依法予以纠正。

3. 法律冲突的选择判断规则。（1）上位法优于下位法。调整同一对象的两个或者两个以上的法律规范因规定不同的法律后果而产生冲突的，一般情况下应当按照立法法规定的上位法优于下位法原则处理。（2）特别法优于一般法。同一位阶的法律既有一般规定，也有特别规定，当符合特别规定适用条件时，特别规定优先于一般规定适用。（3）程序从新，实体从旧。同一位阶的前后两部法律规定之间发生冲突，属于程序规则的事项，应当适用新法规定；属于实体处理规则事项的，应当优先适用行为时有效的旧法，但是按照新法处理对当事人更有利的除外。（4）与新法不冲突的未被废止的实施性规定或者解释可以继续适用。法律、法规修改后，其实施性规定或者解释未被明文废止的，与修改后规定相抵触的实施性规定或者解释，以及丧失依据而不能单独施行的规则，不得继续适用；但是，与新法规定不相抵触的相关实施性规定或者解释可以继续适用。

（四）符合法定程序审查

所谓“法定程序”包含三层意思：一是法律、法规明确规定的程序。例如，行政处罚法规定的处罚程序。二是合法有效的规章或规范性文件规定的程序，例如，公安部发布的《道路交通事故处理程序规定》有关交通事故处理的程序。三是《全面推进依法行政实施纲要》第五条和第二十条规定的

“程序正当”原则对行政程序的三点基本要求：（1）行政机关实施行政管理，除涉及国家秘密和依法受到保护的商业秘密、个人隐私的外，应当公开；（2）行政机关作出对行政管理相对人、利害关系人不利的行政决定之前，应当告知行政管理相对人、利害关系人，并给予其陈述和申辩的机会；（3）行政机关工作人员履行职责，与行政管理相对人存在利害关系时，应当回避。人民法院审理行政案件不得以美国的“正当程序原则”或者英国“自然公正原则”作为判断是否违反“法定程序”的标准；也不能主观臆断给行政机关设定法律法规、合法有效的规章、规范性文件以及程序正当原则未包含的程序义务，从而认定行政机关违反法定程序。在判断行政行为是否违反法定程序时，应当优先适用法律法规的具体程序规定。没有法律、法规具体规定的，适用合法有效规章、规范性文件的相关规定。规章、规范性文件也没有相应规定的，才可以适用“程序正当”原则的要求。

（五）超越职权审查

依法行政原则的第一项要求就是“合法行政”，具体要求是：行政机关实施行政管理，应当依照法律、法规、规章的规定进行；没有法律、法规、规章的规定，行政机关不得作出影响公民、法人和其他组织合法权益或者增加公民、法人和其他组织义务的决定。合法行政的实质就是行政机关不得越权行政。行政机关超越职权的具体表现有以下几种情形：一是超越行政权范围。行政机关行使了行政职权之外的司法职权、立法职权等，例如，没有强制执行权的行政机关自行实施强制执行，就属于此类情形。二是超越本机关的行政管理范围。例如，公安机关对走私违法行为进行查处并作出处罚决定，即属于公安机关超越自身行政管理范围对海关管理的事项进行查处。三是超越本机关的地域管辖范围。根据属地管辖原则，通常行政管理事项由事件发生地的行政机关管辖，行政机关不得跨行政区划行使管理职权，否则构成地域管辖权越权。四是超越法定的自由裁量范围。行政机关行使职权作出的行政决定，超越了法律、法规或者合法规章规定的裁量权范围。例如，法律规定可以对违法行为人处以违法所得5倍以下罚款，并没有规定可以没收违法行为所使用的工具，行政机关在作出5倍罚款的同时没收违法工具，即属于超越行政处罚裁量权范围的行为。

（六）滥用职权和明显不当审查

对于行政机关作出的行政行为的合法性审查，还包括滥用职权和明显不当的审查。这是行政诉讼法对合法性审查原则的适度突破。尤其是明显不当审查，是修改后的行政诉讼法进一步加强对被诉行政行为合法性审查力度的表现。滥用职权主要表现为表面符合法律规定，但是实质内容违反立法目的，或者存在借用公权力之名挟私报复，或者故意诱使当事人作出违法行为进而进行处罚（俗称“钓鱼执法”）等。滥用职权的认定主要考虑行政机关及其工作人员主观上的不公正执法问题，对于难以查明主观故意的行政违法行为，则难以用“滥用职权”进行审查定性。因此，2014 年修正后的《行政诉讼法》增加了“明显不当”的审查。所谓“明显不当”主要是指行政行为因为没有考虑个案的特殊情形，处理结果的外观让普通人根据一般社会认知感觉到行政行为的结果有失公允。“显失公正”去除了对行政机关及其工作人员主观心理的认定条件，使客观上明显不公正的行政决定，人民法院可以通过合法性审查进行干预，甚至撤销或变更，从而实现行政诉讼监督行政机关依法、公正行使行政职权。

（七）不履行法定职责或给付义务审查

行政诉讼法将行政行为区分为行政机关作出的行政行为和不履行法定职责或给付义务行为。为此，我们认为，与作出的行政行为相对应的不履行法定职责或给付义务行为只能限定在不作为范畴。行政机关拒绝履行或者迟延履行行为等作出的行政行为不属于不履行法定职责或给付义务行为。不同于行政机关作出的行政行为，在不履行法定职责或给付义务行为案件中，行政机关什么也没有做，不存在行政行为认定的主要事实、适用法律法规、作出行为的程序等相关内容，按照作出的行政行为的六个方面审查行政机关不履行法定职责或给付义务行为是否合法，无法与之相互对应，在实践中是行不通的。但是，就我国现行行政诉讼法而言，仅在第六十九条后半句规定“原告申请被告履行法定职责或者给付义务理由不成立的”，确实也没有对人民法院如何审查不履行法定职责或给付义务行为，作出明确的规定。

结合《行政诉讼法》第六十九条规定和审判实践，我们认为人民法院应当从以下几方面审查不履行法定职责或给付义务行为的合法性：

一是审查原告是否向被告行政机关提出过履职或给付申请。通常情况下，只有公民、法人或者其他组织提出申请，行政机关才会对该特定申请人产生具体的履职或给付义务。只有在行政机关应当主动履职的情形下，才不需要当事人的申请。例如，发生殴打他人的治安违法行为，路人拨打 110 向附近派出所报警，派出所接到报警后未出警，不需要被殴打的当事人向派出所提出履行保护人身权、财产权的申请。

二是审查被告行政机关是否具有相应的履责或给付法定义务。这里的“法定义务”包括：（1）法律、法规和合法有效的规章、规范性文件明确赋予被告的职责义务，例如根据《国有土地上房屋征收与补偿条例》规定，作出房屋征收决定的市县级人民政府，负有对被征收人予以征收补偿安置的法定义务。（2）因先前行为而产生的附随义务，如公安机关作出限制人身自由行为的，负有保障被限制人身自由人员在被关押期间的身体健康和生命安全的义务。（3）上级行政机关依法交办的义务，例如国有企业改制过程中，市政府通过企业改制方案要求市教育局对改制企业原先办理的中小学在编在册教师在市属中小学予以安置；又如复议机关作出复议决定，要求复议被申请人限期向复议申请人支付赔偿款。（4）行政协议约定的义务，如根据征收补偿协议，行政机关应当在签订补偿安置协议后的 2 年之内向被征收人交付约定的安置房屋。

三是审查履行法定义务的具体条件。被告行政机关具有原告请求履行的相应法定义务，人民法院还要继续考察法定义务履行的具体条件，这往往要根据相关的法律、法规和合法有效的规章、规范性文件规定，或者行政协议约定，进行详细分析、综合考察予以确定。每一类法定职责的具体履行条件各不相同，有的履行条件的法律层级要求十分严苛。例如，起诉行政机关不履行颁发许可证法定职责的，人民法院原则上只能根据法律、行政法规设定的条件判断申请是否符合法定条件，行政许可法不准许其他法律规范增设任何条件。

四是审查原告申请是否符合法定履责条件。所谓申请履责“理由成不成立”，核心就是要对照法定履责条件，审查被告行政机关是否应当履责。如果不符合履责条件，原告请求履行法定职责或者给付义务的理由不成立，应当判决驳回原告诉讼请求；如果符合履责条件，应当判决被告行政机关限期履行法定职责或者给付义务。

需要注意的是，应申请行为原告未向被告行政机关提出过申请，以及被告行政机关明显不具有原告申请事项的法定职权，属于起诉条件的审查范围。起诉前未提出申请，不符合起诉的法定前置条件。例如，单独提起行政赔偿诉讼，或者起诉行政机关不履行行政补偿义务，必须先行向赔偿义务机关或者行政补偿机关提出申请，未提出过申请直接起诉的，裁定不予立案或驳回起诉。被告行政机关完全不具有相应行政职权义务的，属于被告不适格，亦应当裁定不予立案或驳回起诉。

还要注意的是，对于不作为案件，人民法院不能仅对被告行政机关是否具有法定职责义务进行审查，而不审查原告申请是否符合法定条件，就简单判决被告行政机关对原告的申请限期作出答复。这样的判决对行政机关履责没有任何的实际指引，不能实现行政争议的实质化解。

（八）审理制度

1. 公开审判制度。《行政诉讼法》第五十四条规定："人民法院公开审理行政案件，但涉及国家秘密、个人隐私和法律另有规定的除外。涉及商业秘密的案件，当事人申请不公开审理的，可以不公开审理。"第六十五条规定："人民法院应当公开发生法律效力的判决书、裁定书，供公众查阅，但涉及国家秘密、商业秘密和个人隐私的内容除外。"公开审判包括公开开庭审理和裁判文书对外公开。司法改革过程中，人民法院实行庭审直播和文书上网公开，大量庭审过程和行政裁判文书通过互联网在社会广泛传播，对于提高公众对行政诉讼制度的认知度、促进行政机关依法行政，起到了积极的推动作用。

2. 回避制度。《行政诉讼法》第五十五条规定："当事人认为审判人员与本案有利害关系或者有其他关系可能影响公正审判，有权申请审判人员回避。审判人员认为自己与本案有利害关系或者有其他关系，应当申请回避。前两款规定，适用于书记员、翻译人员、鉴定人、勘验人。院长担任审判长时的回避，由审判委员会决定；审判人员的回避，由院长决定；其他人员的回避，由审判长决定。当事人对决定不服的，可以申请复议一次。"回避制度是确保公正审判的基础性制度，分为申请回避和自行回避两种情形。

"与本案有利害关系或者有其他关系"，是一个比较原则的概念，《最高人民法院关于审判人员在诉讼活动中执行回避制度若干问题的规定》第一条和第二条对此作出了具体规定。主要包括：（1）是本案的当事人或者与当事人有近亲属关系的。所谓"近亲属"，是指与审判人员有夫妻、直系血亲、三代以内旁系血亲及近姻亲关系的亲属。（2）本人或者其近亲属与本案有利害关系的。（3）担任过本案的证人、翻译人员、鉴定人、勘验人、诉讼代理人、辩护人的。(4) 与本案的诉讼代理人、辩护人有夫妻、父母、子女或者兄弟姐妹关系的。(5) 与本案当事人之间存在其他利害关系，可能影响案件公正审理的。此外，如果审判人员有下列情形之一的，也属于应当回避的情形：(1) 私下会见本案一方当事人及其诉讼代理人、辩护人的；(2) 为本案当事人推荐、介绍诉讼代理人、辩护人，或者为律师、其他人员介绍办理该案件的；(3) 索取、接受本案当事人及其受托人的财物、其他利益，或者要求当事人及其受托人报销费用的；(4) 接受本案当事人及其受托人的宴请，或者参加由其支付费用的各项活动的；(5) 向本案当事人及其受托人借款，借用交通工具、通讯工具或者其他物品，或者索取、接受当事人及其受托人在购买商品、装修住房以及其他方面给予的好处的；(6) 有其他不正当行为，可能影响案件公正审理的。

3. 诉讼不停止执行制度。《行政诉讼法》第五十六条规定："诉讼期间，不停止行政行为的执行。但有下列情形之一的，裁定停止执行：(一) 被告认为需要停止执行的；(二) 原告或者利害关系人申请停止执行，人民法院认为该行政行为的执行会造成难以弥补的损失，并且停止执行不损害国家利益、社会公共利益的；(三) 人民法院认为该行政行为的执行会给国家利益、社会公共利益造成重大损害的；(四) 法律、法规规定停止执行的。当事人对停止执行或者不停止执行的裁定不服的，可以申请复议一次。"诉讼不停止执行是行政诉讼特有的一项制度，其理论基础是：行政行为是行政机关代表国家作出的决定，具有国家意志性质。未经法定程序撤销，行政行为本身即具有强制执行的效力，不因当事人提起诉讼而终止其执行效力。但是，实践中由于大多数行政机关并没有自行强制执行的权力，而申请人民法院强制执行通常又必须是在生效判决之后或者当事人不起诉又不履行起诉期限届满之后，因此，行政诉讼中实际上多数被诉行政行为是处于停止执行状态的。在行政机关具有自行强制执行权力的情况下，为避免强制执行造成无可挽回的损失，当事人可以申请人民法院裁定停止被诉行政行为的执行。

4. 先予执行制度。《行政诉讼法》第五十七条规定："人民法院对起诉行政机关没有依法支付抚恤金、最低生活保障金和工伤、医疗社会保险金的案件，权利义务关系明确、不先予执行将严重影响原告生活的，可以根据原告的申请，裁定先予执行。当事人对先予执行裁定不服的，可以申请复议一次。复议期间不停止裁定的执行。"先予执行在行政诉讼中的范围十分有限，仅限于法律列举的支付抚恤金、最低生活保障金和工伤、医疗社会保险金案件，不能作扩大解释。行政诉讼中的先予执行制度，目的主要在于保护原告弱势群体一方的合法权益。有的地方为支持行政机关征收、拆违工作，按照先予执行程序在诉讼中强制拆除当事人的房屋等，是违反先予执行制度规定的。

5. 视为撤诉和缺席判决制度。《行政诉讼法》第五十八条规定："经人民法院传票传唤，原告无正当理由拒不到庭，或者未经法庭许可中途退庭的，可以按照撤诉处理；被告无正当理由拒不到庭，或者未经法庭许可中途退庭的，可以缺席判决。"适用视为撤诉、缺席判决的条件非常严格：一是必须经传票传唤到庭；二是拒不到庭或到庭后未经法庭许可中途退庭，即不出席庭审一方必须有对抗法庭审判的故意。对原告而言视为撤诉，对被告而言则会缺席判决。应当注意的是，视为撤诉或缺席判决将会严重损害国家利益、公共利益或者他人合法权益的，人民法院应当继续审理和判决。

6. 调解制度。《行政诉讼法》第六十条规定："人民法院审理行政案件，不适用调解。但是，行政赔偿、补偿以及行政机关行使法律、法规规定的自由裁量权的案件可以调解。调解应当遵循自愿、合法原则，不得损害国家利益、社会公共利益和他人合法权益。"凡是行政机关行使法律、法规规定的自由裁量权的案件，均可以进行调解。与民事诉讼中的调解不同，行政诉讼中的调解必须坚持合法性原则。行政机关无权自由处分包括财政经费在内的所有权力，超越职权调解即便达成协议也是无效的，所以必须在自由裁量权范围之内进行调解。调解适用于行政诉讼一审、二审、申请再审、审判监督程序的全过程。诉前调解达成协议的，人民法院立案后可以制作行政调解书。行政调解书一经送达即发生法律效力，一方不履行义务，另一方可以申请人民法院强制执行。

7. 一并审理民事纠纷制度。《行政诉讼法》第六十一条规定："在涉及行政许可、登记、征收、征用和行政机关对民事争议所作的裁决的行政诉讼中，当事人申请一并解决相关民事争议的，人民法院可以一并审理。在行政诉讼中，人民法院认为行政案件的审理需以民事诉讼的裁判为依据的，可以裁定中止行政诉讼。"一并审理民事纠纷限于法律列举的五类案件，必须有相关民事争议当事人在提起行政诉讼时一并提起民事诉讼的行为，人民法院应当将当事人一并提起的民事案件与行政案件合并，由同一个合议庭审判。

当事人未一并提起民事诉讼的，人民法院对与被诉行政行为合法性相关的事实和法律问题必须作出认定和判断，全面审查被诉行政行为的合法性。与被诉行政行为合法性无关的民事争议不属于行政诉讼的审理范围。例如，甲乙签订房屋买卖合同，将甲名下的房屋变更登记至乙名下，后甲不服变更登记行为提起行政诉讼，甲和乙之间是否存在客观真实的房屋转让合同以及该房屋转让合同是否合法有效，与被诉转移登记行为的合法性密切关联，即便甲乙双方未一并提起民事诉讼，人民法院在审理变更登记行为是否合法时，也必须对转让合同事实和有效性进行审查。但是，甲乙之间是否存在履行争议、是否还有余款未付清、是否应当承担违约责任等，与被诉行政行为的合法性无关，不属于行政诉讼的审理范围，当事人应当一并或另行提起民事诉讼寻求解决。

8. 撤诉制度。《行政诉讼法》第六十二条规定："人民法院对行政案件宣告判决或者裁定前，原告申请撤诉的，或者被告改变其所作的行政行为，原告同意并申请撤诉的，是否准许，由人民法院裁定。"《最高人民法院关于行政诉讼撤诉若干问题的规定》对撤诉的条件作出细化规定。原告申请撤诉可以分为两种情形：一是原告认识到起诉理由不成立，撤回起诉；二是被告撤销或改变原行政行为，原告撤诉。实践中，要注意撤诉和调解的区别适用。撤诉适用于撤诉前纠纷已经得到实质化解、权利义务已经履行完毕的案件。如果原、被告双方达成协议，权利义务尚未履行完毕的，原则上应当采取人民法院制作调解书的方式结案。这是因为人民法院裁定准予撤诉后，一方不履行义务的，纠纷还会再起，不能有效化解行政争议。制作行政调解书经各方签收后即发生法律效力，如果一方不履行义务，另一方就可以依据调解书申请人民法院强制执行，避免再次发生争议。

9. 一并审理规范性文件制度。根据《行政诉讼法》第六十四条和《行政诉讼法适用解释》第十一章的规定，一并审理规范性文件制度的主要内容包括：（1）规范性文件审查由行政行为案件管辖法院一并审查。（2）请求一并审查规范性文件，应当在第一审开庭审理前提出；有正当理由的，也可以在法庭调查中提出。（3）发现规范性文件可能不合法，应当听取规范性文件制定机关的意见；制定机关申请出庭陈述意见的，人民法院应当准许，行政机关未陈述意见或者未提供相关证明材料的，不能阻止人民法院对规范性文件进行审查。（4）人民法院对规范性文件进行一并审查时，可以从规范性文件制定机关是否超越权限或者违反法定程序、作出行政行为所依据的条款以及相关条款等方面进行。（5）“规范性文件不合法”的判断标准是超越职权、与上位法相抵触、违法增加义务或减损权益、严重违反制定程序及其他违反法律规定的情形。（6）规范性文件不合法，不作为认定行政行为合法的依据，并在裁判理由中予以阐明，同时应当向规范性文件的制定机关提出处理建议，抄送制定机关的同级政府、上一级行政机关、监察机关以及规范性文件的备案机关。接收司法建议的行政机关应当在收到司法建议之日起60日内予以书面答复。（7）规范性文件不合法的，应当在裁判生效后报送上一级人民法院进行备案。涉及国务院部门、省级行政机关制定的规范性文件，司法建议还应当分别层报最高人民法院、高级人民法院备案。（8）院长发现本院生效判决依据的规范性文件合法性认定错误，认为需要再审的，应当提交审判委员会讨论决定。最高人民法院、上级法院发现下级法院生效裁判认定规范性文件效力错误的，有权提审或者指令再审。

一并审理规范性文件合法性案件，审查的范围仅限于规章以下的行政规范性文件，国务院制定发布的行政法规性质的规范性文件不在此范围。人民法院对规范性文件实质性审查原则上仅限于对被诉行政行为所援引的或者作为被诉行政行为根据的相关条款。人民法院发现被诉规范性文件违法的，不作为判断被诉行政行为合法性的根据，无权判决确认规范性文件或相关条款无效。

10. 司法建议制度。根据《行政诉讼法》第六十六条的规定，人民法院在审理行政案件中，认为行政机关的主管人员、直接责任人员违法违纪的，应当将有关材料移送监察机关、该行政机关或者其上一级行政机关；认为有犯罪行为的，应当将有关材料移送公安、检察机关。人民法院对被告经传票传唤无正当理由拒不到庭，或者未经法庭许可中途退庭的，可以将被告拒不到庭或者中途退庭的情况予以公告，并向监察机关或者被告的上一级行政机关提出依法给予其主要负责人或者直接责任人员处分的司法建议。行政诉讼法中规定的司法建议，主要是建议追责。但是，实践中，人民法院越来越多地将司法建议运用到对个案中反映出来的行政执法问题提出改进建议，甚至是针对人民法院一段时间内审理案件中发现的具有普遍性行政执法问题，通过发布年度行政审判情况报告或者行政审判白皮书的方式，向同级党委、人大和政府提出意见和建议。司法建议延伸了行政审判的司法保障和服务功能，对促进法治国家建设具有积极作用。

小结：行政案件的实体审理对象是被诉行政行为的合法性。对于被告作出的行政行为，人民法院主要是通过对行政行为认定事实、适用法律、法定程序、法定职权以及是否存在滥用职权、明显不当情形进行审查；对于被告不履行法定职责或给付义务的案件，人民法院主要是通过对被告是否具有相应职权、履行义务的法定条件、履行法定职责或给付义务的条件是否成就、是否依法履行法定职责或给付义务几个方面进行审查。全面审查被诉行政行为合法性是法官审理案件的主线。在具体案件审理中，法官应当围绕主线，针对与被诉行政行为合法性相关或影响裁判结果的争议焦点进行审查，积极回应原告的诉讼请求和理由，从而达到实质化解行政争议的目的。

四、行政案件的判决

（一）一审判决方式

民事诉讼中，人民法院对纠纷作出实体判决，通常是直接适用实体民事法律规则，作出实质性的处理。刑事诉讼亦是如此，人民法院只能根据刑法，而不是刑事诉讼法，作出认定被告人构成犯罪并给予刑罚处罚的实体判决。而行政诉讼则不同，受司法权不能代替行政权的限制，行政诉讼法对人民法院实体判决方式作出了限定。人民法院要适用行政诉讼法规定的几种判决方式进行判决，而不能直接依据行政实体法律规范对争议事项作出判决，这也是行政诉讼难以实质化解争议的制度根源。

我国现行行政诉讼法规定的判决方式有以下八类：驳回原告诉讼请求、撤销、变更、确认违法、确认无效、撤销重作、限期履行、给付。上述八种判决方式的适用条件，存在内在的逻辑关系，根据作为和不作为的行政行为，行政行为合法、违法等不同情形，分别适用相应的判决方式。首先，无论作出的行政行为，还是不履行法定职责或给付义务，被诉行政行为合法的，判决驳回原告诉讼请求。其次，行政行为违法，又分为作出的行政行为违法和不作为行为违法。作出的行政行为违法可以分为以下几种情况分别判决：一是作出的行政行为违法应当撤销，彻底否定行政行为效力，法律关系恢复到行政行为作出之前状态；二是作出的行政行为违法，但是需确认违法保留其效力，或者违法但不需要判决撤销而确认违法；三是作出的行政行为存在重大且明显的违法情形，判决确认无效；四是行政处罚明显不当或者行政行为存在款额计算错误情形，判决予以变更；五是作出的行政行为违法，但是相关事项需要行政机关另行处理的，判决撤销责令重新作出行政行为。不作为行政行为违法，可以分为两种情形：一是原告请求被告行政机关履行法定职责理由成立，人民法院判决被告行政机关限期履行；二是原告请求被告行政机关履行给付义务理由成立，判决被告限期给付。八种判决方式，相互联系，构成行政诉讼判决方式的有机整体。人民法院要准确适用法律，按照行政诉讼法实质化解行政争议的立法目的，准确选择适用判决方式。下面，就八种法定判决方式进行简单概述。

1. 驳回原告诉讼请求判决。《行政诉讼法》第六十九条规定："行政行为证据确凿，适用法律、法规正确，符合法定程序的，或者原告申请被告履行法定职责或者给付义务理由不成立的，人民法院判决驳回原告的诉讼请求。"据此，可以从以下两方面进行分析：第一，作出的行政行为需要"证据确凿，适用法律、法规正确，符合法定程序"，才能判决驳回原告诉讼请求。即便是被诉行政行为存在第六十九条未列明的超越职权、滥用职权、明显不当等违法情形的，应当判决撤销被诉行政行为或者确认无效、判决变更等，而不能判决驳回原告的诉讼请求。第二，不作为行政行为需满足"原告申请被告履行法定职责或者给付义务理由不成立"。这是因为适用该规定的前提条件是行政机关不作为，原告请求行政机关履行作为义务的理由不能成立，反过来说就是被告不履行法定职责或者给付义务行为是合法的。因此，无论是作为的行政行为还是不作为的行政行为，只有在行政行为完全合法的情形下，人民法院才能判决驳回原告诉讼请求。这与民事诉讼中因原告诉讼请求不成立而判决驳回其诉讼请求的适用条件有本质的区别。

2. 撤销判决。被诉行政行为违法，应当恢复到作出被诉行政行为之前状态的，判决撤销被诉行政行为。《行政诉讼法》第七十条规定，行政行为主要证据不足，适用法律、法规错误，违反法定程序，超越职权，存在滥用职权、明显不当情形之一的，人民法院可以判决撤销被诉行政行为。但是，该条规定未明确区分撤销判决和撤销重作判决的适用条件。审判实践中，为实现行政诉讼法规定的化解行政争议的立法目的，人民法院应当区分撤销判决和撤销重作判决。如果被诉行政行为从根本上是错误的，当事人的权利义务应当恢复到被诉行政行为作出之前状态的，人民法院应当直接判决撤销被诉行政行为，彻底否定被诉行政行为的法律效力，使当事人的权利义务得到实质性救济。对于复议决定错误、原行政行为正确或者行政机关自我纠错行为错误、被纠错的行政行为正确的，人民法院可以在判决撤销被诉复议决定或纠错行为的同时，判决恢复原行政行为或被纠错行为的法律效力。[①]

3. 变更判决。被诉行政行为属于“行政处罚明显不当，或者其他行政行为涉及对款额的确定、认定确有错误的”，人民法院应当适用变更判决，直接判决变更被诉行政行为决定内容。[②] 所谓“涉及对款额的确定、认定确有错误”，是指被诉行政行为涉及价款的计算或者数字计算，由于事实认定错误或者计算方式错误，导致被诉行政行为对款额确定、认定存在误差的情形。款额错误，不仅包括行政补偿、行政赔偿、社会保险待遇等案件中的补偿、赔偿、相关待遇的数额认定错误，也包括诸如自然资源确权行政处理决定中对各方权属面积的认定等其他涉及数字确定、认定的行政行为。变更判决实质上打破了司法权不能代替行政权的樊篱，属于行政诉讼中司法判决的例外情形。适用这类判决时，人民法院可以对争议事项直接作出结论性处理，所以能够实质解决行政争议。凡是符合适用变更判决法定条件的案件，人民法院不能以撤销重作判决代替变更判决，否则就属于适用法律错误。

4. 确认违法判决。被诉行政行为违法，但撤销会给国家利益、社会公共利益造成重大损害，或者不具有可撤销内容的，人民法院应当适用确认违法判决。确认违法判决是撤销判决例外情形，属于行政诉讼法中的特别条款。根据特别法优于一般法的原则，凡是符合《行政诉讼法》第七十四条规定情形的案件，人民法院不得适用第七十条判决撤销或撤销重作。根据《行政诉讼法》第七十四条的规定，确认违法判决又包含两种不同状态：一是判决确认违法保留效力。此类判决确认违法，只是对被诉行政行为存在违法的宣示，但是被诉行政行为的法律效力依然存在，终审判决确认违法后，行政相对人不履行被诉行政行为确定的义务，被告行政机关可以依法自行强制执行或者依法申请人民法院强制执行。这类确认违法判决主要适用于：（1）行政行为依法应当撤销，但撤销会给国家利益、社会公共利益造成重大损害的；

---

① 《行政诉讼法适用解释》第八十九条规定：“复议决定改变原行政行为错误，人民法院判决撤销复议决定时，可以一并责令复议机关重新作出复议决定或者判决恢复原行政行为的法律效力。”

② 《行政诉讼法》第七十七条规定：“行政处罚明显不当，或者其他行政行为涉及对款额的确定、认定确有错误的，人民法院可以判决变更。人民法院判决变更，不得加重原告的义务或者减损原告的权益。但利害关系人同为原告，且诉讼请求相反的除外。”

（2）行政行为程序轻微违法，但对原告权利不产生实际影响的。其中，“撤销会给国家利益、社会公共利益造成重大损害”，包括被诉行政行为未经陈述、申编程序，或未依法听证等重大程序违法，撤销重作造成程序空转，将会严重浪费行政资源、司法资源，误导当事人形成新的上访老户；以及被诉行政行为涉及善意第三人的合法权益保护，撤销有违维护法的安定性基本原则等。二是存在不需要撤销或者判决履行的情形的，人民法院直接判决确认违法。此类确认违法判决否定被诉行政行为的效力，行政行为自始没有法律效力，当然也不存在强制执行的问题。主要适用以下三种情形：（1）行政行为违法，但不具有可撤销内容的；（2）被告改变原违法行政行为，原告仍要求确认原行政行为违法的；（3）被告不履行或者拖延履行法定职责，判决履行没有意义的。“不具有可撤销内容”通常是指行政机关的具体实施行为。如强制拆除房屋、抓获违法行为人、限制人身自由、对物品实施扣押的行为等，上述行为主要是行政强制措施或行政强制执行的具体实施行为，不具有可撤销内容。例如，起诉强制拆除违法建筑行政处罚决定，即便已经实施，也是具有可撤销内容的，不能说已经执行完毕不具有可撤销内容，不予撤销。但如果是起诉行政机关实施的强制拆除违法建筑行为，这是针对实施行为提出的，确实不具有可撤销内容，如果强制拆除房屋行为违法，人民法院只能判决确认违法。

5. 确认无效判决。被诉行政行为有实施主体不具有行政主体资格或者没有依据等重大且明显违法情形的，人民法院判决确认该行政行为无效，这与民事判决撤销与无效有很大不同。民事行为被判决撤销，行为从判决生效之日起无效，之前的行为继续有效；被判决无效，则自始无效。行政诉讼法上的判决确认无效与判决撤销，法律效力是完全相同的，都是自始无效，仅仅是违法程度上的区别。根据《行政诉讼法适用解释》第九十九条规定，“重大且明显违法”情形包括：（1）行政行为实施主体不具有行政主体资格；（2）减损权利或者增加义务的行政行为没有法律规范依据；（3）行政行为的内容客观上不可能实施；（4）其他重大且明显违法的情形。对于“重大且明显违法”情形的认定应当从严把握，判决确认无效的案件，人民法院应当建议有关部门对直接责任人员和负责人依法追究法律责任。从《行政诉讼法》第七十五条规定可以看出，相对于撤销判决，确认无效判决条款属于特别法条款，对于存在“重大且明显违法”情形的行政行为，不能判决撤销，而应当判决确认无效。通常情况下，对于重大且明显违法的行政行为，也不能判决撤销重作或者确认违法。

6. 撤销重作判决。被诉行政行为违法应当予以撤销，但是针对该行政行为处理的事项，仍需要被告进一步查清事实重新作出处理的，人民法院应当判决撤销被诉行政行为并限期重新作出行政行为。撤销重作判决的适用条件通常是被诉行政行为事实不清、证据不足，也可以同时具有违反法定程序、适用法律错误等违法问题。被诉行政行为超越职权的，一般应当判决撤销被诉行政行为，移送有管辖权的行政机关处理；被诉行政行为属于滥用职权或明显不当情形的，通常会伴随事实不清或遗漏重要事实的问题。如果被诉行政行为只是单纯地适用法律错误或者违反法定程序，且处理结果并不损害当事人合法权益，即便判决撤销重作，结果仍然是现在结果的，应当适用《行政诉讼法》第七十四条第一款第一项或第二项判决确认被诉行政行为违法保留效力，而不应当判决撤销重作。为实质化解行政争议，人民法院判决撤销重作的案件，应当尽可能查明被诉行政行为未弄清的相关事实，在判决说理和主文中明确重新作出行政行为的主要内容，限制行政机关重新作出行政行为的裁量权。

人民法院作出撤销重作判决，行政相对人的权利义务并不当然地恢复到行政行为作出之前的状态，而是处于待定状态。只有在重新作出的行政行为发生法律效力后，当事人的权利义务状态才能得到确定。审判实践中，如果将撤销重作判决的效力混同于撤销判决的效力，将会酿成重大纠纷和失误。因此，人民法院判决时，一定要严格区分撤销判决和撤销重作判决。应当依法判决撤销重作的判决撤销，或者依法应当判决撤销的判决撤销重作，都属于判决结果错误，应当予以纠正。

例如，某市政府对甲公司作出无偿收回国有土地使用权行政处罚决定，人民法院以超过两年未动工开发是否存在政府原因事实不清，以及未举行听证程序违法为由，判决撤销被诉行政处罚决定。甲公司拿到生效判决即将土地使用权予以抵押。由于甲公司确实存在超过两年未动工开发应当无偿收回土地使用权的客观情形，该市政府再次经过调查，查明甲公司超过两年未动工开发不存在政府原因的事实后，依法举行听证会，再次作出无偿征收决定。但此时抵押权人提出疑问，引发了更多矛盾，造成国家利益严重受损。这个案子出现问题的一个重要原因就是在审理无偿收回土地使用权处罚决定案件时，法院适用撤销判决不当。如果当初法院以事实不清、程序违法为由，判决撤销无偿征收决定，同时责令市政府重新作出行政行为，就不可能成功办理抵押登记，也就不会发生之后的一系列纠纷。

7. 限期履行判决。被告不履行法定职责的，人民法院判决被告在一定期限内履行。所谓“法定职责”，包括法律规范规定的职责义务、行政协议约定的职责义务以及因先前行为产生的附随义务。例如，公安机关依法对醉酒的人约束至酒醒，确保其在被限制人身自由期间的人身安全就是公安机关的附随义务。如果因为公安机关未采取保暖措施，致使醉酒的人在醒酒期间被冻伤，属于不履行法定职责的违法行为。应当注意的是，不履行法定职责仅是指行政机关不作为，不包括拒绝履行或不完全履行、未依法履行的情形。行政机关作出拒绝履行决定，或者已经履行但未完全履行或未依法依约履行，当事人起诉的，人民法院应当依法判决撤销重作或者直接作出变更判决。

人民法院判决被告限期履责，应当尽可能明确职责义务。例如，原告申请核发许可证，被告逾期未答复，原告起诉请求判决被告限期履行颁证义务，人民法院经审理认为原告申请符合颁证法定条件的，应当依法判决被告限期给原告颁发许可证，而不是判决被告限期作出是否颁证的行为。对于限期颁证判决，被告只能颁发许可证，否则就是不履行生效判决的行为，原告可以通过生效判决申请强制执行，无须另行起诉。但是，如果是判决限期作出是否颁证的决定，对于行政机关作出的行为，原告或其他利害关系人都可以再行提起行政诉讼。这会造成新的行政争议，形成循环诉讼，不利于行政争议的实质化解。

8. 给付判决。人民法院经过审理，查明被告依法负有给付义务的，应当判决其履行给付义务。给付判决是 2014 年修正行政诉讼法，从履行判决中分离出来的。不履行给付义务，同样属于不履行法定职责。修改后的行政诉讼法将给付义务的不履行与不履行其他法定职责区别开来，作为一个独立的判决方式。相对于履行判决，给付判决属于特别条款。符合给付判决适用条件的，应当优先适用，不能适用履行判决，否则属于适用法律错误。不履行给付义务，主要是不履行金钱给付，也包括不履行特定物的交付义务。例如，不履行征收补偿协议约定的安置房屋、不履行返还扣押的物品，等等。

此外，《行政诉讼法》第七十八条还对行政协议案件的判决方式作出了补充规定：人民法院经审理认为被告存在不依法履行、未按照约定履行或者违法变更、解除行政协议情形的，在对被诉行政行为依法作出判决的同时，要结合案件的具体情况，判决被告承担继续履行、采取补救措施；如果不能继续履行协议的，应当判决解除协议、依法赔偿损失；如果被告变更、解除协议行为合法，但未给予补偿的，人民法院应当依法判决给予行政补偿。继续履行、解除协议、行政赔偿、行政补偿，都属于对相关侵权行政行为进行合法性判断后的补救措施，行政机关采取此类措施后，构成一个补救型的行政行为。行政机关未采取补救措施的，为实质化解行政争议，人民法院在审理相关侵权行政行为案件时，可以依法一并作出处理。但是，没有对侵权行政行为合法性判断的前提，人民法院不能单独作出继续履行、解除协议或行政赔偿、行政补偿的判决。

（二）二审判决方式

《行政诉讼法》第八十九条第一款规定："人民法院审理上诉案件，按照下列情形，分别处理：（一）原判决、裁定认定事实清楚，适用法律、法规正确的，判决或者裁定驳回上诉，维持原判决、裁定；（二）原判决、裁定认定事实错误或者适用法律、法规错误的，依法改判、撤销或者变更；（三）原判决认定基本事实不清、证据不足的，发回原审人民法院重审，或者查清事实后改判；（四）原判决遗漏当事人或者违法缺席判决等严重违反法定程序的，裁定撤销原判决，发回原审人民法院重审。"根据上述规定，二审判决方式主要有以下几种：

1. 驳回上诉，维持原判。适用该项裁判的法定条件是，原判决、裁定认定事实清楚，适用法律、法规正确。二审既肩负着纠正一审违法审判错误，保护上诉人合法权益的法定职责，同时又有维护一审裁判既判力，尊重一审法官自由裁量权，恪守司法谦抑的权力限制。如果一审审判程序存在瑕疵，但是不影响案件事实认定、法律适用和处理结果正确性，未损害上诉人合法权益的，二审人民法院可以判决驳回上诉，维持原裁判。

2. 改判、撤销或者变更。适用该项裁判的法定条件是原判决、裁定认定事实错误或者适用法律、法规错误。"认定事实错误"是指影响对被诉行政行为合法性判断或者裁判主文结果的相关事实主要证据不足，或者被遗漏的。枝节性事实认定错误或者被遗漏的，不适用本项裁判方式。"适用法律、法规错误”是指对被诉行政行为的定性及处理结果产生重要影响的法律规范适用错误，或者适用的法律规范本身与上位法相冲突。仅仅是文字校对错误，不影响对被诉行政行为的定性及处理结果的，亦不属于本项规定的情形。

3. 裁定撤销原判、发回重审。适用该项裁判方式的法定条件是：原判决认定基本事实不清、证据不足，且不能查清；或者原判决遗漏必须参加诉讼的当事人；或者违法缺席判决等严重违反法定程序。此处的“基本事实”，是指影响对被诉行政行为合法性判断或者影响裁判结果的主要事实，不包括枝节性事实，且发回重审的前提条件是二审也不能查清。需要注意的是，如果相关事实不仅二审不能查清，时过境迁，即便发回去重审，重审法院也无法查清的，可能就是一个根据现有证据进行事实认定的问题。此时，二审法院不宜发回重审，而是应当综合分析采信证据，根据举证责任分配和证明标准，客观认定事实后依法直接作出判决。所谓“必须参加诉讼的当事人”，是指与裁判结果有利害关系、一审未通知其参加诉讼的共同原告、被告或者一审判决要求其承担义务、减损其权利的第三人。不是必须参加诉讼的当事人未参加诉讼，不适用撤销原判、发回重审判决。所谓“违法缺席判决等严重违反法定程序”，是指审判程序违法，并对裁判结果的合法性、公正性产生实质影响。未对裁判结果的合法性、公正性产生影响的程序违法，不适用撤销原判、发回重审。

（三）申请再审的裁判方式

《行政诉讼法适用解释》第一百一十六条规定：“当事人主张的再审事由成立，且符合行政诉讼法和本解释规定的申请再审条件的，人民法院应当裁定再审。当事人主张的再审事由不成立，或者当事人申请再审超过法定申请再审期限、超出法定再审事由范围等不符合行政诉讼法和本解释规定的申请再审条件的，人民法院应当裁定驳回再审申请。”根据上述规定，对申请再审案件的审查，人民法院可以作出以下裁定：

1. 裁定再审

《行政诉讼法》第九十一条规定：“当事人的申请符合下列情形之一的，人民法院应当再审：（一）不予立案或者驳回起诉确有错误的；（二）有新的证据，足以推翻原判决、裁定的；（三）原判决、裁定认定事实的主要证据不足、未经质证或者系伪造的；（四）原判决、裁定适用法律、法规确有错误的；（五）违反法律规定的诉讼程序，可能影响公正审判的；（六）原判决、裁定遗漏诉讼请求的；（七）据以作出原判决、裁定的法律文书被撤销或者变更的；（八）审判人员在审理该案件时有贪污受贿、徇私舞弊、枉法裁判行为的。”如果简单从字面理解，只要符合前述八项规定条件之一，人民法院就应当再审该案。但是，对再审申请的审查，并非一个独立的诉讼程序，它仅仅是人民法院发现生效裁判错误的路径之一，主要目的应当是通过纠正生效裁判错误，维护当事人的实体合法权益。因此，再审的实质条件应当包含生效判决确有错误并对当事人的实体权利造成损害或不利影响。否则，将会导致大量案件进入再审，既不利于维护二审终审审级制度，维护法院裁判的既判力，也不利于生效裁判的执行，还会导致大量无实体合法权益可保护的当事人申诉、上访不止，引发更多的社会矛盾。因此，审判实践中，每一个再审审查案件是否进入再审，一般都需要考虑再审申请人的实体合法权益是否受到损害或不利影响，没有实体合法权益可保护的，一般不予再审，但极个别确有审判规则价值的案件除外。

生效裁判的上一级法院审查申请再审案件，认为符合再审条件的，可以依法裁定提审该案，也可以指令作出生效裁判的法院再审。根据全国人大常委会2021年8月20日授权，进行审级制度改革试点的北京、天津、辽宁、上海、江苏、浙江、山东、湖南、广东、重庆、四川、山西十二个省、直辖市高级人民法院审查本院生效裁判申请再审案件的，应当由其作出是否再审的裁定。

2. 裁定驳回再审申请

裁定驳回再审申请包括以下几种情形：（1）再审申请人主张的再审事由不成立的；（2）申请再审超过法定申请再审期限的；（3）申请再审超出《行政诉讼法》第九十一条规定的法定再审事由范围的；（4）其他不符合行政诉讼法规定的申请再审条件的。也就是说，无论是再审申请人实体申请理由不成立，还是申请再审不符合受理的法定程序条件，都会被裁定驳回再审申请。

（四）再审案件的判决方式

《行政诉讼法适用解释》第一百一十九条第一款规定：“人民法院按照审判监督程序再审的案件，发生法律效力的判决、裁定是由第一审法院作出的，按照第一审程序审理，所作的判决、裁定，当事人可以上诉；发生法律效力的判决、裁定是由第二审法院作出的，按照第二审程序审理，所作的判决、裁定，是发生法律效力的判决、裁定；上级人民法院按照审判监督程序提审的，按照第二审程序审理，所作的判决、裁定是发生法律效力的判决、裁定。”

（五）审级制度对裁判的影响

十八届四中全会通过的《关于全面推进依法治国若干重大问题的决定》规定：“完善审级制度，一审重在解决事实认定和法律适用，二审重在解决事实法律争议、实现二审终审，再审重在解决依法纠错，维护裁判权威。”四级法院职能定位是：基层人民法院以审理一审案件为核心，确保将矛盾纠纷化解在基层；中级人民法院以审理二审案件为核心，充分发挥定分止争的作用；高级人民法院以审理申请再审案件和审判监督案件为核心，发挥对下监督和指导功能；最高人民法院以办理有规则价值案件，制定司法解释、批复答复为核心，重在统一裁判尺度、监督公正司法。

由此决定，人民法院审理一审行政案件，要充分运用调解、判决，实质化解争议；二审在充分尊重一审法官裁量权的前提下，注重解决一审未解决的争议问题，真正实现二审终审，案结事了；申请再审审查案件要特别注重维护终审裁判的法律效力，原则上没有实体合法权益可保护的案件不进入再审，防止程序空转和进一步激化矛盾。对于存在的不影响裁判结果的事实和法律问题，人民法院可以通过司法建议或裁判说理予以指正。

小结：八种法定行政诉讼判决方式，各有其适用条件。人民法院应当选择最符合行政诉讼法实质化解行政争议立法目的判决方式依法作出判决。一审、二审、申请再审、再审程序各有其职能定位，裁判方式应当符合审级的职责要求。

（作者单位：最高人民法院）

行政赔偿专题研究

直接损失赔偿标准的适用困局及反思*

——以329件违法强拆行政案件为视角

郑 怡 熊 霓

【摘要】根据《国家赔偿法》的立法精神，我国行政赔偿以赔偿直接损失为原则。该原则造成违法强拆行政赔偿中一个现实问题日渐凸显：在违法强拆赔偿数额与合法拆除补偿数额相差无几的情况下，有可能出现为完成拆迁任务，不惜先实施违法拆除，事后再依法院裁判赔偿的情形。换言之，直接损失赔偿标准有可能“鼓励”违法强拆行为。实际上，金钱支出并非也不应是行政机关实施行政管理考虑的唯一标准或首要标准。如果将公平正义等法律价值视作行政机关高效实现行政目的的机会成本，透支这种机会成本将使政府面临诚信缺失等潜在风险，甚至激发更深层次的社会矛盾。理论与实践的矛盾倒逼法官对赔偿标准进行突破，甚至在裁判中出现惩戒性赔偿的痕迹。然而这种司法应对又导致损失赔偿范围不统一等新问题，引发行政相对人对于个案公正的质疑。

【关键词】直接损失 赔偿 违法强拆

一、违法强拆行政赔偿裁判中损失现实样态微观观察

笔者在中国裁判文书网随机抽取22省（自治区、直辖市）2017—2020

---

* 获奖情况说明：本文获第三十二届全国法院学术论文讨论会二等奖。

年329件违法强拆行政赔偿案件裁判文书（见表1），通过分析，发现对违法强拆起诉赔偿的案件主要分为因拆除违章建筑（见表2）和因征收引发的（见表3）的两类情形，又因后者大量混杂了拆除违章建筑的情形，文书中呈现的损失赔偿项目具有高度一致性，在此一并观察分析。①

表1　样本文书裁判时间及地域分布

地区 年度	东部（件）	中部（件）	西部（件）
2017年	30	12	8
2018年	36	18	11
2019年	64	44	38
2020年	24	37	7
合计	154	111	64

（一）诉辩双方主张损失的具体类型

实践中，相对人对违法强拆一并或单独提起赔偿的案件情形多样，每个案件据以裁判的事实也纷繁复杂，根据个案诉辩双方意见（见表2、表3）和诉状（见图1）、答辩中高频出现的“损失”类型，总体发现以下规律：

表2　违法强拆行政赔偿案例中的损失样态（拆除违章建筑）

案例	原告主张	被告意见	裁判意见		
			一审	二审	审判考量因素
案例1：(2019)琼96行赔终11号	1. 损毁财物； 2. 可得利益损失； 3. 因违约而产生的赔偿金、违约金； 4. 建筑物损失。	实施强制拆除的是违法建筑，原告无权获得国家赔偿。	物品损失	维持	1. 可得利益损失、赔偿金和违约金损失不是直接损失； 2. 非法建筑不予给予赔偿。

① 实践中个案事实千差万别，行政机关违法程度、相对人过错等均影响行政赔偿范围，本文样本审查以损失赔偿范围在文书中的呈现为考察重点，兼顾考虑赔偿的原因力；同时选取了十个具有代表性的案例详细说明。

续表

案例	原告主张	被告意见	裁判意见		
			一审	二审	审判考量因素
案例2：(2017)苏01行终459号	1. 财物损失； 2. 既得财产性利益。	无	1. 违建的废旧建筑材料； 2. 设备损失可另行主张； 3. 误工损失可另行主张。	维持	扩建部分建设年代和折旧、建筑材料回收的可能性、建设人工成本占比。
案例3：(2019)京0113行赔初103号	1. 大棚租金； 2. 违约金； 3. 种植韭菜； 4. 韭菜预期收益。	原告作为承租人，损失应当向出租人主张协商，与政府无关。	种植韭菜	无	租金、违约金、预期收益非直接损失。
案例4：(2019)粤13行赔终1号	财产损失及利息： 1. 建筑物、构筑物、装修、花木； 2. 土地使用权权益； 3. 财物损失； 4. 为弥补损失的借款及利息； 5. 土地租金损失； 6. 诉讼费用。	违法建筑、构筑物等不应赔偿，也不应补偿，其经营损失及利息也不应赔偿。	1. 建筑物、构筑物、装修、花木； 2. 停产停业损失； 3. 物品损失（无证据×，有证据√）； 4. 利息（同期同类贷款利率）。	维持	1. 按直接损失赔偿； 2. 原告建设和经营行为应受“信赖利益”保护； 3. 维护行政相对人合法权益。

表3　违法强拆行政赔偿案例中的损失样态（因征收引发）

案例	原告主张	被告意见	裁判意见		
			一审	二审	审判考量因素
案例5：(2018)桂1302行初76号	1. 房屋损失； 2. 物品损失； 3. 宅基地权益。	建（构）筑物属违法建（构）筑物，依法不受法律保护。	违法建筑物，不属于原告拥有的合法权益，不予赔偿。	无	建筑物的合法性； 物品损失的证据。
案例6：(2019)赣71行赔终30号	1. 房屋损失； 2. 装修费； 3. 室内财产损失； 4. 临时安置费； 5. 精神损失； 但额度不应按补偿。	按赔偿决定书认定的事项赔偿（该决定书内容与同地块征地补偿项目一致）。	1. 房屋损失； 2. 装修损失； 3. 室内财产损失； 4. 房屋临时安置费。	比一审增加： 1. 补助和奖励费； 2. 搬迁费； 3. 设备迁移赔偿。	对行政相对人的权利保护。

续表

案例	原告主张	被告意见	裁判意见		
			一审	二审	审判考量因素
案例7：（2020）皖13行赔终19号	1. 房屋损失； 2. 房屋租金及利息； 3. 装潢、附属物及利息； 4. 物品损失； 5. 诉讼费、律师费； 6. 精神损失； 7. 上访费用。	1. 房屋损失； 2. 停产停业损失； 3. 装潢、附属物； 4. 物品损失。	1. 房屋损失； 2. 物品损失。	比一审增加： 1. 征收奖励； 2. 停产停业损失（违拆之日至安置之日）； 3. 临时安置（过渡费）。	二审认为，1. 被告违法，原告可享受最高奖励政策； 2. 被告认可原告房屋部分为商业用房，故可依据商业用房确定损失。
案例8：（2019）浙06行终192号	1. 房屋损失； 2. 物品及装修； 3. 安置补助、奖励； 4. 误工费、交通费； 5. 维权费用。	原告系非法购置宅基地和自建房，所有损失都不应赔。	1. 房屋损失； 2. 物品及装修； 3. 安置补助、奖励。	与一审区别：认为安置补助、奖励不应赔。	1. 一审认为安置补助奖励系直接损失； 2. 二审认为原告并非安置补助、奖励对象。
案例9：（2019）豫01行赔初104号	1. 房屋损失； 2. 物品损失； 3. 安置费； 4. 搬迁费； 5. 搬迁及拆迁奖励； 6. 过渡费； 7. 精神损失； 8. 利息。	房屋损失	1. 房屋损失； 2. 物品损失； 3. 安置费（租金）。	无	1. 以赔偿形式要求对安置补偿利益的主张，混淆了行政补偿与行政赔偿的界限； 2. 支付利息的前提是被告应赔偿，且给付超期。
案例10：（2020）川14行赔终12号	1. 房屋损失； 2. 房价上涨部分。	征收补偿	政府主张的补偿数额价值上浮4.0%（因违拆导致可重复利用的建筑材料损失，结合房屋成本确定）。	维持	1. 强拆行为的目的、手段后果；2. 对违法行为的惩罚； 3. 对行政相对人权益保护。

相对人请求的损失赔偿远超出直接损失标准涵盖的范围，其主张大多不以建筑物本身及用途合法为前提，主张损失包括对建筑物的赔偿、物品损失、经营损失、误工损失、安置补偿项目、精神损失、维权费用、利息等。反之，行政机关普遍认可的损失赔偿十分有限，主要包括合法建筑物损失、有明确证据证实的物品损失以及征收合法建筑物时，补偿决定书或补偿协议中包含的部分项目。

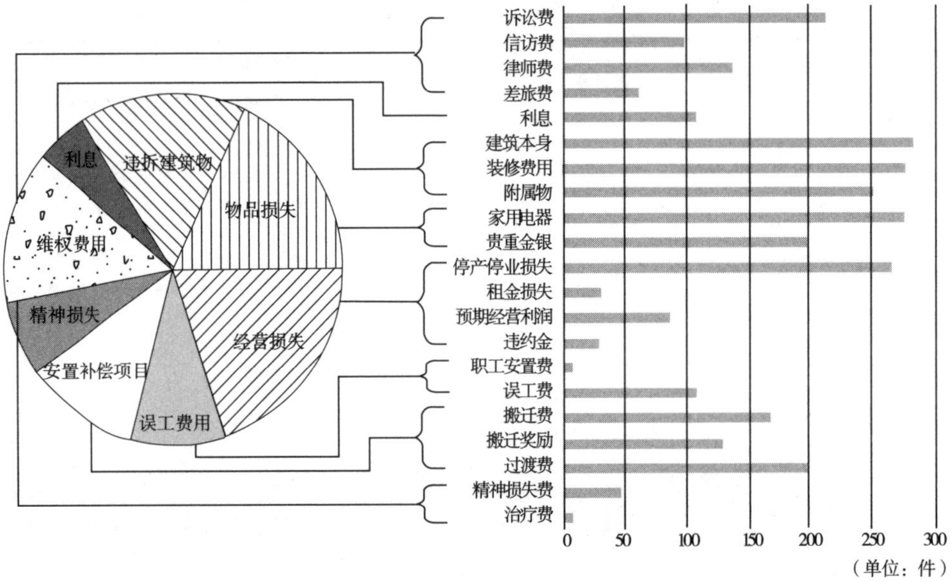

图 1 行政相对人对于损失赔偿范围的主张及观点分布图

（二）直接损失适用标准的个案矛盾

法官对直接损失标准下的赔偿范围有独立于诉辩双方的观点（见表 4）。一是普遍认可属于直接损失的项目，主要包括合法建筑物及其构筑物本身的价值、有证据证实的物品损失；二是普遍认为不属于直接损失项目，主要包括违拆建筑物、误工损失、职工安置费、精神损失赔偿、维权费用。法院或以“不属于直接损失”，或以“缺乏法律依据”为由驳回相对人诉请。

表 4 样本文书中法官对损失赔偿范围的认定

项目名称	裁判倾向		
	认可	有分歧	不认可
合法建筑物（包括装修、附属物等）	√		
各类经营损失		√	
违拆建筑物		√	
物品损失	√		
误工损失、职工安置费			√
精神损失费			√

续表

项目名称	裁判倾向		
	认可	有分歧	不认可
安置补偿项目		√	
维权费用			√
利息		√	

样本文书对损失赔偿项目的分歧主要集中在四个方面：一是违法建筑物建筑材料。有的认为不赔，[①] 有的认为该项应予赔偿。有文书指出："废旧建筑材料是否赔偿、赔偿多少要综合考虑建筑物年代和折旧、建筑材料回收可能性、建设人工成本占比、拆迁安置补偿政策中可能有利于相对人的事实进行赔偿。"[②] 二是因征收引发的赔偿中，征收决定或协议中的安置补偿项目，包括搬迁费、搬迁奖励、拆迁奖励、安置过渡费等补偿、补助及奖励等。有的认为，赔偿与补偿有区别，针对安置补偿项目提起的赔偿，实际上是对补偿利益的主张，而非合法权益遭受的损失；[③] 有的认为，直接损失应包括相对人享有的安置补偿权益，这种观点被最高人民法院判例认可。[④] 三是利息损失。有的认为该项不属于直接损失，[⑤] 有的认为利息应当赔偿，但是对于利息标准有不同意见，如适用贷款利率[⑥]或适用存款利率。四是经营损失。实践中原告主张的经营损失主要有三类，一类是停产停业损失。因补偿方案中一般包括停产停业损失，在拆除合法房屋时，对停产停业损失普遍认可，[⑦] 但拆除对象为违法房屋时一般不认可。[⑧] 一类是租金，此处租金指相对人为承租人时所支付的租金，多数观点认为不赔，认为承租人应当向出租人主张

① 案例1、5。

② 案例2。

③ 案例9。

④ 案例6、7。(2018) 最高法行再163号案例裁判要旨："直接损失"范围，除包括被拆建筑物重置成本损失外，还应当包括赔偿申请人应享有的农房拆迁安置补偿权益以及对动产造成的直接损失等。

⑤ 案例7、9。

⑥ 案例4。

⑦ 案例6、7。

⑧ 案例1。

民事权利。[①] 一类是违约金、预期利益一般不被认为是直接损失。[②]

二、直接损失赔偿标准司法适用的深层困境

（一）赔偿标准与赔偿范围无法相互对应

“标准”适用的理想状态是通过标准能够得出相对一致的结论。直接损失作为间接损失的对称，是已经取得的财物的损失。[③] 但通过观察发现，诉、辩、审三方适用现行标准得出的结论千差万别。在违法强拆行政赔偿中，财产利益直接减少的损失很难与法院最终裁判所确定的损失范围相互对应达成逻辑自洽的效果。例如，在违法拆除合法建筑物的前提下，诉辩审三方普遍认可安置方案中的补助奖励属于直接损失，但实际上补助奖励并非所有被拆迁人所必然享有的权利；多数文书认定相对人的停产停业损失数额相当于补偿安置方案确定的数额不符合常理；安置补偿中所认可的停产停业损失与相对人主张的违约金、可得利益损失的界限始终无法分辨明晰。又如，多数裁判不认可租金损失属于直接损失。租金有两种，一种是房屋所有人本可出租获得的租金收入，这里的租金其实和停产停业损失并无本质区别，却被有的裁判排除在损失范围外。另一种是承租人租赁被拆房屋的损失，该损失确为财产的直接减少，却普遍不被认可。

（二）行政补偿与行政赔偿关系难以厘清

损害赔偿和损失补偿是从原因行为的性质及认定根据的角度来区别的，但这两项制度出现了相互接近的倾向，特别是损害赔偿的损失补偿化倾向越发明显。[④] 实践中，安置补偿方案在因征收引发的强拆赔偿中均被提及，因为除了那些违法搭建的构筑物外，绝大部分的涉案建筑物均是经审批，或掺杂了部分经审批建设及扩建的情形。有些建筑历史年限较长，安置补偿方案还会给予相对人一定的政策倾斜。安置补偿可以说是法院化解诉辩双方矛盾的突破口，也在损失无证据证明的情况下，为法院确定赔偿数额提供了一个

---

① 案例3、4。

② 案例1、3。

③ 江必新、胡仕浩、蔡小雪：《国家赔偿法条文释义与专题讲座》，中国法制出版社2010年版，第81页。

④ ［韩］金东熙：《行政法Ⅰ（第9版）》，赵峰译，中国人民大学出版社2006年版，第369页。

合乎情理且相对能为大众所接受的参照依据，甚至在地方补偿政策优厚的情况下更能达到保护相对人合法权益的目的。但这绝不能说，行政补偿能够替代行政赔偿标准的功能，直接演变成判断损失多少的依据。实际上，行政赔偿是相对人认为行政主体及其工作人员行使职权的行为侵犯其合法权益，造成其损害，依法请求赔偿的行政救济形式；行政补偿是指行政主体及其工作人员因其合法、无过错行为造成相对人权益的一定损害或相对人因公共设施或为社会公益而蒙受一定损失时，行政主体主动或应申请对相对人所受损失依法给予补偿的行政救济形式。① 二者虽同属行政救济，但从根本上来说是两个不同的制度。

（三）现行标准适用上存在功能缺陷与补足困惑

如何确定行政赔偿标准是一个极为复杂的问题。现行《国家赔偿法》修正前，学界就普遍认为当时国家赔偿存在“国家赔偿标准，与民事赔偿相比，不足以弥补受害人之损失，赔偿请求人对于赔偿项目及数额之期望值几乎全部高于决定赔偿之项目及数额”的缺陷。② 新修正的《国家赔偿法》较之从前有很大进步，但从样本看，我国行政赔偿仍然存在标准均较低，赔偿范围过窄等问题。然而，理论界及实践中，希望通过行政赔偿保护相对人合法权益、监督行政机关依法行政的意愿却日趋强烈。这一点在裁判文书中有充分的体现，比如有的法官认为“确定赔偿数额时要坚持全面赔偿和公平合理的理念，既要对行政机关违法拆除行为进行惩戒，也要确保赔偿请求人的合法权益得到充分保障”。③ 虽然将安置补偿利益纳入直接损失范围的普遍共识、个别文书对利息损失、租金损失的认可，本身已经是对损失赔偿标准理解的一种创新突破，但从个案中相对人获得最终赔偿财产利益的结果看，可能并不能达到惩戒与保障的双重效果。

三、直接损失赔偿标准适用困局的原因分析

对行政赔偿标准所持有的不同态度在很大程度上取决于不同主体的角色

---

① 姜明安：《行政法》，北京大学出版社 2017 年版，第 520 页。

② 江必新主编：《〈中华人民共和国国家赔偿法〉条文理解与适用》，人民法院出版社 2010 年版，第 337 页。

③ 见（2020）赣 7101 行赔初 49 号判决书。

定位和价值判断，因此很难在直接损失标准下明确相对统一并为各方主体接受的赔偿范围。

（一）“损失论”：行政相对人寻求最大可能权利救济

基于行政管理弱势一方对权利救济的期盼，相对人主张将包括直接损失、间接损失、可得利益损失、精神损失等在内的全部损失类型完全纳入赔偿范围。对违法强拆赔偿案件中的多数相对人来说，其价值指向十分明显，即要求权益保护背后的金钱补偿或赔偿。这一诉求在宛若“万里长征最后一步”的因征收引发违拆赔偿案件中尤为凸显。反映在赔偿标准上，相对人要求完整、全面的赔偿，不断扩张违法强拆赔偿标准所能涵盖的范围。如在房屋损失确定上，要求涵盖房屋初始价值、自然增值、环境辐射增值、社区价值、机会成本等。其损失主张亦不考虑自身过错与损失因果关系，认为只要行政机关违拆行为具有违法性皆应赔偿损失。在这一视角下，直接损失赔偿标准无法回应行政相对人的诉求。

（二）“结果论”：行政机关在管理目标与个人权益中取舍

行政机关依法行使国家权力、执行国家行政职能，其设立之初是为了实现管理目的，其管理目的在一定程度上是维护公共利益和公共秩序。也正因此，达成管理目标可能是一些行政机关行为考量的第一顺位，对个体权益的保护则易被忽视。从应然的角度说，政府及相关部门实施征收行为，应当遵循决策民主、程序正当、结果公开等原则，在尊重市场经济及价值规律的基础上保障被征收人的合法权益。但实际上，影响政府行为的因素不只考量被征收人的合法权益，还可能包括其他因素，诸如公共利益、行政管理效率、地方政绩和财政状况等。当被征收人的合法权益与这些因素产生冲突时，政府不可避免地需要作出权衡及选择。反映在赔偿标准上，在具体案件的处理上可能出现一种“标准倒推”的不合理现象。在解决涉行政赔偿争议前预设违法所能支付的成本，在这个成本的“篮子”当中，损失赔偿标准可以弹性变化。

（三）“效果论”：法院在秩序价值和公正价值中寻求平衡

法官对损失标准之下的损失赔偿范围的确定则更为复杂。博登海默认为，法律是人们所要求的秩序价值与正义价值的综合体，旨在创设一种正义的社会秩序。[①] 通过对样本梳理，笔者发现法官在审理违法强拆行政赔偿案件时，也受到法的秩序价值和正义价值的双向引导。两种审判思维模式的交织（见图 3）造成适用现行标准认定损失赔偿范围的困扰。

第一种审判思维模式是受法的秩序价值的指引，法官尊重规则、标准的稳定性，严格依照《国家赔偿法》的规定进行思考并作裁判。这种模式下，成就行政赔偿责任要满足“侵权的主体必须是行政机关及其工作人员、侵权行为必须是在行使行政职权中发生的行为、致害行为必须是违法的、必须存在法定的损害事实、违法行使职权的行为与损害事实存在法律上的因果关系”的构成要件。[②] 同时，相对人自身过错造成或放大损失成为阻却损失赔偿成立的因素。在构成要件成立和阻却因素不存在时法官将按照直接损失赔偿标准进行赔偿。

第二种审判思维模式是受法的公正价值的引导，法官考虑到按照直接损失赔偿标准确定损失赔偿与合法拆除补偿数额相差不大，甚至低于补偿数额存在不公平及不合理性，不利于保护相对人合法权益，便充分发挥主观能动性作出裁判，扩充直接损失赔偿标准下的损害赔偿范围。一般来说，法官通过向社会解释法律的适用，或运用自由裁量衡平个案纷争等方式，以回应相对人诉求、监督行政机关行为，实现个案公正。

诚然，在一个理想的法律制度中，秩序与正义紧密相连、融洽一致，但由于社会发展、个案特殊性等原因，这两种价值亦会产生冲突。对表 2、表 3 中十个案例审判考量因素进行分析，我们可以隐约地感受到“秩序”与“公正”价值在法官个案裁判中发挥的作用。结合样本来看，表格案例 1—3、5、8 更多地考虑秩序价值，案例 6、7、9、10 则更倾向公正价值，案例 4 则两种并重。值得一提的是，在所有的行政赔偿案件中，因征收引发的违拆行政赔偿具有特殊性：补偿结果和赔偿结果的差距激化了矛盾，两种价值冲突碰撞最为激烈。很多案件法官在运用自由裁量权确定损失赔偿范围时，实质上回避了对直接损失标准的论述，只谈赔偿范围。但也有案件试图厘清适用直接损失赔偿标准和实现个案实质正义间的关系，在这一过程中才产生违法强拆行政赔偿案件中对“直接损失”不断扩大解释的司法现象以及对直接损失赔

---

① ［美］E. 博登海默：《法理学——法律哲学与法律方法》，邓正来、姬敬武译，华夏出版社 1987 年版，第 302 页。

② 蔡小雪：《行政行为的合法性审查》，中国民主法制出版社 2020 年版，第 307—311 页。

偿标准本身合理性的质疑。如案例 6、7 将征收补偿权益纳入直接损失范畴，案例 10 对惩戒性赔偿的确认则完全超出了直接损失赔偿范围。

四、构建新型违法强拆赔偿标准的理性选择

违法强拆行政赔偿司法实践中，诉讼主体基于各自立场对“何种损失类推能够纳入赔偿范围”有不同的考量，而法院裁判需要一个尺度去衡量及解决个人与个人、个人与群体间的利益冲突。当违法强拆赔偿标准这个衡量尺度不尽合理时，则需要创设新的适当的平衡重新协调及分配利益关系。

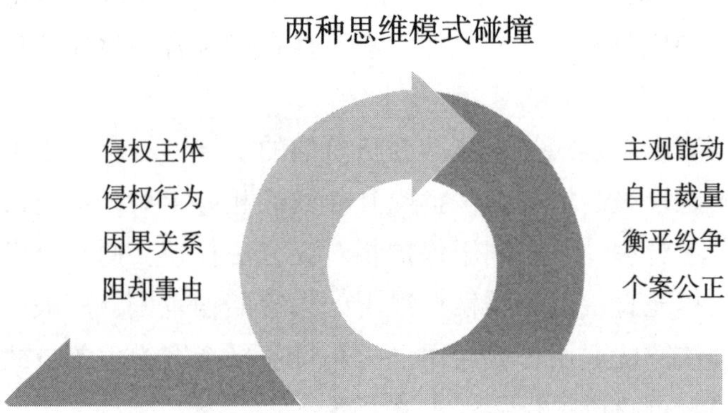

图 2　秩序价值和公正价值在裁判中的双向引导

（一）征收补偿规则与强拆赔偿规则之间的规范协调

《土地管理法》以及《国有土地上房屋征收与补偿条例》的损失补偿涵盖停产停业损失、补助奖励、搬迁、临时安置补偿，远远超出了一般认为的直接损失赔偿标准所能确定的范围。从法学方法论来说，这种差异实际并不符合“举重明轻”的法律逻辑证成。“举重明轻的论辩方式为：‘尚且……当然’；其所为‘重’者，指其法律要件较宽或法律效果较广，而所谓‘轻’者，指其法律要件较严，法律效果较狭。”在德国的 BGHZ6. 290 征收案件中，德国联邦法院认为公权力不法侵害所有权，其效果同于合法征收者，亦应予以补偿请求权，拉伦茨（Larenz）教授认为此乃基于举重明轻，即合法征收

者尚且应予补偿，在客观违法同于征收的情形，当然更应予补偿。[1] 这种法律逻辑也可以解释为什么在最高人民法院颁布的违拆行政赔偿判例中，要将农房拆迁安置补偿权益纳入到直接损失范畴对行政相对人予以赔偿。[2] 值得注意的是，想将征收补偿决定和征收补偿协议中的补偿所有项目均作为直接损失进行赔偿实质上是不太现实的，这更像是裁判中一种扩大损失赔偿范围的技术处理。笔者认为，基于保护相对人诉权、节约诉讼资源等因素考量，在普遍认为征收补偿可以在违拆赔偿中一并处理裁判的情况下，应使违拆行政赔偿标准与补偿标准相契合，以实现公平。

（二）提升标准强化相对人合法权益保护的域外经验

从功能层面看，《国家赔偿法》明确了国家赔偿的立法宗旨，规定了国家赔偿的保障功能和促进功能。违拆领域新赔偿标准的制定也应符合该宗旨，需要保障相对人合法权益，促进行政机关依法行政。然而，权益保障力度和行政机关依法行政的推动力度，才是设立标准所应考虑的核心问题。从世界范围来看，在行政赔偿标准问题上，主要遵循三种不同的原则：补偿性原则、抚慰性原则、惩罚性原则。补偿性原则下对受害人损失作足额补偿，赔偿数额相当于实际损失；抚慰性原则下对受害人损失作适当补偿，赔偿数额甚至低于实际损失；惩罚性赔偿下，赔偿金额超过受害人的实际损失，除弥补受害人实际损失外，还对加害人的违法行为构成惩罚。[3] 国家赔偿标准的适用原则与国家赔偿制度在各国法律体系中的地位紧密关联。如，法国在公法规范规定下确立国家赔偿责任，不适用民法上的赔偿规则，赔偿金额系实际发生的全部损失，采用的是补偿性原则[4]；英美法系国家传统上不存在公私法的正式划分，由于惩罚性赔偿适用于民事侵权领域，国家赔偿本质上属于侵权赔偿责任的性质，因此承认惩罚性赔偿。[5] 一般认为，我国的国家赔偿法采取抚慰性原则。我国在违法强拆行政赔偿领域，较之征收补偿金额，赔偿项目有限、计算标准较低，其合理性引起理论界和实务界的广泛争议。在此

---

① Larenz, Methodenlehre der echtswissenschaft, Methodenlehre der Rechtswissenschaft 1991, 6. Aufl., S. 389. 转引自王泽鉴：《民法学说与判例研究（第八册）》，北京大学出版社 2009 年版，第 6 页。

② 同注释 7。

③ 丁晓华：《海峡两岸国家赔偿标准之比较研究》，华东政法大学 2014 年博士学位论文。

④ 王名扬：《法国行政法》，中国政法大学出版社 1988 年版，第 713 页。

⑤ 马玮：《惩罚性国家赔偿探究》，苏州大学 2007 年硕士学位论文。

背景下，借鉴域外经验，合理提升赔偿标准已具备现实需求。

（三）构建与国情相适应的新型赔偿标准的私法借鉴

如上文所述，国家赔偿标准适用与国家赔偿制度密切相关。在国家赔偿性质的讨论中，一种观点认为国家侵权损害由公权力行为引起，属公法范畴，区别私法；另一种观点认为无论是公权力或私权利引发的行为，在损害上并无实质区别。我国《国家赔偿法》与民事侵权赔偿分离，属公法领域，在赔偿标准等问题上与民事赔偿存在区别。但近年来，随着公私法理论的发展，公私法逐渐融合，也有学者以私法理念去思考公法问题。在我国民事侵权领域，损失赔偿适用完全补偿原则，对造成他人损害的赔偿范围包括直接损失与间接损失。同时，随着对个人权利保护的日益重视，损失赔偿范围呈现逐渐扩张的趋势。如，《民法典》确立了知识产权、产品缺陷责任、环境污染三大领域的惩罚性赔偿。[①]《国家赔偿法》采取直接损失赔偿标准，是考虑"受害人所受到的损失能够得到适当弥补""国家的经济和财力能够负担的状况""便于计算、简便易行"[②] 等因素确定的，但随着社会经济发展、立法技术成熟、公民维权和平等意识提高，在冲突凸显的违法强拆行政赔偿领域，对直接损失标准进行突破亦已具备现实基础。

五、基于价值均衡理论下的违法强拆行政赔偿标准的路径重构

从立法及司法实践来看，无论是从行政诉讼制度功能出发，还是从私法实践需求出发，直接损失赔偿标准已不能满足违法强拆行政赔偿司法实践的真实需求，在现在及今后一段时间内，对违法强拆直接损失赔偿标准进行突破是必然趋势（见图3）。

---

① 《民法典》第一千一百八十五条、第一千二百零七条、第一千二百三十二条。

② 江必新、梁凤云、梁清：《国家赔偿法理论与实务》（下卷），中国社会科学出版社2010年版，第734页。

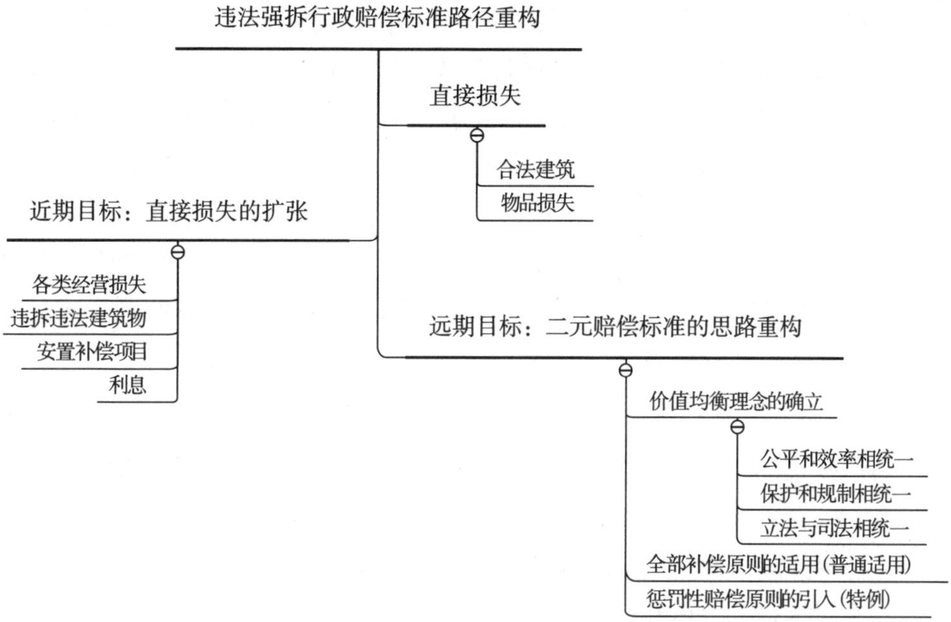

图 3　新的违法强拆行政赔偿标准的建构

(一) 近期目标：现行标准下对“直接损失”解释扩张

从定义的角度，对直接损失这一词汇的外延做扩张解释，从而将被拆迁人在违法强拆时遭受的更多损失类型纳入到直接损失的范畴，是在不改变现有法律对损失赔偿标准规定的基础上，基于实践需求所作的一种权衡选择。扩张解释虽然可能会在逻辑层次上给人们带来一定困扰，但并未改变现有法律框架，在规则运用中受到反对阻力较小，也更具备现实可能性。实际上，对直接损失作扩张解释的做法在违法强拆行政赔偿司法实践中已经被应用。法院有时也会扩大“直接损失”的计算范围，以达到个案公正。[①] 典型代表是最高人民法院案例将征收补偿权益纳入直接损失范围，该案的裁判要旨为后续类案审理提供了参照标准并被普遍认可。但我国并非判例法国家，可进一步通过司法解释的方式将扩大直接损失赔偿标准的范围予以明确，增强标准适用的确定性。

直接损失的概念边界是需要考虑的核心问题。结合实践经验，对直接损

① 章剑生：《现代行政法总论（第 2 版）》，法律出版社 2019 年版，第 303 页。

失概念的扩张，可将有争议的，因违法拆迁造成的被拆迁人的停产停业损失、出租人或承租人的租金损失、直接财产损失导致被拆迁人应支付的违约金、搬迁、迁移、临时租住造成的费用以及上述费用产生的利息明确纳入直接损失范畴。同时在个案中每一项损失的计算方式上，可对相对人的利益作出一定倾斜。以利息为例，计算利息的时间起止、利息以存款利率计算还是以贷款利率计算均影响损失范围。其中，如果房屋涉经营的，以贷款利率计算比存款利率计算对被拆迁人有利且符合情理，则可以此利率计算利息。通过类似释法方式，扩大直接损失的范围。

（二）远期目标：违法强拆行政赔偿标准的思路重构

与扩张直接损失赔偿范围的保守变革方式相比，构建新型损失赔偿标准更复杂，可在积累经验的基础上逐步推进。

1. 违法强拆行政赔偿标准理念的确立——注重价值均衡

违法强拆行政赔偿新标准构建应当充分考虑我国各地经济社会发展情况、政府依法行政水平、地方财政收支状况及财政负担能力等情况，在价值均衡理念下注重三对关系的平衡。首先是公平和效率相统一。公平要求标准设定既要考虑到相对人受侵害程度与最终获得的损失赔偿相适宜，也要考虑到案涉被拆迁人所得赔偿与选择放弃诉权的同地块或类似地块其他被拆迁人所获补偿差额，不宜过高拉大差距，引发新的矛盾。效率则要求站在行政机关行政管理立场，不宜将赔偿标准设定过高至行政管理目的无法顺利实现。其次是保护和规制相统一。保护要求相对提高补偿标准，维护被拆迁人合法权益，同时对行政机关违法行政行为起到规制和预防作用，防止出现违法成本反而低于合法成本的情形；规制的另一方面则是不能设定过高标准侧面鼓励非善意行政相对人利用损失标准通过抢建等途径获取非法利益。最后是立法与司法相统一。违法强拆行政赔偿标准应当通过制定法律予以明确。同时，赋予司法裁判者一定的自由裁量权，从而在被拆迁人行为有过错、因为受侵害行为额外获利或者因请求权竞合已经通过其他方式填平损失等情况下，能够更加公平合理地认定赔偿金额。

2. 违法强拆行政赔偿标准的构想——全部补偿原则的适用

如果不改变现有赔偿标准，仅对直接损失概念扩张的变革方式过于保守，从长远看势必不利于保护相对人权利。而现阶段确立惩戒性赔偿标准又过于激进，无法妥善处理好各方利益，时机还不成熟，那么借鉴域外以及私法领域的经验坚持违法强拆行政赔偿的全部补偿原则相对来说较为合理。全部补偿原则的赔偿标准要求对行政相对人所遭受的损失作出足额弥补。在这种原则指导下，就赔偿范围而言，可将被拆迁人在违法强拆过程中所受损失以及所失利益都纳入赔偿标准确定的范围之内，甚至将部分能够确定被拆迁人的可得利益也纳入赔偿标准下的损失赔偿范围，并赋予司法机关一定的自由裁量权，尽可能地将遭受侵害的被拆迁人损失弥补至拆迁违法发生之前的状态。

3. 违法强拆行政赔偿标准的特例——惩戒性赔偿原则的引入

随着我国综合国力的不断提升，赔偿标准可从全面补偿原则的一元补偿标准向全面为主、惩罚为辅的二元赔偿标准过渡。如此不仅可以遏制主观恶性较大违法强拆案件的发生，更可实现个案实质正义及赔偿标准的法治统一。

在适用条件上，笔者认为应在价值均衡理念下审慎适用惩戒性赔偿。其一，确定惩戒性赔偿的附加适用原则。惩罚性赔偿作为全面补偿的补充，应当在行政机关工作人员在拆迁过程中有严重主观过错时才予以适用，例如在强制拆迁过程中严重违反程序并造成被拆迁人重大经济损失或人身伤害。其二，赔偿数额应予以限制。要充分发挥惩罚性赔偿的功能，就应对赔偿数额予以设定，不能畸轻或畸重。笔者认为可以采用一定比例①加最高额限制②相结合的方式，由法官根据违法强拆过程中行政机关的主观过错及造成损害后果程度予以灵活运用。

（作者单位：南昌铁路运输法院）

---

① 如《消费者权益保护法》中规定在欺诈情形下的按商品价款或接受服务的三倍赔偿。

② 在1997年英国Thompson案中，认定当被告的行为尤具应该受到谴责的时候，可以施加25000英镑的惩罚性赔偿金，同时50000英镑是该赔偿金的上限。参见关今华：《精神损害数额的确定与评算》，人民法院出版社2002年版，第163页。

行政违法强拆案件损害赔偿的认定困境与破解进路

——以中国裁判文书公开网235份判决书为样本

刘 璐　　黄 晨

【摘要】损害事实和损害数额认定是行政违法强拆案件中的审理焦点。《行政诉讼法》第三十八条第二款确立了“被告承担举证责任”原则，以救济证明妨碍情形下原告的权利，《行政诉讼法适用解释》第四十七条第三款也规定了损害赔偿额酌定制度。但立法中举证责任含义界定不明、“证明妨碍”+“赔偿额酌定”两种制度叠加混用、裁判说理简单等原因，导致实践中该类案件的裁判效果并不理想，表现为原告举证责任的差异化处理、证明妨碍规则的选择性适用、损害数额认定的随意性等。破解实践困境，需在理论层面厘清举证责任概念，辨析损害赔偿数额认定性质与举证责任关系、损失认定与损害赔偿额酌定的逻辑关联，在此基础上，细化完善“损害事实认定——赔偿数额确定”司法裁量的具体方法。

【关键词】行政强拆　确认违法　损害赔偿

针对行政强拆案件中因行政机关违法，导致相对人对损害事实举证困难而败诉的情况，2014年《行政诉讼法》第三十八条第二款引入了“举证责任倒置”制度，旨在避免原告因举证不能而陷入权利救济的困境；2018年实施的《行政诉讼法适用解释》第四十七条第三款规定了赔偿额酌定制度，进一步补强了对原告损害赔偿的救济机制。最高人民法院第91号指导性案例针对此类案件的举证责任、赔偿数额认定等问题确立了可供参照的裁判思路。从立法、司法解释到指导性案例的不断重申，为解决行政强拆领域损害赔偿的司法实践困境提供了依据，但也可窥见其中法律适用的疑难。实践中以上规则是否切实使原告权益得到有效保障，有待从实践出发予以检视。

一、现状检视：行政强拆损害赔偿纠纷处理实证分析

因最高人民法院第 91 号指导性案例是 2017 年发布，为更有效地考察案例发布以来司法实务情况，笔者从中国裁判文书网随机抽取 2017 年 1 月—2020 年 5 月，16 个省（自治区、直辖市）关于行政损害赔偿的 235 份生效裁判文书作为样本进行分析，[①] 归纳出此类案件审理存在如下问题。

（一）原告举证责任的差异化处理

《行政诉讼法》第三十八条明确了被告在证明妨碍的情况下应承担举证责任，但原告仍需要对损害情况进行初步举证。初步举证仅需对待证事实进行必要列举和说明，但实践中法官对原告举证的要求把握并不统一。

1. 类案同类事实不同举证要求

针对日常物品，多数案件中法官仅要求原告对损失进行列举说明，原告举示财产清单即视为完成证明；部分案件的法官除要求原告举示清单之外，还要求补充其他证据以印证所列损失（见表 1）。这部分案件中，法院对损害事实证明度的要求多数达到明显优势证据标准，属于对承担举证责任一方的证明度要求，实际上脱离了初步举证的责任范围，将损害事实成立的举证责任分配给了原告。

表 1　法院对同类事实的举证要求与裁判结果示例

法院举证要求	原告举示证据	裁判理由	裁判结论	示例案号
要求原告证明被告在强制拆除本案房屋时，房屋内有原告的合法财产	物品清单及照片	原告在本案审理中未提交合法充分证据，证明被告在强制拆除本案原告房屋时，房屋内有原告的合法财产，未能完成该部分财产损失客观存在的初步举证责任	不予支持	（2018）云 26 行赔初 2 号

① 检索关键词为“行政强拆”“损害赔偿”，法院审级为中级人民法院，共检索出行政判决书 1576 份，随机抽取北京、天津、河北、辽宁、山西、江西、浙江、江苏、安徽、上海、云南、贵州、四川、重庆、广西、广东 16 个省（自治区、直辖市）判决书 235 份，其中二审判决 198 份，一审判决 37 份，2020 年 5 月 30 日访问。

续表

法院举证要求	原告举示证据	裁判理由	裁判结论	示例案号
原告要求赔偿屋内财物损失，应提供初步证据证明确有财物被被告强拆行为损害	物品损失清单	原告提供证据均无法证明任何有财产损害之事实	不予支持	（2015）南市行一初字第591号
说明损失情况	损失物品清单	刘某房内物品包括首饰、军功章、家电、生活物品等，均系日常生活必需品，符合一般家庭实际情况，符合生活常理，亦未超出市场价值，且××乡政府未提供证据证明这些物品不存在	支持该项诉讼请求	（2019）鄂28行终77号
对物品损失情况提供初步证据	损失物品清单	被上诉人未提供证据证明，强拆案涉房屋时对房内物品进行依法公证或者依法制作证据清单，致法院无法准确认定上诉人房屋内物品损失的具体情况，但对于合理的物品损失，被上诉人应当予以赔偿	酌情支持	（2019）赣71行赔终20号
对损失情况合理说明及主张	损失物品清单	原告有关家具及锅碗瓢盆等损失共计11944元的赔偿主张，属于合理的生活日常用品，被告在未能提供证据证明案涉房屋内实际物品的情况下，如果对原告所主张的日常生活用品损失不予认可，应当承担举证责任	酌情支持	（2018）青01行赔初8号

2. 同案同类事实不同举证要求

【案例1】：刘某在未办建房手续的情况下修建一栋木房，上述房屋被三都县政府强制拆除。依据刘某提交的《房屋及物品赔偿清单》，生效判决对违法建筑损失依法不予支持，但对涉案房屋可回收建筑材料及屋内物品损失分类认定：清单所列畜养家禽，因结合房屋建成时间不能确定相关损失是否存在，不予认定；可回收建筑材料价值及屋内物品损失，被告应当承担举证不能的不利后果，酌情认定35000元；刘某主张的屋内物品损失，因被告举证不能，酌定5000元。①

行政强拆造成原告的物质损失，往往表现为多种物品的损坏或遗失。即

① （2019）黔行赔终45号。

便在同一个案件中，法官对原告举证责任的处理也存在不一致的情况：一种是以存在证明妨碍，将举证责任分配给被告；另一种是按照“谁主张谁举证”的证明责任规则，要求原告对损害事实承担举证责任，原告举证不能的情况下驳回其诉请。如案例 1 中，针对涉案房屋同类物品损失的举证责任，可回收建筑材料和屋内物品损失采用前一种标准，而畜养家禽及工具则采用第二种标准，造成同案同类物品损害事实认定结果的实质差异。

（二）证明妨碍规则的选择性适用

《行政诉讼法》第三十八条第二款实质上是证明妨害规则的适用，证明妨碍规则的一般逻辑为：被告实施了妨碍证明的行为→原告无法举证→被告对原告拟证明内容承担举证责任→被告举证不力承担不利后果→原告诉讼请求成立。但从样本文书来看，即便法院认定被告应当承担举证责任并负担不利后果，也通常仅限于日常物品，在贵重物品的认定上难以体现对原告权利的救济。

1. 物品分类适用不同举证责任规则

从 235 份判决来看，司法实践中将日常用品与贵重物品分类认定损失是惯常做法，二者举证责任也有所不同：日常物品一般以物品清单为依据酌情认定，但对贵重物品则证明度要求较高，多数案件中要求原告在清单之外，还要提供证据证明贵重物品金额以及切实存放在被拆迁房屋中（见表 2）。法官区分不同的物品类型进行判断价值的同时，并没有解释为何对两类物品适用不同证明标准或不同证明责任分配法则的理由。少数作出解释的判决也仅仅是寥寥数语，概括说明系基于常识、常理等考虑该贵重物品存在的可能性低。

表 2　不同类型物品举证情况与法院裁判情况举例

物品类型	举示证据	裁判结果	裁判理由	案号
日常生活用品	普遍物数额证明，少数有购物发票	根据物品清单酌情认定	根据查明案件事实，结合逻辑推理、生活经验和生活常识予以酌情认定损害数额	（2018）皖行赔终 225 号
		根据清单和部分购物发票酌情认定	根据市场行情、原告提供的清单和发票，按照有利于原告的原则认定	（2019）苏 04 行赔终 2 号

续表

物品类型	举示证据	裁判结果	裁判理由	案号
贵重物品（电器、贵重家具、古董、金饰等）	普遍物证据，少数有发票、照片等	不予支持	贵重物品的主张明显超出一般正常生活消费水平，原告不能证明其合法来源、作出合理解释	（2019）苏08行赔终8号
			原告举示证据不能证明贵重物品的客观存在	（2018）晋03行赔初50号

2. 证明妨碍惩戒规则难以贯彻

样本判决中，法官对贵重物品损失认定，实际上并未严格按照《行政诉讼法》第三十八条第二款举证责任倒置的方式处理，原告仍然需要对其主张成立负担证明不力的后果。如果说日常用品的损失需要举证责任倒置以实现惩戒被告违法行为以及弥补原告举证能力不足的目的，那么贵重物品没有理由不进行举证责任倒置，因为贵重物品的价值更高，当事人的损害更大。在贵重物品损失的认定上，被告为何不需要承担举证责任，无法在裁判文本中找到答案。由实践中惯常做法可知，针对贵重物品，在确认损害事实和认定损害数额时，举证责任的分配逻辑并不相同，导致证明妨碍惩戒规则与损害认定的逻辑链条上似乎出现断层，两种制度之间无法实现逻辑自洽。

（三）损害数额认定的随意性

《行政诉讼法适用解释》第四十七条第三款确定了行政诉讼中损害赔偿酌定的规则，即“当事人的损失因客观原因无法鉴定的，人民法院应当结合当事人的主张和在案证据，遵循法官职业道德，运用逻辑推理和生活经验、生活常识等，酌情确定赔偿数额”，但并未明确规定如何“酌情”以及“酌情”的具体标准。司法实践中，数额认定的差额幅度较大，成为当事人提起上诉或再审的主要理由。

1. 损失数额的认定标准变化不定

在认定损失事实成立的情况下，法院支持原告主张的标准有两种：“就低不就高”与“就高不就低”。对上述两种标准，法院一般会选择性适用。[①] 从

① 最高人民法院发布的第91号指导性案例即是采用“就高不就低”原则，但样本案件中按此标准认定损害额度的并不多。

样本判决来看，法院认定的赔偿数额均低于原告主张，按照就低原则确定的则更甚。如同是对日常物品的损失认定，按照就低原则认定损害的，赔偿金额最少的仅有 1000 元，按照“就高”原则认定，样本中赔偿额最高的为 7 万元。排除不同省份之间社会平均生活水平的差异，获得救济的差异过于巨大是造成当事人对裁判结果不满的主要原因（见图 1）。

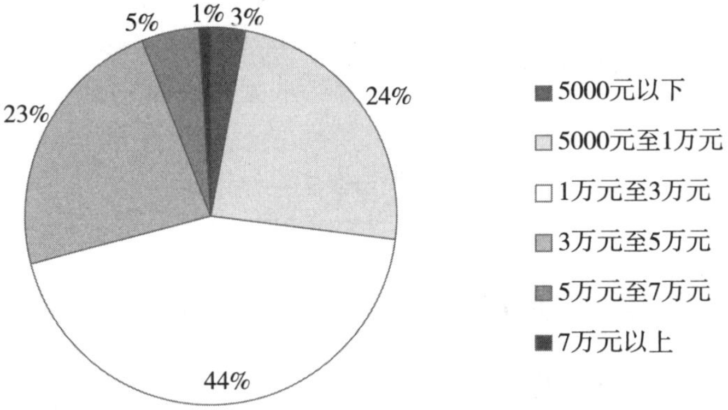

图 1　样本中损害数额认定赔偿区间总体情况

2. 损失数额的证明责任分配缺乏支撑

所选样本案件中，改发案件理由集中于酌定金额数额认定和损害事实的举证责任分配问题，充分表明上、下级法院就此问题的认识存在分歧。对于日常物品的损害事实，多数裁判适用了举证责任倒置规则，认为被告应当承担赔偿责任，但对于具体赔偿数额仍要求原告举证，如举证不能则进行酌定（见图 2）。从形式上看，法官再次违背了《行政诉讼法》第三十八条第二款的规定，将损失数额的举证责任分配给了原告，但为何如此分配在裁判说理中也未能充分体现。

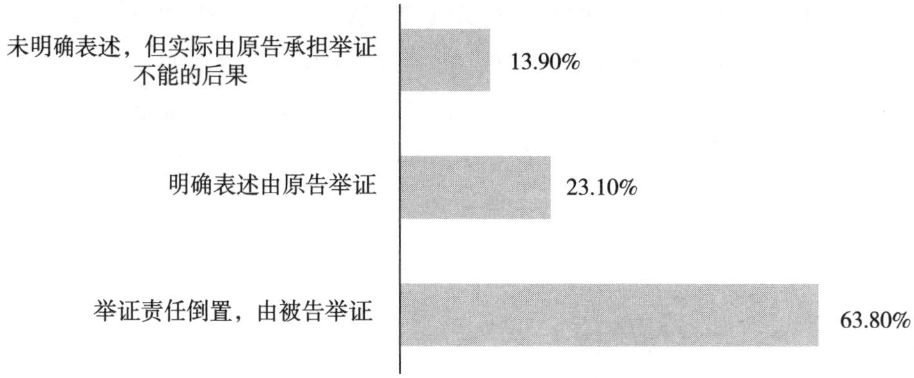

图 2　损失数额举证责任分配情况

二、追本溯源：行政强拆损害赔偿认定的困境剖析

行政强拆损害赔偿在司法实践中呈现的诸多问题表现并非偶然，而是由多重因素导致的。

（一）争议：立法中举证责任含义界定不明

举证责任分为主观举证责任和客观举证责任，二者具有本质差别。在何种意义上适用“举证责任”，决定了原告诉讼请求能否得到支持。在行政诉讼赔偿诉讼中，相关法律、法规和司法解释对原、被告的举证责任分配虽使用了“举证责任”或类似于“举证责任”的表述方式，但仔细研读即可发现其指向的内涵不甚明确（见表 3）。“应当提供证据”与“承担举证责任”等表述方式是否均包含了客观意义上的结果责任，学界与实务界均未形成定论，这也导致司法实践中法官对举证责任含义的理解存在较大差异。结合《行政诉讼法》第三十八条第二款来看，实践中对被告承担举证责任的性质存有认识分歧，如“举证责任”包含了客观意义上的结果责任，则此处被告承担举证责任的规定应是“举证责任倒置”，即应由被告承担不利后果。但若“举证责任”仅指主观意义上的行为责任，则此处的规定应当为举证责任转移，被告仅对损害事实承担主观意义上的行为责任，最终不利后果的承担者仍是原告。在同样是被告举证不力的情况下，对举证责任性质理解的差异，必然带来完全相反的法律适用结果，被告承担客观举证责任意味着原告的损害事实将被直接认定成立，而在其承担主观举证责任时则相反。

表3 行政法关于举证责任的规定

规范性文件名称	条文表述	原被告举证责任表述
《行政诉讼法》第三十八条	在起诉被告不履行法定职责的案件中，原告应当提供其向被告提出申请的证据。但有下列情形之一的除外：（一）被告应当依职权主动履行法定职责的；（二）原告因正当理由不能提供证据的。 在行政赔偿、补偿的案件中，原告应当对行政行为造成的损害提供证据。因被告的原因导致原告无法举证的，由被告承担举证责任。	原告：应当提供证据 被告：承担举证责任
《国家赔偿法》第十五条第一款	人民法院审理行政赔偿案件，赔偿请求人和赔偿义务机关对自己提出的主张，应当提供证据。	原告、被告：应当提供证据
《最高人民法院关于行政诉讼证据若干问题的规定》第五条	在行政赔偿诉讼中，原告应当对被诉具体行政行为造成的损害事实提供证据。	原告：应当提供证据
《行政诉讼法适用解释》第四十七条第一款	根据《行政诉讼法》第三十八条第二款的规定，在行政赔偿、补偿案件中，因被告的原因导致原告无法就损害情况举证的，应当由被告就该损害情况承担举证责任。	被告：承担举证责任

（二）冲突："证明妨碍"+"赔偿额酌定"叠加混用

行政赔偿判断原告损失涉及损害事实和损害数额认定两个方面。《行政诉讼法》第三十八条第二款和《行政诉讼法适用解释》第四十七条第三款分别确定了被告承担举证责任和赔偿额酌定制度，从不同角度保护行政相对人合法权益。但二者作用机理不同，前者是通过变更承担举证义务主体这一技术路径来达到目的；后者是在损害额难以证明或不能证明时，由法官审查全案证据进行酌情裁量，是为陷入证明困境当事人提供权利救济的另一种方式。《行政诉讼法适用解释》第四十七条第三款是在《行政诉讼法》第三十八条第二款证明责任分配基础上，穷尽已有证明方式之后确定损害数额的最后救济途径。在证明妨碍情形下，简单叠加适用损害赔偿额酌定，不仅难以体现对原告救济的本意，反而消解了证明妨碍条款对被告惩罚的初衷，使被告在一定程度上免予承担客观举证责任。

在被告存在证明妨碍的情况下，法院的裁判文书往往论述到应当承担

"举证不能的法律责任"或"相应的责任"即终止，对被告如何承担责任再无论述。法律规定为法官安排了"损害事实认定+损害数额认定"两步走的裁判方案，承担举证责任仅是法律规定的证明妨碍惩戒手段，承担客观不利后果才应是救济的逻辑终点。但司法实践却正好相反，在损失额认定过程中，法官要求原告举证的同时对其举证强度要求似乎未有消减，而最终结果也往往对被告更为有利。上述两个步骤如何连接，举证责任差异在这两个步骤中如何体现，亟须法律规则填补和完善。

（三）偏差：裁判说理简单弱化制度价值

对原告提出"应由被告承担举证责任""赔偿额酌定的确定标准"等主张，部分法官因担心说理过多难免会有漏洞，采取简单表述或一笔带过，往往以不多加评判甚至有意避而不谈的方式处理。从实证的裁判文书样本来看，也反映出裁判说理对损害是否存在尤其是损害赔偿额认定上，很少论及原、被告承担举证责任的原因及举证责任的性质。认定赔偿数额与当事人期望的差距过大，法官的说理又不明确，成为当事人不信服裁判结果的重要原因。实际上，对举证责任的妥善处置本身就是回应当事人质疑的理想方案，一方面，需要法官能够对损害赔偿额认定过程中举证责任分配作出正确理解；另一方面，法官据以依据的法律和法理，以及心证的形成过程，应在裁判说理中充分展现，才能从根本上实现举证责任分配的制度目的。

三、理论思辨：行政强拆损害赔偿司法认定的基础探寻

由前述可知，解决行政强拆损害赔偿司法认定中存在的困境，其根源在于对相关理论问题认识不清，为此需首先从理论梳理着手。

（一）明确行政赔偿诉讼中"举证责任"的具体含义

行政赔偿法律规定中有关"举证责任"的规定前文已列举，从字面分析，应当提供证据中的"应当"一词，包含了不利后果的承担，应为客观证明责任的表述，而对被告"举证责任"的表述则更为明确，《行政诉讼法》第三十八条第一款与第二款既包含了对行为责任的规定也包含了不利后果的承担，应为主客观双重含义。①

---

① 江必新、邵长茂：《新行政诉讼法修改条文理解与适用》，中国法制出版社2015年版，第138页。

根据诉讼法理论，客观证明责任是立法预设于法律关系之中，不可转换，但发生法律规定的证明妨碍情形则不在此限，举证责任倒置是证明妨碍的法律效果之一。举证责任倒置的应有含义是，倒置之前的举证责任依然由原告承担。当证明妨碍未发生时，原告本应就损害事实承担客观举证责任，因发生了法律规定的证明妨碍事由而转由被告承担，原告便不再就此事实承担客观证明责任，此为举证责任倒置的必然之理。从理论观点看，“有证明妨碍的情况发生时，应当将举证者所主张的证明责任转换于妨碍者；将证明责任转换于妨碍者，妨碍者即陷于有受败诉判决的危险，借此可以防止证明妨碍的情况发生”①。因此，基于理论与逻辑的推演进路，《行政诉讼法》第三十八条第二款中的“举证责任”也应该理解为包括主客观双重含义，这一理解方式也与第 91 号指导性案例的精神相符。②

（二）辨析损害赔偿数额认定性质及与举证责任的关系

从实体法构成要件上分析，违法行为、损害事实、因果关系属于要件事实，而损害数额则不是。证明责任分配的理论针对的对象是要件事实，故有观点认为“损害赔偿数额在难以确定时不存在主张责任与证明责任适用的问题”③。本文赞同此观点。认定损害赔偿数额性质是决定是否适用证明责任的前提，对此理论上有三种观点：一是事实认定说，主张损害赔偿额认定属于事实证明问题；二是评价裁量说，认为赔偿数额最终认定是法官运用自由裁判权进行法律评价的结果，法律评价不涉及主张责任及证明责任；三是折中说，即前两种观点的调和，认为损害赔偿数额是事实认定与法官自由裁量的综合作用。④

赔偿额酌定显然有事实认定的成分，但又不完全是一种事实认定，“酌定”一词显示出法官自由裁量权的作用。结合理论与实践的双重立场，赔偿额酌定的性质采“折中说”更为合适，当事人可以就对自己有利的事实进行举证，但法官裁判的依据不限于此，其可以根据一定的原则和具体情况，如

---

① 骆永家：《证明妨碍》，载《月旦法学杂志》2001 年第 2 期。

② 相似观点见江必新主编：《中华人民共和国行政诉讼法及司法解释条文理解与适用》，人民法院出版社 2015 年版，第 231 页。文中认为，“可以”和“应当”的区别是在“应当”的情况下，如果不能提供相应的证据就要承担一定的不利后果。另外，本条同时规定，“因被告的原因导致原告无法举证的，由被告承担举证责任”。这句话意味着如果非因被告原因导致无法举证的，则原告自己应当承担举证责任。

③ 谷佳杰：《论民事损害赔偿数额的确定》，西南政法大学 2012 年硕士学位论文。

④ 参见谷佳杰：《民事诉讼损害赔偿数额确定制度研究》，西南政法大学 2015 年博士学位论文。

公平原则、双方的过错程度等确定赔偿的心证比例。据此，损害赔偿数额可以作为证明的对象，但并不适用举证责任分配法则，自然也不存在被告承担客观举证责任的证明责任裁判。《行政诉讼法适用解释》第四十七条赔偿额酌定规则与《行政诉讼法》第三十八条第二款所规定的证明妨碍，其运行机理和最终指向都存在根本性的区别。

从司法适用的立场出发，因为客观上不能期待行为人在实施妨碍之前保存损害事实的证据，故而被告多数无法举证，如果因此认定原告的主张完全成立，便存在原告肆意夸大损失数额的风险。在损害数额中适用举证责任分配法则，最终只能得出全有或者全无的结论，而这显然不是解决问题的可行方案。

（三）理顺损失认定与损害赔偿额酌定之间的逻辑关联

《行政诉讼法》第三十八条第二款规定了证明妨碍情形下的证明责任倒置，是实现原告合法权益最大化保护的创新，但简单以“损害认定”+“损害数额认定”这一时间顺序做出安排，逻辑缺乏贯通，适用上存在障碍。由于损害赔偿额酌定中并不涉及证明责任分配规则适用，将之作为证明妨碍发生时证明责任倒置适用后的兜底裁判规则，容易让人误以为证明责任分配法则应当一以贯之地延续到损害赔偿额的认定中。事实上，损害赔偿额酌定过程虽不适用举证责任分配规则，但并不意味着行政机关的证明妨碍行为对最终赔偿额的确定不产生影响。换言之，实施了妨碍行为的行政机关必须承担相应的实体责任且必须最终落实在赔偿数额的确定上。证明妨碍对损害赔偿额确定的影响因素，就是实现两种制度逻辑贯通的基本要素。从主、客观相一致的立场出发，该要素应是对行政机关过错的考量。损害事实认定过程中对行政机关主观过错的分析，不仅可以决定是否产生举证责任倒置的后果，更是对法官赔偿额酌定过程产生重要影响。

为了弥补被行政机关违法行为对原告举证带来的妨碍，赔偿额酌定过程可采用两种方式回应，其一，降低原告证明标准，有效减轻原告的举证负担；[①] 其二，法官酌定时应当充分考虑行政机关违法行为的过错程度以及该过错对于原告形成证明妨碍的程度，对原告损失额度的酌定比例亦应当相应

---

① 参见胡学军：《从“证明责任分配”到“证明责任减轻”——论证明责任理论的现代发展趋势》，载《南昌大学学报》2013 年第 3 期。

提高，最终酌定比例的确定则是综合考虑双方过错程度的结果。

四、完善路径：行政强拆损害赔偿司法认定步骤之细化

前文分析调整了行政损害赔偿救济适用制度的理论依据，但并没有改变案件的审理思路，行政强拆赔偿仍然应按照“认定损失存在与否——赔偿数额认定”的路径展开，对规则适用的示范说明如下：

（一）损害事实认定

1. 审查被告是否应当承担客观举证责任

确认是否存在证明妨碍，是认定损害事实的第一步。根据《行政诉讼法》第三十八条第二款的规定，行政赔偿案件中被告承担举证责任的条件是因被告原因导致原告无法举证，也即被告存在违法行为且构成了证明妨碍。认定证明妨碍的要件具体包括：

（1）行为要件。行政机关在强拆过程中有违法行为，包括作为和不作为，如强制拆除前未对征收方案进行公布、征求意见时间未达到法定要求、未送达强制拆除决定书即进行拆除等。对违法行为的证明责任应按照行政诉讼证明责任分配的一般原则，由被告举证证明其行为合法、履行了必要的手续或采取了必要的措施。①

（2）结果要件。原告无法就损害事实举证。原告只需对无法证明的情况作出具体说明即可，其陈述的具体事实比没有发生更有可能，即视为其完成了对证明妨碍结果要件的证明。

（3）因果关系要件。被告违法行为与原告无法举证之间具有因果联系，对此可参照民事侵权关于因果关系的推定理论进行评判，即由法官根据经验法则和逻辑推理作出推定即可。一般而言，由于行政强拆行为的特殊性，只要被告确实有强拆的行为，且对被拆迁房屋中物品未履行拍照录像、登记造册、妥善保管等义务时，即可推定因果关系成立。认定损害存在与否需要注意两方面内容：

一方面，原告作为损失主张者，无论何种情况下都要承担一定限度的证明责任，但在举证责任倒置的情形下，其仅承担初步证明责任，向法庭陈述

---

① 参见李年清：《行政强拆赔偿案件中损害事实的举证责任》，载《时代法学》2015 年第 13 期。

说明证明损害存在具有可能性即可。

另一方面，审查是否符合证明妨碍要件的过程中，原告亦仅需完成初步证明即可，而不必对行为要件、结果要件和因果关系要件再承担举证责任，否则会加重原告举证负担，违背证明妨碍制度初衷。尤其是“违法行为”要件与“因果关系”要件，由证据距离更近的行政机关举证更为适宜。

2. 被告承担客观举证责任的注意事项

（1）“应当赔”不同于“全额赔”。被告在承担客观证明责任而又不能充分举证的情况下，即应承担证明不能的不利后果。这种不利后果在于法官可直接认定“损失”存在，即确定“应当赔”的裁判基调。但“应当赔”不同于“全额赔”，损害的确定只能作出请求权成立的定性裁判，而最终决定“赔多少”的定量判决，还需要综合当事人的证据材料结合相关常识、经验和逻辑进行认定，也就是下文将要探讨的损害赔偿额酌定。

（2）物品分类认定不可颠覆举证责任规则。按照日常经验与一般逻辑，日常物品与贵重物品价额存在较大差异，这也是实践中对二者分类认定的原因。由于日常物品的普遍性，使法官较易形成确信心证，贵重物品则不然。但无论是日常物品还是贵重物品，其性质上都是物品形态，因而不应改变举证责任分配的基本规则。举证责任倒置后，被告对物品损失承担的举证责任，当然应包括日常物品与贵重物品。除非法官根据既有事实，推定贵重物品确实不存在的可能性已经达到明显优势证据标准，才可视为被告完成对损害事实不存在的举证，否则，贵重物品损失仍必须由被告举证（见图 3）。如指导性案例第 91 号对实木雕花木床的认定就是采用这一思路。

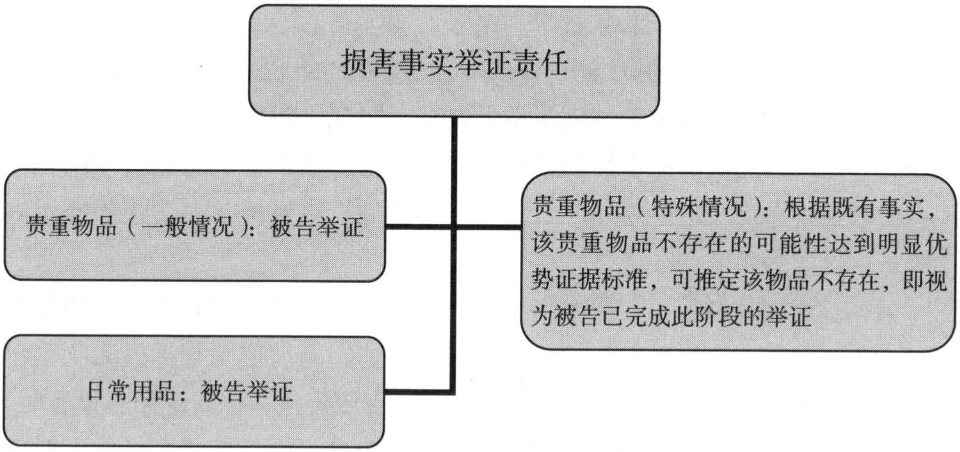

图 3　损害事实的举证责任承担

（二）损害数额确定

确定赔偿具体数额是实现原告权利救济的最终目的，认定的基本路径是：根据原、被告举证情况确定损失数额—数额难以确定情况下采用鉴定方式—穷尽以上两种途径仍无法确定损害数额的，适用“损害赔偿额酌定”制度予以认定。损害赔偿酌定是损害数额确定环节的难点，为实现保护行政相对人合法权益的目标，在适用上应围绕“证明标准降低”和“法官自由裁量”这两个基点展开。

1. 适度降低证明标准

因行政行为的多样性，因此《行政诉讼法》中没有明确规定证明标准，行政诉讼实践中常用的证明标准主要有三种类型，由高到低依次排列为：优势证明标准、明显优势证明标准以及排除合理怀疑标准。[①] 行政强拆损害赔偿具有双向性特征，在性质上与民事损害贴近，对此类事实认定标准既不宜过严也不宜把握过宽，采取证明难度适中的明显优势证据标准较为妥当。

但在存在证明妨碍情形时，原告对损害事实举证面临困境，为适度降低证明标准以救济原告，采用“优势证明标准”较为合适，即当原告所示证据较之不存在更具可能性时，应视为原告已经完成了证明，并认定其所主张的事实成立。

---

① 参见梁凤云、武楠：《关于行政诉讼证明标准的几个问题》，载《法律适用》2002 年第 8 期。

2. 建立赔偿额酌定的相关标准

损害赔偿额酌定制度必然涉及法官自由裁量，由于立法对裁量的参考因素规定过于简单，可供参考的依据不足，很大程度上影响法律适用的准确性以及当事人对数额认定正当性的认可。因而必须对赔偿额酌定过程中法官行使自由裁量权作出一定的规制，为裁判尽可能地提供依据并在法律的框架内消弭当事人的不满。

（1）建立明确赔偿额计算参考标准体系。对一些可量化计算标准的损害项目，明确设置计算标准或公式。如房屋的价值，当房屋因被拆毁无法鉴定时，可参照同一区位，相同条件、环境的类似房屋价值；在认定相关损害时，应同时参考房屋的用途，区分自住、出租或是门面、办公用房，对其中的设备设施，应有不同的认定方式；对于相对贵重的物品，鉴于生活经验和常识常情，只凭当事人的陈述或清单等初步证据难以证明的，可要求当事人补充证据，但也仅需达到优势证明标准即可。尽可能地使额度计算具有可预期性，减少因法官裁量权过大而引起的当事人的不满。

表 4　赔偿额酌定主要考虑因素与计算方式列举

物品类别	酌定考量因素	计算方式
房屋	房屋地理环境、面积、具体用途、使用年限、拆迁实践等	参照行政强拆完成时，同一区位、相同条件、环境、用途的类似房屋均价
屋内设施、设备、装修等	物品种类、装修类型、使用年限等	屋内设施物品价值 = 设施均价×（1-已使用年限÷设施平均使用年限）
	（1）生活用房应按照同一生活区域内相似生活水平的一般生活配置，确定屋内应有设施和物品；以同类房屋的基装均价扣除折旧确定装修价值。	
	（2）门面或经营用房，应充分考虑其经营的类型，将同地段同类经营模式、经营种类的物品配置考虑在内，并根据同一类型、同一品质或者同一类似品牌、型号的价值，扣除折旧计算损害额度。	屋内装修价值 = 同类型房屋基装均价×（1-使用年限÷装修平均使用年限

（2）确立最大限度保护被侵权人合法权益的计算原则。确立参考标准体系的目的是使赔偿额的计算尽可能量化，但是赔偿数额的计算过程存在一定的价格区间是不可避免的事实。如前述，采取“就高”或“就低”两个标准，当事人获得的赔偿数额将有巨大差异。在行政机关本身存在违法行为的

前提下，应当将最大限度保护被侵权人合法权益作为损失计算的基本原则，从而将指导性案例第91号确立的“就高不就低”原则贯彻到损害额酌定的日常审判实践中去。在被侵权人损失计算的价格区间内，取“高、低”两个档位，在行政机关存在违法行为时，直接在高位区间取值，从而最大限度地救济原告（见图4）。

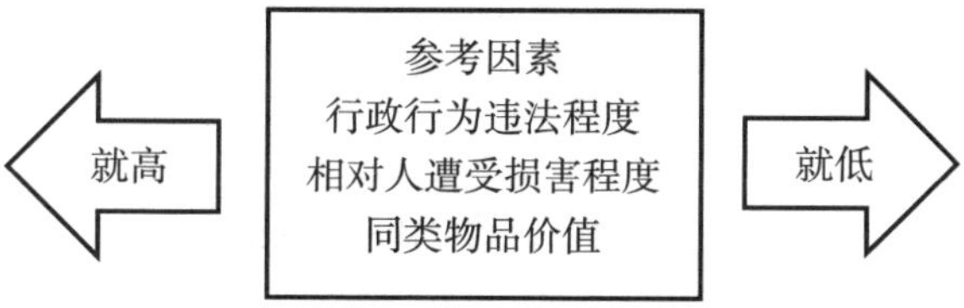

图4　损失赔偿标准确定参考因素

（3）明确法官的心证比例。基于对原告权利的救济，对被告过错的考量亦须体现在损害数额的确定中，在此应当赋予法官依照心证比例算定赔偿额的权力。在确定的高位赔偿区间内，再综合考量被告是否存在妨碍行为、妨碍方式、妨碍程度、主观恶性以及原告自身过错的比例之后，酌情以一定比例确定赔偿数额，例如，被告如存在重大违法，且对原告之证明构成重大妨碍时，可在高位赔偿区间的基础值之上上浮50%—80%；如被告违法情形轻微且证明妨碍程度较弱时，可酌情增加10%—20%等，但均不可超过最高值。当然，此处的比例范围仅做举例示范而非规则建议，具体的分配比例还要结合案件的具体情况综合判断。

（4）加强证据说理和心证公开。损害数额认定与原告权利救济直接相关，也是原告最关心的问题。要提升裁判的可接受度，有必要在裁判说理中充分评论和回应当事人所举示证据，公开法官酌定损害赔偿的心证过程，结合阐释赔偿额酌定的相关标准、采用的损害数额计算原则等，针对当事人提出的数额，分门别类地论述相关数额（见图5）。

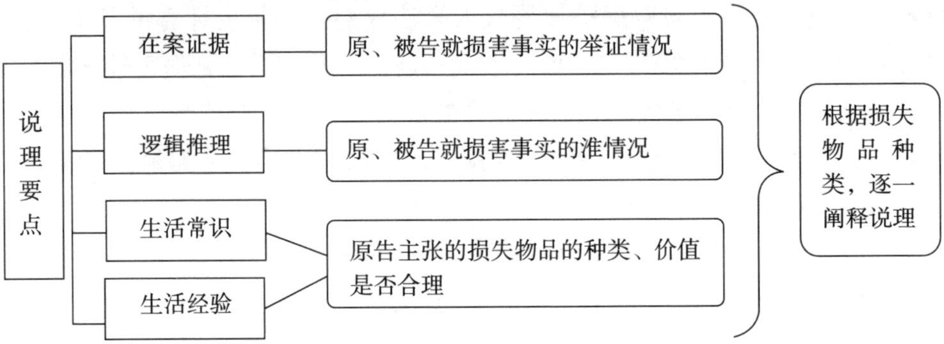

图 5　损害数额酌定裁判说理要点

结语

行政强拆损害赔偿案件审理，主要围绕损害事实认定和赔偿数额确定两个焦点展开。立法确立了损害事实认定举证责任倒置原则和赔偿数额酌定的方法，一定程度上有利于解决原告限于证明妨碍不力境地、维护行政相对人合法权益、督促行政机关依法行政。本文论述试图在当前法律规范体系下，从理论和实践层面提供可参考的路径，以解决行政强拆损害赔偿审判所面临的困境，促进制度设计所预想的目标切实得以实现。

（作者单位：重庆市第一中级人民法院）

强拆行政赔偿案件司法审查的困境与出路

——以 P 市法院 2015—2020 年 2273 篇裁判文书为样本

王 辉　　颜亚伟

【摘要】 因征收农村集体土地引发的"强拆"行政案件中，最大的难点在于，如何在确认强拆行为违法后解决最关键的赔偿问题。通过对 P 市法院 2015—2020 年 2273 篇裁判文书进行全样本分析发现，"强拆"赔偿问题不仅在八项重要指标中呈现出"四高四低"失衡现状，还在相对人、行政机关、审理者三个维度存在"三多""一多两少""三难"突出问题，对相对人权益保护、地方经济发展、司法公正乃至法治政府建设都产生了很大的负面作用。本文尝试从宏观、微观两个层面对赔偿问题的成因进行深入分析，运用逆向思维的方式，选择安置补偿方案这一征迁活动重要连结点为突破口，实现司法审查提前介入征迁作为关键第一步；再辅之以规范性文件附带审查、惩戒违法强拆、发布案例、发送司法建议及改变裁判思维的一揽子机制作为破解强拆赔偿难题的具体第二步，进而以最小代价解决强拆赔偿难题。

【关键词】 行政赔偿　强制拆除　路径构建

引言

征地"强拆"之所以受到社会广泛关注，不仅是因为其包含征收主体、范围、程序以及补偿方式、标准等因素，更是因为征收过程中存在行政职权行使、征收部门目标实现、被征收人的合法权益保护及代表着政府权威和公信力的信赖利益保护等因素。当上述因素错位或缺失时，大量征收安置补偿纠纷便涌入法院。本文论题即围绕"强拆"行政赔偿案件进行现状梳理及问题归纳，并在深入剖析成因的基础上，提出有效的解决路径。

一、现状梳理："强拆"行政案件赔偿问题总体概观

（一）"强拆"行政案件基本情况

行政赔偿案件作为国家赔偿的一种，从引发赔偿的案由角度划分，本文主要将考察范围限定为行政机关以实施行政征收为目的、"强拆"农村集体土地上房屋所引发的行政赔偿案件。本文以我国中部某省 P 市 2015—2020 年"强拆"行政案件的审理情况为分析样本，为本文论题论述的"强拆"赔偿问题提供支撑点，以收管中窥豹之功。

由于"强拆"赔偿案件在启动模式方面的"特殊性"，围绕"强拆"案由引发的案件一般可分为两个阶段：第一阶段是针对行政强制拆除行为提起的确认违法或撤销之诉；第二阶段是行政赔偿之诉。据统计，自 2015 年 5 月 1 日至 2020 年 4 月 30 日 P 市两级法院共受理"强拆"行政案件 2273 件（含诉讼与赔偿），其中，"强拆"行政赔偿案件 605 件，审结 579 件，审结率 95. 70%。在审结的 579 件案件中，如果将原告的赔偿请求折算为金钱赔偿，当事人共申请赔偿金额最低值都在百万元以上，而最终判决实际支持的赔偿数额最高值不超过 50 万元。

表 1 "强拆"案件基本情况表

时间	"强拆"行政案件数量（件）	"强拆"行政赔偿案件数量（件）	"强拆"案件进入赔偿阶段率（%）	"强拆"行政赔偿案件审结数量（件）	"强拆"行政赔偿案件审结率（%）
2015. 5—2016. 4	496	61	12. 30%	55	90. 16%
2016. 5—2017. 4	456	83	18. 20%	78	93. 98%
2017. 5—2018. 4	403	75	18. 61%	70	93. 33%
2018. 5—2019. 4	452	167	36. 95%	165	98. 80%
2019. 5—2020. 4	466	219	47%	211	96. 35%

续表

时间	“强拆”行政案件数量（件）	“强拆”行政赔偿案件数量（件）	“强拆”案件进入赔偿阶段率（%）	“强拆”行政赔偿案件审结数量（件）	“强拆”行政赔偿案件审结率（%）
合计	2273	605	26.62%	579	95.70%

（二）“强拆”案件总体表征为“四高四低”

1. “强拆”行政诉讼案件数量高，行政赔偿案件数量低

根据《最高人民法院关于审理行政赔偿案件若干问题的规定》（以下简称《赔偿规定》）的规定，P市法院自2015年以来通过诉讼引导的方式，引导相对人先行提起确认违法或撤销之诉，待该阶段诉讼完结后再行提起单独式赔偿诉讼。在此前提下，5年间因“强拆”引发的行政案件共计2273件，但其中能够启动赔偿程序的仅有605件，占比为26.62%。

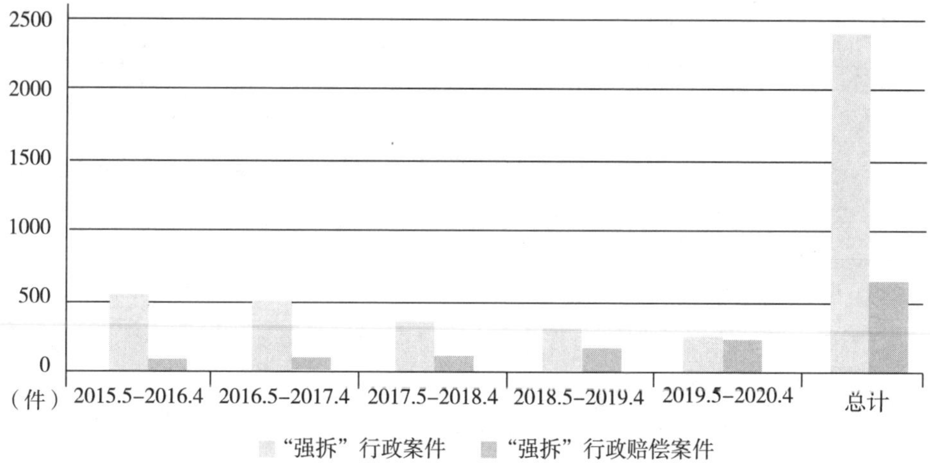

图1　“强拆”行政案件中赔偿案件情况图

2. 确认违法或撤销判决数量高，赔偿判决数量低

在1668件“强拆”行政诉讼案件中，法院最终作出的确认违法或撤销判决的案件数量为934件，这不仅超过了“强拆”赔偿案件的总数量，更是最终作出赔偿判决[①]案件数量的近2倍。这些数据差异表明，“强拆”案件中的相对人能够在第一阶段的确认违法或撤销之诉中得以胜诉的略超半数，而在更为关键的第二阶段即行政赔偿之诉的启动数量特别是胜诉情况明显呈现出低位徘徊的趋势。

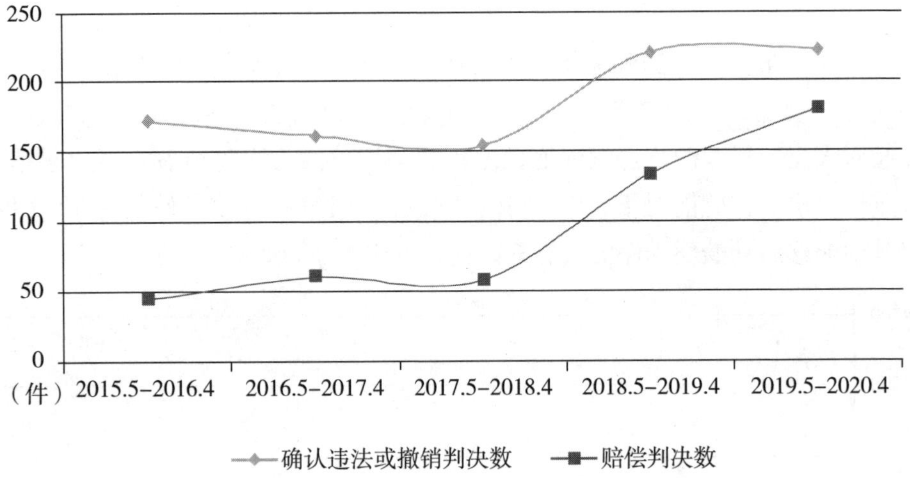

图2　确认违法或撤销判决数与赔偿判决数对比情况

3. 诉请赔偿数额高，判决支持数额低

通过对605件强拆赔偿案件中相对人的诉讼请求及行政赔偿判决书进行分析，发现金钱求偿数额动辄超过百万元，据统计，原告求偿数额100万—300万元的有323件，占“强拆”赔偿案件总数的53.4%；求偿300万—500万元的有236件，占总数的39%；求偿500万元以上的有46件，占比7.6%。与“天价”求偿数额截然相反，在审结的480件赔偿案件中，法院最终判决赔偿的案件仅有96件，且支持的数额普遍低于原告诉求：判决支持数额10万元以下的有40件，判决支持数额10万—30万元的有34件，判决支持数额30万—50万元的有22件。

① 一般包含“驳回诉讼请求”“直接判决赔偿”及“责令赔偿义务机关作出赔偿决定”三种方式。

表 2 诉请赔偿数额与赔偿判决数额案件数量对比表

金额	诉请赔偿数额案件数量（件）	判决支持数额案件数量（件）
10 万元以下	0	40
10 万—30 万元	0	34
30 万—50 万元	0	22
100 万—300 万元	323	0
300 万—500 万元	236	0
500 万元以上	46	0

4. 上诉率高，调解成功率低

在 P 市法院审结的 579 起一审“强拆”赔偿案件中，相对人因“强拆”行为未经有权机关确定为违法或撤销而单独提起的赔偿诉讼共 99 件，其中 58 起案件的相对人经法官释明后自愿申请撤诉、法院裁定准许；剩余的 41 件均被裁定驳回起诉。在法院对 521 件“强拆”赔偿案件作出的裁判中，相对人不服提起上诉的共 244 件，上诉率 46.83%，这个数据超出了 P 市法院同期行政案件平均上诉率近 10%。与高上诉率对应的是低调解率，如前所述，虽然法院裁定准许撤诉的有 58 件，但该数据并不等于调解成功，扣除该 58 起案件，P 市法院 2015—2020 年调解成功的“强拆”赔偿案件仅有 34 件，在 521 件赔偿裁判中占比仅 6.52%，低于 P 市法院同期行政案件平均调解率近 20%。

表 3 “强拆”赔偿案件上诉与调解情况对比表

时间	判决赔偿案件数量（件）	上诉案件数量（件）	调解案件数量（件）
2015.5-2016.4	55	27	2
2016.5-2017.4	78	33	3
2017.5-2018.4	70	39	1
2018.5-2019.4	165	58	11
2019.5-2020.4	211	87	17
合计	579	244	34

二、问题归纳：诉、辩、审多维度检视

诉讼是检视矛盾的最好工具，对审理者亦如是。透过诉讼环节不仅能观

察诉讼参与各方矛盾的全貌，也能反向考察审理者自身的问题。通过对参与“强拆”诉讼三方的检视，能够全面展现诉、辩、审各自存在的问题。

（一）“诉”之维度：“三多”问题突出

1. 涉案房屋合法手续不全情况多

涉案房屋是否办理有合法手续是强拆案件中的主要争议焦点，该争议既在很大程度上决定了“强拆”案件的第一阶段即被诉“强拆”行为是否合法，又直接决定着更为关键的赔偿诉讼是否能够启动以及相对人能否胜诉。在 2273 起“强拆”行政案件中，相对人能够全部提交涉案房屋宅基地使用证、规划许可证以及村镇房屋所有权证的情况仅占全部案件样本数的 7. 96%；提交上述三证中两种的占全部案件样本数的 13. 99%；仅提交一种合法证件的占 20. 99%。该问题不仅易使“拆违”成为“拆迁”的便利手段，[①] 也在很大程度上影响了相对人在强拆案件特别是关键的赔偿案件中的胜诉率。

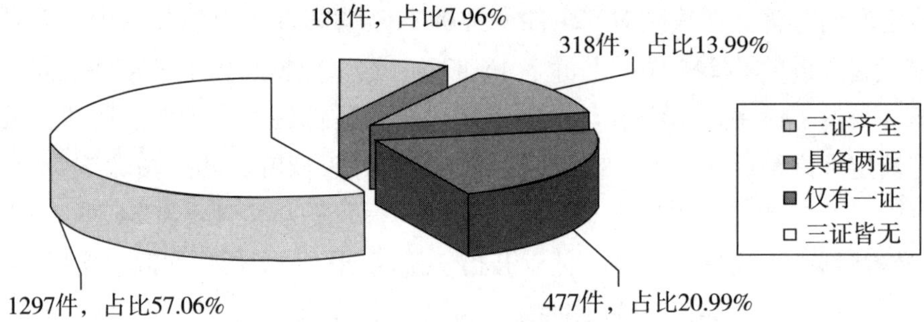

图 3　强拆案件中涉案房屋合法手续情况

2. 主张以“周边房价”作为赔偿标准情况多

“强拆”赔偿案件中相对人动辄求偿数百万元乃至上千万元，其理由大多是涉案房屋位置优越，理应以“周边房价”即新建商品房价格作为赔偿标准，这不仅与地方政府制定的征收安置补偿规范性文件的定价差距大，也高于征收部门制定的安置补偿方案定价。例如，在原告王某诉被告某区政府强制拆除行政赔偿一案中，原告王某因认为其涉案房屋所在区域属位置优越的“城中村”，征收部门制定的安置补偿方案定价过低，主张以周边新建商品房

① 张美欣、蔡英伟：《别把“拆违”变“拆迁”——强拆违法建筑应注意的法律事项》，载《中国自然资源报》2016 年 12 月 24 日第 7 版。

价格为赔偿标准，总计求偿人民币3000余万元。被告某区政府称该方案是根据省政府制定的有关规范性文件确定的定价，主张法院应在安置补偿方案的框架内确定赔偿数额，即赔偿原告王某涉案房屋损失共40余万元。原告王某的上述主张在P市法院2015—2020年受理的"强拆"赔偿案件中颇具代表性，该普遍性问题对赔偿案件的调解、裁判等负面影响较大。

3. 要求赔偿房屋装修、室内物品损失情况多

相对人在"强拆"赔偿案件中大都要求行政机关对其房屋装修、室内物品进行赔偿，而该类诉求之"难"表现在两个方面：一是按照地方政府制定的有关征收安置补偿规范性文件，房屋装修不在安置补偿范围内，这就导致房屋"精装修"与"简装修"的投入差异无法在补偿数额上得到相应反馈，客观上不公平、不合理。[①] 二是关于室内物品的损失往往存在原告主张范围广、求偿数额高，被告则基本不予认可的情况。虽然《行政诉讼法适用解释》明确了法官在审理该类案件时的裁判思路，但囿于证据缺失、事实无法认定等情况，法官最终难以支持原告过高的室内物品损失主张，相对人关于房屋装修、室内物品损失的诉求在该类案件中成为普遍性难题。

（二）"辩"之维度："一多两少"情况普遍

1. "强拆"拒签协议房屋的情况多

强制拆除作为一种方式，已成为征收主管部门推进有关项目进度、应对拒签协议的相对人的最终手段；从样本情况来看，在案证据显示的"强拆"理由或者是涉案房屋合法手续缺失，或者是年久失修已被鉴定为"危房"，或者是经房屋所在地村民委员会通过行使"村民自治权"的方式收回涉案房屋占用的集体土地（宅基地）使用权等，[②] 不论事由如何最终都会指向强拆这一方式，该情况在"强拆"赔偿案件中较为普遍。

2. 实施强拆过程中遵守法定程序情况少

在934件确认违法或撤销判决中，因行政机关违反法定程序而被判决确认违法或撤销的共有716件，占比76.66%，这一数据反映出两方面的问题：一方面，多数原告认为法院既已对被诉强拆行为作出否定性判决，则被告理

---

① 陈辉：《为什么有些近郊农民不愿意征地拆迁》，载《第一财经日报》2019年12月11日第A11版。

② 孙秋鹏：《地方政府惩罚能力差异、信号传递与分离均衡——宅基地征收中的博弈分析》，载《北京社会科学》2020年第3期。

应对其进行赔偿。[①] 另一方面，从答辩情况来分析，部分行政执法人员认为涉案房屋因合法手续缺失等原因，对其实施强制拆除属于“实体正义”，既无须“死扣”程序更无须赔偿。[②] 对法定程序的理解、接受度，既凸显被告方程序意识欠缺问题，又容易催生出上诉、申诉、信访等新问题。

3. 对室内物品登记造册、妥善保存情况少

在“强拆”房屋前对室内物品进行登记造册并妥善保存的目的是固定证据、减少相对人损失，但从样本情况来看，实践中行政机关鲜有对室内物品情况进行拍照、录像等清点登记工作，对于腾出的室内物品几乎都没有采取合适的方式进行妥善保存，这一方面会导致室内物品损失的真实情况无法查清；另一方面还会使相对人的损失无谓扩大。

（三）“审”之维度：“三难”问题突出

1. 调查取证难

从样本文书举证、质证情况看，相对人及行政机关提交的证据往往不能反映房屋、附属物及室内物品损失的真实情况，由于农村宅基地上的房屋多为自建房，故原告多以自行拍摄的强拆现场照片、证人证言等证据证明其损失情况，但仅凭这些证据很难证实其损失主张，且庭审过程中被告大都不认可原告证据的真实性及其证明目的。被告提交的入户测量登记表、证明等证据虽然有当地村委会加盖公章，但原告同样予以否认。再加上涉案房屋早已被夷为平地，法院即使调查取证，却也无从入手。

2. 鉴定难

司法鉴定因其科学性、专业性和明确的指向性，一直是法院赖以突破损失确定难题的“法宝”，但在“强拆”赔偿案件中却“无计可施”。由于司法审查滞后，法院在审理案件时，涉案房屋早已不复存在，囿于原、被告证据意识欠缺，能够反映涉案房屋原貌的证据材料缺失，在此情况下，无论是依申请还是依职权启动鉴定程序，司法鉴定机构在了解有关情况后多以“检材不存在、不具备鉴定条件”为由结束鉴定，鉴定难进一步制约查清真实损失情况的可能性。

---

① 刘启川：《拆除违建要以权利保障为中心》，载《民主与法制时报》2019 年 4 月 25 日第 6 版。

② 温贵能：《违法强拆损失可判令先由行政机关作出赔偿决定》，载《人民司法》2020 年第 2 期。

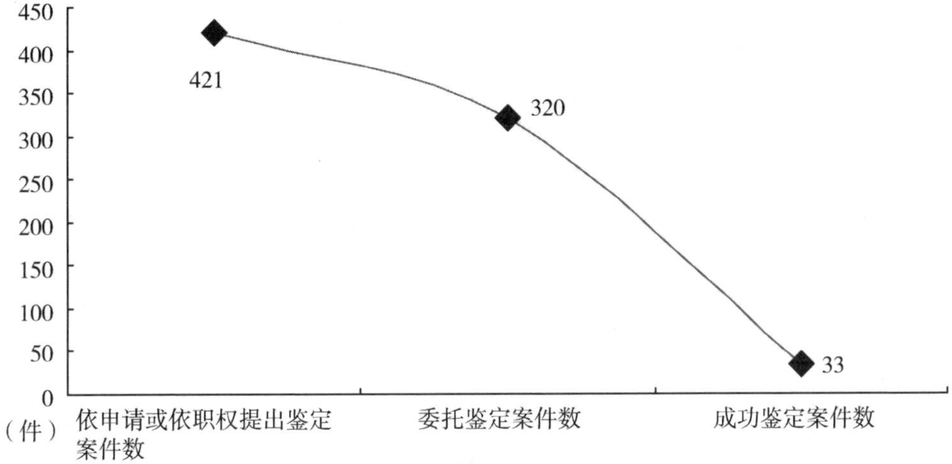

图4　强拆案件鉴定情况

3. 直接作出赔偿判决难

在审结的579件“强拆”赔偿案件中，共有480起案件作出了赔偿判决，但其中仅有96件直接判决赔偿，占比仅为20%。因难以查清涉案房屋、附属物及室内物品损失，且又无法通过司法鉴定确定损失情况，只能将确定损失的“首次判断权”交还给赔偿义务机关，即判决责令赔偿义务机关限期作出赔偿决定，这一判决方式共计291件，占比60.62%，是直接判决赔偿案件的3倍。直接判决赔偿难既不能有效规制和引导政府依法征收，相反还可能对违法“强拆”具有反向诱导作用，隐性危害甚大。①

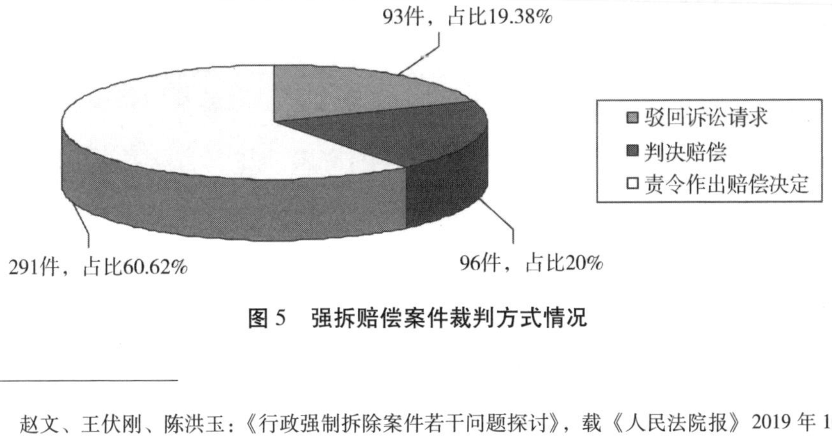

图5　强拆赔偿案件裁判方式情况

① 赵文、王伏刚、陈洪玉：《行政强制拆除案件若干问题探讨》，载《人民法院报》2019年10月31日第6版。

三、原因挖掘：宏观微观双层面分析

（一）宏观层面：法律规范方面的原因

1. “强拆”赔偿问题的法律规范过于笼统

目前我国仅有《国家赔偿法》《赔偿规定》《最高人民法院关于审理涉及农村集体土地行政案件若干问题的规定》（以下简称《审理涉集体土地案件规定》）对强拆赔偿问题有专门规定，但对于赔偿方式、范围、标准等如何确定并无具体规定。《土地管理法》《土地管理法实施条例》虽对征地安置补偿的方式、标准、范围以及异议的救济等事项有相应规定，[①] 但也以原则性规定居多。此外，《审理涉集体土地案件规定》对于土地征收安置补偿争议的救济方式与上述规定几无二致，而对于补偿标准、范围、方式等具体问题如何审查、处理的规定亦失于笼统。

2. 规制征收行为的法律空白过大

由于集体土地行政征收由一系列关联紧密的行政行为组成，在征收实施过程中也会出现包括征地批复、征收公告、征收决定、安置补偿方案等在内的一系列行政行为，因前述法律规范对上述行为并无详细规定，在司法实践中遂形成上述行为均不可诉的裁判思路，这一法律空白导致相对人在几乎整个征收环节救济无门、司法审查严重滞后，最终形成前述“强拆”难题无解的困境。

3. 地方政府制定的规范性文件标准低、更新慢

地方政府制定的征收农村集体土地规范性文件多存在更新慢、标准低的问题，从原告的起诉意见可知其拒签安置补偿协议的原因是补偿价格过低，而该价格的制定依据居然是2012年地方政府的规范性文件，这对于相对人显然不公平，尤其是作为农民重要生活资料的房屋，与之直接挂钩的房地产市场价格近年来上涨速度较快，补偿方案确定的标准本身就低于同期商品房价格，加之更新速度慢，不仅会引发相对人对补偿安置不满，也直接制约着法院确定赔偿标准。

---

① 参见《土地管理法》（2004年8月28日第二次修正）第四十六条至第四十九条及《土地管理法实施条例》（2014年7月29日第二次修正）第二十五条、第二十六条的规定。2019年8月26日第三次修正的《土地管理法》虽在第四十七条至第四十九条对安置补偿有关问题作出部分修正，但仍较为笼统。

（二）微观层面：关联主体各方原因

1. 相对人的原因

（1）“为钱所困”——投入成本大。随着农民经济收入不断增长，农村自建房以两到三层的楼房为主，而在城市近郊区域，四层以上的“无院”楼房已成主流，“住改商”“路边店”更是给“城中村”居民带来了新的利益增长点，农民经济收入的百分之七八十都投入这些新建楼房中，而这也正是“强拆”后相对人求偿数额普遍较高的主要原因。

（2）“既患寡又患不均”——心理落差大。P 市法院 2015—2020 年审理的“强拆”行政案件中，大多数相对人都认为即使难以凭借拆迁“暴富”，至少也应按照其实际经济损失确定赔偿数额，才符合“公平合理”原则，由此也形成了相对人在其赔偿诉求中的共性问题，即主张对其房屋装修、室内物品进行赔偿，同时要求按照周边新建商品房市场价为标准对其房屋面积进行赔偿。而在这些案件中，相对人的上述诉求征收部门均不予支持，再加之安置补偿标准不统一、最终安置补偿数额不公开，相对人陷入“既患寡又患不均”的失衡心态，当其申请赔偿数额与行政机关决定赔偿数额尤其是法院最终的赔偿判决确定的赔偿数额之间差距过大时，其期待利益与赔偿数额的巨大差距成为“强拆”赔偿案件上诉率高、调解率低的主要原因。

2. 行政机关的原因

（1）推进涉案项目“操之过急”。一方面，根据《土地管理法》《土地管理法实施条例》等有关法律、法规的规定，行政机关在征收农村集体土地时必须履行包括“一书四方案”[①] 在内的各个法定程序。如果相对人拒绝签订安置补偿协议，行政机关认为涉案房屋存在违法情形需要强制拆除的，还需要按照行政处罚法或行政强制法规定的程序分步骤实施，履行上述法定程序所耗时间需以年计。如果相对人在此期间提出复议或诉讼的，耗费的时间更是成倍增长。另一方面，几乎所有的涉案项目都存在“时间紧、任务重”的特性，如果严格履行上述法定程序，则几乎没有可能在紧迫的截止时间前完成项目，而行政机关难以承受项目延迟或失败的代价。于是，一些行政机关采取一拆了之的方式推进涉案项目，这也是该类型案件中行政机关产生各种

---

① “一书四方案”是指建设项目用地呈报说明书、农用地转用方案、补充耕地方案、土地征收方案、供地方案。由市、县国土资源行政主管部门根据有关材料编写，并逐级上报至有批准权的人民政府审批。

违法问题的主要原因。

（2）“强拆”的违法成本低。考察P市法院审理的“强拆”行政案件，各个涉案项目的另一共性是“重大公共利益”，一般表现为“旧城区改造”“棚户区改造”“危房改造”等与民生、城市建设关联密切的项目，与延误项目进度可能导致的后果相比，违法“强拆”的危害性相形见绌，即使被法院作出否定性判决，由于强制拆除的对象大多数合法手续不完备，也未必会启动赔偿之诉。即使启动赔偿诉讼，法院直接判决赔偿的数额基本与补偿方案确定的数额差距不大。

3. 审判者的原因

（1）“左右为难”——赔偿判决难以突破安置补偿方案。囿于地方政府制定的征收补偿方案的羁绊，尽管相对人认为该补偿方案不合理、补偿价格不公平，但大多数案件中涉案项目区域的其他大多数群众已经签订了安置补偿协议，在此前提下，法院必须在提起诉讼的少数与已签订安置补偿协议的多数，以及作为个体的原告方与作为集体的被告方之间冲突的利益中寻求平衡点，这也是“强拆”赔偿案件最终判决数额低的主要原因。

（2）“巧妇难为无米之炊”——法官难以酌定。大多数相对人提交的证据能够证明涉案房屋确实进行了装修，但安置补偿方案确定的具体补偿范围中不支持房屋装修损失。另外，原、被告就室内物品损失情况的主张矛盾，但双方提交的证据均不能真实反映损失的具体情况，在面对这些复杂的情况时，按照最高人民法院判例确定的裁判要旨，法官应遵循职业道德、运用逻辑推理和生活经验等进行酌定。① 但酌定亦须以查明事实为基础，实践中囿于安置补偿方案已确定，法院需要考虑裁判的社会效果，法官则忧心偏高的酌定数额会造成“牵一发而动全身”的不稳定效应，形成在处理房屋装修、室内物品损失时行使裁量权“慎之又慎”的局面，最终导致酌定数额偏低。

四、破解之路：以“系统化思维”为导向构建“一揽子解决机制”

“强拆”赔偿案件中的各种难题互为因果、盘根错节，仅靠“打补丁”方式难以解决，② 必须在深刻理解上述难题的表征、后果及成因的基础上，

---

① 参见最高人民法院（2017）最高法行申26号、（2017）最高法行申2745号行政裁定及（2017）最高法行再68号行政判决。

② 李丽、王丽甜：《村民房屋被违法强拆的赔偿标准如何确定》，载《中国审判》2015年第2期。

客观认识其系统性特征，以系统化思维为导向构建解决机制，既注重一般性与特殊性，又兼顾整体与个体的诉求差异与平衡，最终达到标本兼治的目的。

（一）基本思路

在现有条件下，“强拆”难题因房屋已被拆除、征收相关各方的利益已成确定状态而难以根治。如果以逆向思维审视这些难题，即司法审查在涉案房屋未被强拆、各方利益未被安置补偿方案确定之前介入，就有了解决的契机，这就是第一阶段的解决思路。实现第一阶段的目标之后，还需辅之以解决如安置补偿方案、地方政府制定的有关规范性文件及违法强拆等具体问题的具体措施，即在客观认识“强拆”赔偿案件一系列系统性难题的基础上，以司法实践需要为出发点，通过统筹运用现有法律规范、机制等司法资源，补充、完善可操作性强的法律规范以解决具体规定过于笼统的问题，激活司法审查能动性，进而实现“强拆”赔偿难题的根本解决。

（二）实现司法审查提前介入的具体思路

1. 司法审查提前介入的实践经验与可行路径。实践中对于司法审查提前介入已有一些新的探索，如最高人民法院以会议纪要的形式实现了对安置补偿方案进行审查的可贵突破。[①] 尽管该规定因未能明确具体审查路径而略显保守，但这些可贵的实践经验已经为破解强拆难题开辟了新阵地，透过这些针对性极强的做法，司法审查能够提前介入征收纠纷，如果安置补偿方案确有问题，审判者可通过适用《行政诉讼法》第五十六条的规定及时堵住违法“强拆”的“漏洞”，从根本上解决调查取证难、鉴定难等问题。有鉴于此，应将上述实践经验吸收进相关法律规定，既保护被征收人合法权益，又监督行政机关依法征收；既以最小代价取得个体与整体利益平衡，又合理区分司法权与行政权边界，为实现司法审查提前介入这一阶段性目标创造法律条件。

2. 法律规范层面赋予安置补偿方案可诉性。要实现司法审查的提前介入，就必须从法律规范层面突破如征收公告不可诉、安置补偿方案不可诉、征收补偿决定游离于审查范围之外等障碍，[②] 为解决难题创造条件。结合当前司法实践具体情况，将征收部门制定的安置补偿方案选做突破口最为适宜。

---

① 参见《最高人民法院行政法官专业会议纪要（五）》“集体土地补偿领域”的规定。

② 《最高人民法院第一巡回法庭关于行政审判法律适用若干问题的会议纪要》，载《第一巡回法庭工作信息》2018 年第 5 期。

申言之，应将安置补偿方案置于司法审查范围内，由于征收部门在作出征收公告时一般会将安置补偿方案一并告知被征收人，选择该时间节点介入审查，能够为被征收人提供及时、有效的救济渠道，以此作为实现依法征收、维护被征收人合法权益的关键一步。

（三）构建以审判为中心的“两纵三横”式一揽子解决机制

第二阶段应设计以审判为中心的“两纵三横”模式解决安置补偿方案、地方政府制定的征收安置补偿规范性文件及违法“强拆”等具体问题，即在诉讼程序中以庭审为轴，纵向采取“双重审查”+“双维惩戒”的“两纵”模式解决个案平衡问题；在诉讼之外，横向以“双向引导”“双向延伸”及修正裁判思维的“三横”模式解决赔偿案件中的共性问题。由于这些问题的实质是征收各相关方利益如何平衡，因此应从处理好个体与整体的角度出发，综合运用行政诉讼合法性审查的基本功能及实质性解决争议的终极功能，打通“强拆”赔偿难题的最后一道防线。

1.“双重审查”——“规范性文件附带审查+合理性审查”解决安置补偿方案问题。安置补偿方案在征收活动中具有承上启下的关键作用，既连通上级政府制定的征收安置补偿规范性文件，又向下直接确定补偿方式、范围、标准。[①] 此外，因其所确定的大多数被征收人的利益仍是审判者不得不考虑的诉讼外因素，无形中制约着裁判权的正常行使。因此，如何对其进行司法审查十分关键。《行政诉讼法》关于规范性文件附带审查及合理性审查的规定为解决这一难题提供了可行之路，相对人在针对安置补偿方案提起诉讼的同时，可以通过向人民法院申请附带审查该方案所依据的规范性文件的方式，既直接审查安置补偿方案所衍生的补偿方式、范围、标准是否公平、合理，又通过附带审查方案规范性依据的方式对安置补偿方案进行合法性审查。这种双重审查模式既维护被征收人的合法居住权，又确保被征收群众生活水平不降低，并且这些审查方式都能从《行政诉讼法》中找到法律依据，从而一并解决安置补偿方案所引发的种种问题。

2.“双维惩戒”——“否定性裁判+适当上浮赔偿标准或增加赔偿金额”以提高违法“强拆”的违法成本。法律发挥其预测、指引等功能的必要路径是作出否定性评价时附带的惩戒性。遏制违法“强拆”也必须展现否定性评

① 王海燕、温贵能：《国有土地上被征收房屋强拆案件的司法审查》，载《法律适用》2019 年第 20 期。

价的惩戒性，通过提高违法成本的方法惩戒违法“强拆”行为。虽然当前有关行政赔偿的法律规范中尚无对违法行政行为惩戒的规定，但在司法实践中已有可贵的探索性突破。[①] 因此，在“强拆”行政案件中必须在第一阶段的否定性判决的基础上，使惩戒性体现在第二阶段赔偿判决中，申言之，法院在作出赔偿判决时，应结合违法“强拆”行为的原因、后果、危害性等因素，以进行违法性惩戒为原则、以适当上浮赔偿标准或增加赔偿金额为具体做法，使法院对违法“强拆”的否定性评价表里合一，为征收安置补偿工作提供明确且具体的法律预测和指引功能。

3. “双向引导”——“宏观指引土地行政征收+具体引导相对人权利救济”。通过发布指导性案例、典型性案例相结合的方式彰显“强拆”案件的裁判思路，从宏观和微观两个层面对征收活动参与方进行法律引导。具体而言，即通过指导性案例在全国范围内统一强拆赔偿案件的审理原则，地方法院通过典型性案例在辖区范围内统一方式、范围和标准，在既注重统一性又兼顾多样性的前提下，发挥法律的预测功能和评价功能，给各地土地行政征收以宏观指引，同时给潜在的被征收人阐明权利救济的具体路径，以改变当前农村集体土地征收领域“强拆—诉讼—强拆”的恶性循环，促使地方政府根据当地经济发展水平、政府财政状况等实际情况制定公平、合理的土地征收补偿规范性文件，具体征收部门依法定程序实施土地征收，最大限度地维护行政相对人的合法权益。

4. “双向延伸”——“类案普遍预测+个案具体建议”将行政审判职能作用延伸到征收活动。司法建议以其“柔性司法监督”的特性，以及预防矛盾、综合治理、服务大局的价值效用，一直是行政审判发挥其职能作用的有力措施。[②] 司法建议能够以具体个案为出发点，及时发现行政机关在社会管理方面存在的漏洞和不足，促使被建议机关改进措施、查漏补缺，提高社会管理和依法行政水平，效率及效用价值意义重大。就本文论题而言，“强拆”案件中行政机关存在的共性问题急需通过适当的渠道及时反馈给有关部门及其上级政府。司法建议不仅可以使行政机关认识到严格遵守法定程序的

---

① 河南省部分地区法院在审判实践中已有先例判决；另在《河南省高级人民法院赔偿委员会办公室〈关于审理违法征收、违法强拆类行政赔偿案件的工作指南（试行）〉》第七节、第十一节的规定中亦有间接体现。

② 李敏：《司法建议在参与社会管理创新中的价值及运用》，载《法制与经济（中旬）》2013 年第 3 期。

必要性、提高证据意识，从而解决行政机关在实施强制拆除过程中易犯的各种错误，还能够引导有关部门加强土地、规划、城建等领域的平时监督工作，从“溯源治理”的角度出发，遏制违法占地、建房行为，降低征收成本，减少征收、“强拆”诉讼中的难题，帮助地方政府依法实施土地征收，进而保障相对人的合法权益，使司法监督和司法指引的效用得以充分发挥。

5. 裁判思维应避免陷入“功利主义选择陷阱”。法院在审理“强拆”赔偿案件的关键环节——确定最终裁判数额时，被告的答辩意见一般都会提及已签订安置补偿协议的大多数人的利益，这也是导致赔偿数额低、裁量权受限等严重问题的主要原因，这一问题从社会管理的角度而言确实无解，但必须认识到真正的公平和正义绝不会打着“多数人利益”的旗号迫使少数人作出让步，真正的法治社会也绝不会自陷于这种“功利主义选择陷阱”。所谓“多数人利益即正义”的观点是典型的功利主义，法治国家对司法的要求是“让人民群众在每一个司法案件中感受到公平正义”，而个案正义是普遍正义的基石，也是人民法院努力实现司法公正的起点。于本章论点而言，法院在审理“强拆”赔偿案件时，裁判思维应避免陷入“功利主义选择陷阱”，回归行政诉讼的本职任务，让闪耀着公平与正义之光的法律思维始终贯穿在土地及房屋征迁特别是本文论题所关注的“强拆”赔偿案件的全过程。

结语

“强拆”行政案件中的赔偿问题因关乎相对人的切身利益而亟待解决，首要任务是应将司法审查提前引入征迁活动的关键环节中，再辅之以规范性文件附带审查、惩戒违法强拆、发布案例及司法建议等一系列措施作为解决问题的具体手段，避免动辄诉诸“修法”的不实际做法，以最小成本实现效用最大化的方式打通“强拆”赔偿问题的“最后一公里”。

（作者单位：河南省平顶山市中级人民法院）

理论与实践

证券行政处罚与刑事处罚的衔接困境与机制优化

陈良刚

【摘要】证券市场对于合理配置资源、有效进行宏观调控、实现投资者权益增值具有不可替代的重要作用。这些功能的发挥离不开对证券市场集中、统一、高效的监管以及对各类证券违法犯罪行为的依法及时制裁。作为制裁违法犯罪行为的两种基本机制，行政处罚与刑事处罚理应无缝对接形成合力，以实现治理效果最大化。然而，证券领域却存在行刑衔接不畅的顽疾，有案不移、有案难移、以罚代刑等问题较为突出。本文在对行刑衔接现状进行实证考察的基础上，结合证券行政处罚和刑事处罚的各自特点，主张建立行政处罚先行，构成犯罪时刑事处罚及时跟进，再根据刑事司法结果对行政处罚予以检视和矫正的行刑衔接机制，以期在确保法秩序统一的同时实现对证券市场依法高效协同治理。

【关键词】行政处罚　刑事处罚　行刑衔接

一、现状扫描：证券行政处罚与刑事处罚的衔接困境

实证分析表明，证券行政处罚和刑事处罚的衔接状况并不理想，存在对证券违法犯罪行为制裁力度不足、效率不高以及法秩序统一性不强等问题。

（一）“只罚不刑”：“自废武功”致治理乏力

对于证券市场的有效治理，行政处罚和刑事处罚均不可或缺，亦无法相

互替代。行政处罚针对违反证券管理秩序但尚不构成犯罪的违法行为，最常见且最有力的惩戒方式是没收违法所得、罚款和市场禁入。刑事处罚针对严重违反证券管理秩序并构成犯罪的行为，最常见且最有力的惩戒方式是有期徒刑或拘役、罚金。近年来对证券违法行为的行政罚没金额不断增加，有的案件高达数亿元甚至数十亿元。但执行到位率却长期在低位徘徊，有的时期甚至停留在10%左右，这严重削弱了行政处罚对证券违法的惩戒和震慑作用。相较之下，对证券犯罪行为予以刑事制裁，尤其是对罪犯依法判处有期徒刑，可谓最严厉的制裁手段，在很多时候能够发挥最有效的震慑作用。然而，证券领域存在的“只罚不刑”“以罚代刑”问题尚未得到根本解决。

【统计1】2001年至2013年间中国证监会针对证券违法行为作出的555份行政处罚决定载明，有65件案件罚款金额超过100万元，而涉及追究刑事责任的仅16件。[①]

【统计2】证券交易成交额在200万元以上或者获利（避免损失数额）在50万元以上，即符合刑事立案追诉标准。[②] 经检索中国证监会官网，2014年至2020年中国证监会及其派出机构作出的1337次行政处罚中，针对内幕交易的行政处罚有455次，相当一部分涉及的成交额或获利额（避损额）达到刑事立案追诉标准。[③] 然而，经检索中国裁判文书网，2013年至2021年全国法院作出的案由为内幕交易和泄露内幕信息的刑事一审判决仅有53篇。[④]

【统计3】2016年和2017年中国证监会行政立案886件，移送司法仅86件（其中刑事立案65件），不足十分之一。[⑤]

---

① 练育强：《证券行政处罚与刑事制裁衔接问题研究》，北京大学出版社2017年版，第1—2页。

② 《最高人民检察院、公安部关于公安机关管辖的刑事案件立案追诉标准的规定（二）》第三十条。

③ 不含市场禁入决定。检索于中国证监会官网（www. csrc. gov. cn），2021年5月22日访问。

④ 2021年5月22日访问。

⑤ 参见《2016年度证监会稽查执法情况通报》《证监会2017年稽查执法工作情况通报》，载中国证监会官网（www. csrc. gov. cn），2021年5月22日访问。

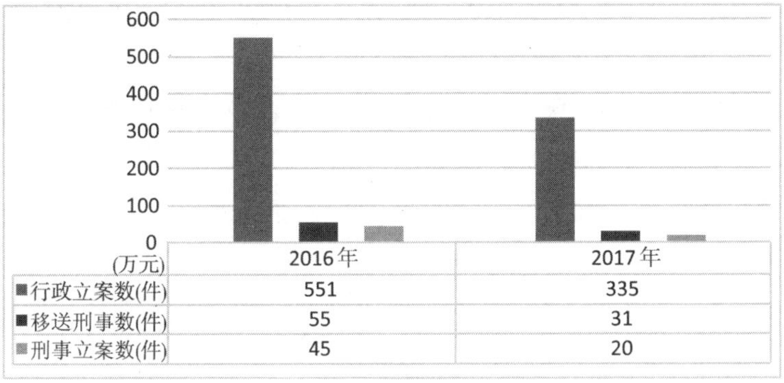

	2016年	2017年
■行政立案数(件)	551	335
■移送刑事数(件)	55	31
■刑事立案数(件)	45	20

图 1　2016 年和 2017 年证监会稽查执法情况

可见，行政处罚与刑事处罚仍未形成制止和防范证券违法犯罪的合力，这既不利于维护投资者权益和社会经济秩序，也制约了证券市场功能作用的充分发挥。而行刑衔接不畅正是导致“只罚不刑”的重要原因之一。从行政监管的角度看，有的案件中行政监管机构发现违法行为涉嫌犯罪后没有依法及时移送，有的案件中行政监管机构没有充分考虑刑事司法的特点和要求，移送的案件尤其是收集的证据材料难以达到刑事立案和追究刑事责任的标准。从刑事司法的角度看，证券司法专业性技术性强，违法犯罪行为往往具有隐蔽性，加之能够投入的侦查力量有限，对刑事责任的追究面临不少困难。

（二）“先刑后行”：“舍近求远”致治理低效

在“只罚不刑”现象存在的同时，部分案件中行政监管机构一旦发现违法行为涉嫌犯罪，就将案件移送司法机关，即便案件中只有部分违法行为人或违法行为涉嫌犯罪，也对全案中止调查，待刑事司法程序结束后再决定是否予以行政处罚，导致对证券违法行为制裁效率低下。

【案例 1】中国证监会对某公司在 2004 年和 2005 年年报中的信息披露违法行为进行调查的过程中，因发现该公司董事长张某挪用巨额资金的行为涉嫌犯罪，于 2006 年 7 月将案件移送公安机关处理。在 2008 年 1 月人民法院以背信损害上市公司利益罪对张某判刑后，才于 2010 年 4 月对该公司及张某 9

名个人作出行政处罚①。该案中，违法行为发生至行政处罚作出的间隔时间长达5年。

【统计4】通过中国裁判文书网检索案由为内幕交易和泄露内幕信息的一审刑事判决，共收集到44份有效样本②。经对内幕交易发生时间与一审刑事判决作出时间的间隔进行统计，最长为172个月（超过14年），最短为16个月（超过1年），平均间隔长达55.2个月（超过4年）。

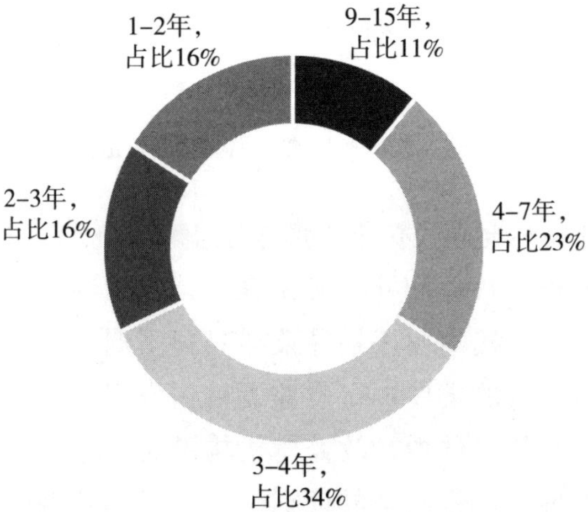

图2 犯罪行为发生至一审刑事判决作出间隔长短

可见，对于证券违法犯罪行为，即使不考虑行政处罚程序所需期间，仅刑事司法程序往往就要在违法犯罪行为发生数年之后才有结果。尚需指出的是，上述44个案件中，部分案件证监会已先行作出行政处罚决定或向司法机关出具了认定函，换言之，已为刑事责任追究奠定了一定的基础。同时，如果考虑二审诉讼程序，则平均周期要更长。对于瞬息万变的证券市场而言，如果不能及时打击违法犯罪行为，既容易给违法犯罪主体留下毁灭证据、相互串通或者转移财产从而逃避制裁的可乘之机，又会削弱法律制裁的震慑效果，不利于保护投资者权益和维护证券市场秩序。

（三）“行刑并举”：“各自为战”致治理失序

证券领域中，有些违法行为既因违反行政管理秩序而应当受到行政处罚，

---

① 中国证监会（2010）13号行政处罚决定书。

② 2021年5月22日访问。

又因触犯刑法而应当受到刑事处罚。从理论上讲，假如行政处罚程序和刑事司法程序齐头并进，在事实认定、行为定性、法律评价等方面出现不一致的可能性将大幅增加。对内幕交易行政处罚和刑事处罚的实证分析印证了这一假设。

【统计5】在收集到的针对同一内幕交易行为的14份行政处罚决定和刑事判决中，内幕信息认定、敏感期认定、知情人认定等方面基本保持一致，但对内幕交易行为的主体是单位还是个人、是否构成共同内幕交易以及内幕交易的金额和违法所得金额等方面的认定存在差异的情形并不鲜见。

鉴于证券行政违法行为和犯罪行为的构成要件存在差异，行政处罚和刑事处罚在证明标准、追责时效等方面有所不同，在行刑并举的模式下行政监管机构和司法机关对证据的收集和采信、对相关事实和违法犯罪行为的情节后果等作出的认定以及对相关法律问题的理解很难完全一致。这种不一致很多时候并不冲击法秩序的统一性，有时却蕴含着内在的法律冲突。假如行政处罚程序和刑事司法程序的认定结果存在较普遍不一致，无疑会削弱法的明确性和可预期性，对法的规范指引作用发挥产生不利影响，导致对证券市场的治理失序。

二、理论阐释：以司法最终为前提和保障的行政先行

当前，理论界对证券行政处罚与刑事处罚的衔接提出了三种基本模式，分别是刑事优先、行政优先和行刑并举。笔者认为这三种模式均存在难以克服的缺陷，为实现对证券市场的有效治理，不妨考虑采取“行政先行+司法最终”的衔接模式。

（一）对刑事优先原则的反思

刑事优先原则原适用于刑民交叉领域，后被引入行刑交叉领域，其基本内涵在于：同一违法行为既违反行政法律规范又违反刑事法律规范的，应当优先追究违法者的刑事责任。按此原则，行政机关一旦发现违法行为涉嫌犯罪，即应移送司法机关立案侦查，待刑事责任追究完毕后再决定是否作出行政处罚。然而，在笔者看来，在证券监管中强调刑事优先，既没有充分的理论根基，也缺乏明确的法律依据，尤为重要的是，其可行性严重不足。

1. 刑事优先的理论依据不足

主张刑事优先的核心理由主要有两点：第一，刑事处罚比行政处罚更加

严厉，刑事责任应当优先于行政法律责任得到追究。第二，行政机关收集的证据和认定的事实对司法机关并不具有当然的效力，尚需司法机关重新调查、核实和认定，而司法机关认定的犯罪事实和审查的证据对行政机关具有当然的效力。[①] 笔者认为，至少在证券领域，这两点理由均值得商榷。

首先，根据《证券法》《刑法》等法律规定，证券违法犯罪行为要承担刑事责任、行政法律责任和民事法律责任，不同的法律责任各有侧重，三者构成有机统一的整体，均应依法得到实现，并不存在谁先谁后的问题。畅通行刑衔接的重要目的之一在于追究刑事责任，避免以罚代刑，但并非优先追究刑事责任。

其次，单就刑事责任与行政法律责任而言，也难以笼统地认为前者比后者更为严厉。对证券违法犯罪行为的行政处罚和刑事处罚均包括财产罚，二者具有直接的可比性。以内幕交易为例，对于存在违法所得的，2014 年《证券法》设定的罚款幅度和刑法设定的罚金幅度均为违法所得的 1 倍至 5 倍，而 2019 年修订的《证券法》则将罚款幅度调整为 1 倍至 10 倍。实践中，行政监管机构对内幕交易违法行为按照违法所得 3 倍予以罚款的情形较为常见，而人民法院对内幕交易犯罪行为按照违法所得 1 倍判处罚金的情形较为常见。对于没有违法所得的，按照刑法规定不再判处罚金，但行政监管机构依然可以依照证券法的规定予以罚款。因此，行政处罚中的财产罚力度总体上要比刑事处罚中的财产罚更加严厉。除了财产罚，自由刑是刑事处罚的重要类型，且一般被认为比财产罚更加严厉。不过行政处罚中的资格罚对于法人或者其他组织而言也十分严厉，二者难以直接比较。

最后，从证据和事实看，刑事诉讼中固然可以借助丰富的侦查方法和先进的技术手段获得揭示事实上的一定优势，但基于人权保障原则，刑事诉讼对证据的获得或运用受到更加严格的限制，反而有可能使公权力在揭示案件事实方面不那么充分。[②] 从证券刑事诉讼的情况看，不仅大量采用行政程序中的证据，司法机关还往往要求行政监管机构对相关问题作出明确认定，这进一步表明行政程序证据和刑事诉讼证据其实难分高低，刑事诉讼在揭示事实上的优越性不应被夸大。

---

① 周佑勇、刘艳红：《论行政处罚与刑罚处罚的适用衔接》，载《法律科学》1997 年第 2 期。

② 张卫平：《民刑交叉诉讼关系处理的规则与法理》，载《法学研究》2018 年第 3 期。

2. 我国法律并未规定刑事优先

我国行政处罚法明确规定行政机关发现违法行为涉嫌犯罪的，应当移送司法机关追究刑事责任，拒不移送的，要追究其法律责任。笔者认为，该规定针对的主要是以罚代刑、有案不移的情形，强调行政机关负有移送义务，但并未规定行政机关移送的具体时点，不能据此得出一旦发现涉嫌犯罪就必须中止行政处罚程序，待刑事司法程序结束后才能作出行政处罚的结论。况且，行政处罚法同时规定了行政处罚在刑事处罚中予以折抵的制度，这实际上表明行政处罚可以先于刑事处罚，即便是同一类型的处罚，例如均为财产罚或人身罚，也不要求只能先追究刑事责任再追究行政违法责任。

3. 一律要求刑事优先难以契合证券市场治理效率优先的价值取向

证券市场是我国社会主义市场经济不可或缺的组成部分，效率对其发挥功能作用至关重要。相应地，对证券市场秩序的维护也必须体现效率的内在价值要求。当前我国证券市场中的违法行为不仅所涉金额巨大、受害者众多，而且表现形式多样，专业性、隐蔽性强，要切实维护投资者合法权益，维护正常的证券市场秩序，就必须及时有效打击违法犯罪行为。显然，如果在证券行刑衔接上将刑事优先作为基本原则，实际上也就意味着在刑事司法程序全部完成之前无法对证券违法行为作出行政处罚，鉴于刑事司法程序往往要经历较为漫长的过程，不可避免地将导致违法犯罪行为难以得到及时制裁，此时被牺牲的不仅是效率，也包括正义，因为对瞬息万变的证券市场而言，迟来的正义绝非正义。

（二）对行刑并举模式的反思

在实体意义上，行刑并举意味着既要追究证券违法行为的行政法律责任，依法对其作出行政处罚；构成犯罪的，还要追究其刑事责任。实体上的行刑并举涉及对一事不再罚原则的理解与适用问题。通说认为，证券违法行为构成犯罪的，同时追究行政法律责任和刑事责任不违反一事不再罚原则，但对同类处罚应当予以折抵。笔者认同这一通说。

在程序意义上，行刑并举意味着对同一证券违法行为，行政监管机构对其行政法律责任的追究和司法机关对其刑事责任的追究应当同步进行。从提高效率的角度看，同步推进证券行政处罚和刑事处罚自然有其优势。但笔者认为，将行刑并举作为证券行政处罚与刑事司法程序衔接的一种基本模式不仅不具有现实操作性，也不符合法秩序统一的内在要求。

一方面，行刑并举意味着对于涉嫌构成犯罪的证券违法行为，司法机关均应启动刑事司法程序，对符合刑事追诉标准的案件，要进行立案侦查，而不论对同一行为的行政处罚程序已进入何种阶段，并且行政处罚程序也不因为刑事司法程序的启动而中止。这种模式无疑会导致执法资源重复投入和执法力量分散化，无法适应执法资源有限和执法力量不足的现实。这一点在证券执法中尤为明显。当前，基于强监管、零容忍的执法理念，对证券违法行为的打击力度不断增大，作出行政处罚的案件数量也在不断增加，但一般认为，仍有相当多的违法行为未被发现。同时，证券领域之所以给人以“只罚不刑”的强烈感受，既有衔接机制本身的问题，也与证券刑事司法力量不足密切相关。实践中，公安机关往往要求行政监管机构先调查取证，在违法犯罪事实基本查清、证据材料基本齐备的情况下才接手，同时公安机关还往往要求行政监管机构就专业性的问题出具认定函，背后其实也都存在执法力量和资源不足的影子。因此，不分主次地实行行刑并举并将其作为一种普遍模式，显然不具有现实基础。

另一方面，普遍实行证券行政处罚与刑事司法同步展开也会对法秩序的统一性产生严重冲击。证券领域的犯罪属于典型的行政犯，具有行政不法和刑事不法双重违法性。对比证券法和刑法的相关规定，部分证券违法行为不会成为犯罪行为，部分证券违法行为因情节严重而构成犯罪，对于该部分行为而言，一般违法行为与犯罪行为的区分主要取决于客观方面“量”的差异。以内幕交易为例，无论是行政处罚还是刑事处罚，均遵循这样的论证框架：一是从重大性、非公开性等方面判断相关信息属于内幕信息；二是从内幕信息产生发展过程确定内幕信息敏感期；三是违法者利用内幕信息进行了证券期货交易。当然，对第三点的认定通常较为复杂，由于往往缺乏直接证据，行政监管机构通常从违法者与内幕信息知情人之间的联络、违法者从事证券期货交易的异常特征、证券期货交易与内幕信息发展过程以及违法者与内幕信息知情人之间联络过程的吻合程度等方面加以分析，此外还需要认定违法者从事内幕交易所涉及的账户情况、交易量、违法所得等。这些事项在刑事司法过程中同样需要得到查明。由于行政处罚与刑事处罚对证明标准的要求存在显著差异，分别经过行政处罚程序和刑事司法程序之后，对某些事项得出不同结论是可以理解的，并不影响法秩序的统一性，甚至可以说这种差异本身就体现了法秩序的统一性。但是，并非所有的不一致都可以借助证明标准的差异得到正当化。行政处罚和刑事制裁都是代表国家对违法行为人作出的法律评价，如果将行政处罚与刑事处罚并行作为应当普遍适用的基本模式，无疑会大大增强认定不一致的概率，进而对法秩序的统一性产生冲击。

（三）以司法最终为前提和保障的行政先行

对于行刑衔接，有学者主张实行行政优先原则，即同一违法行为同时违反行政法律规范和刑事法律规范时，优先追究行政法律责任。[①] 笔者认为，这一观点颇具启发意义，与证券违法犯罪行为专业性、隐蔽性强较为契合，也符合证券领域中行政监管力量强于刑事侦查力量的实际。不过，笼统地强调行政优先，也存在难以克服的弊端。

一方面，“行政优先”的提法包含程序和实体两个维度。在程序维度上，行政优先与行政先行含义接近，但仍存在一定差异。行政优先强调的是在行政程序完结前不得启动刑事司法程序，而行政先行只是强调行政程序先于刑事司法程序启动。更加重要的是在实体维度上二者的语义存在显著不同。行政优先意味着行政监管机构对证据和事实的认定、对法律规范的解释与适用要优于司法机关，起码要求司法机关在没有充分理由和依据的情况下不得与行政认定相违背。笔者认为，如果行政优先具有这种内涵，显然走向了与刑事优先相反的另一个极端，与司法最终的原理相悖。从事实认定的角度看，证券领域的行政监管机构尽管往往具有专业优势，但在调查取证手段和能力上不如作为侦查机关的公安机关，刑事司法程序所查明的案件事实可以推翻行政监管机构的认定，实践中这样的案例并不鲜见。从法律适用的角度看，对法律问题“说最后一句话”的权力本来就属于司法机关，尽管司法机关很多时候对行政监管机构所发布的规范性文件和对具体问题的法律定性予以尊重，但并不意味着司法需要遵从行政。为了避免“行政优先”这一提法可能引起的误解，笔者认为“行政先行”是更为妥当的提法。

另一方面，仅仅主张行政先行是不严谨的，同时应当体现司法最终的原则和刑事司法对行政执法的保障监督作用。这主要包含两个具体要求。其一，行政监管机构对涉嫌构成犯罪的违法行为，要依法及时移送司法机关追究刑

① 田宏杰：《行政优于刑事：行刑衔接的机制构建》，载《人民司法》2010 年第 1 期。

事责任，而不能以罚代刑。其二，刑事司法机关作出的生效裁判与行政监管机构的认定存在差异的，行政监管机构应当分析这种差异的成因，需要对已经作出的行政处罚或其他处理进行矫正的，应当及时予以矫正，以实现法秩序的统一。

三、机制优化：通过有效衔接实现协同治理

（一）对证券违法行为的调查一般宜实行行政主导

近年来，实施违法犯罪行为的主体越来越广泛。这些主体往往具有较强的专业知识，熟悉资本市场运作规则，反侦查的意识和能力较强，很多时候具有很强的隐蔽性和迷惑性。同时，证券交易已发展为全电子交易，信息传播也往往通过互联网，证据留存提取存在一定困难。此外，证券市场层出不穷的业务创新模式也导致许多新型违法行为发生，需要监管机构和司法机关在查证的技术手段、方法上及时跟进。

相较于司法机关，行政监管机构在发现违法犯罪行为线索上具有不小的信息和专业优势。行政监管机构本身对证券发行和交易的运作规律十分熟悉，相关的政策规范多由其制定，对合法与违法的界限、违法行为的常见形态、违法行为人规避侦查的可能方式等较为了解。同时，行政监管机构与证券交易所联系密切，能够通过大数据及时发现异常交易情况。实践中，司法机关常函请行政监管机构就相关问题出具认定函，并将认定函作出重要证据，甚至在部分案件中直接作为定案证据，都是基于行政监管机构的专业优势。因此，先由行政监管机构对证券违法行为进行立案调查，有助于发挥其专长，总体上能够实现执法资源更加合理的配置。

当然，在一些方面司法机关尤其是公安机关具有行政监管机构所不具有的优势，例如公安机关在刑事诉讼中可以依法采取技术侦查措施。对于隐蔽性较强的证券违法犯罪行为而言，行政监管机构可以根据情况请求公安机关予以协助，也可以考虑与公安机关联合调查取证。需要指出的是，对证券违法行为一般先由行政机关机构进行立案调查，并不意味着公安机关不能先行立案侦查。虽然未经行政监管机构调查，但公安机关已经发现证券犯罪线索且已经具备刑事立案条件的，应及时立案侦查。尚不具备刑事立案条件的，一般可以将相关线索移交给行政监管机构，由行政监管机

构先行立案调查。

（二）行政监管机构作出行政处罚后及时移送

行政监管机构经调查认为案件事实清楚、证据充分的，应当及时对违法行为依法作出行政处罚，而不必先移送司法机关并中止行政程序。一方面，如前所述，如果必须先移送刑事而中止行政程序，由于刑事诉讼程序复杂、周期较长，就无法及时对违法行为进行制裁，不利于维护证券市场秩序和保护投资者合法权益。另一方面，证券行政处罚程序本身较为规范严谨，且实行调查与审理分离的工作机制，经过完整的行政处罚程序后，即便赶不上刑事司法程序对证据的要求，往往也能够达到较为充分确凿的程度，这能够为下一步移送司法机关追究刑事责任奠定更加扎实的基础。实践中，行政监管机构作出的行政处罚决定和认定函都可能被司法机关作为证据。相较之下，行政处罚决定是在行政程序推进到最后阶段才形成的法律文书，而认定函可能在各个阶段应司法机关要求而出具，同时行政处罚决定要接受行政审判司法审查，而认定函不一定属于行政诉讼受案范围，这意味着行政处罚决定通常会比认定函更可靠，在刑事司法程序中更具证据价值。

在作出行政处罚后，行政监管机构应当及时将涉嫌构成犯罪的案件移送司法机关。这是行政监管机构的一项法定义务，应当移送而不移交、以罚代刑的，依法承担法律责任。① 需要指出的是，证券执法实践中，同一案件涉及多个行为人（单位及个人）的情形较为普遍，根据刑事追诉标准，可能只有部分行为人的违法行为涉嫌构成犯罪。笔者认为，此种情况下也应将案件作为整体向司法机关移送，主要理由在于：一方面，整体移送有利于展现案件全貌，也有助于司法机关查清事实。另一方面，行政监管机构尽管已作出行政处罚，但对司法机关并无当然约束力，司法机关具有对案件事实作出最终认定的权力。

（三）司法机关对刑事责任的追究与二次移送

司法机关接到行政监管机构移送的案件后，应当及时审查，符合立案条件的，及时立案侦查。对于行政程序中形成的证据材料，司法机关按照刑事诉讼的证据要求进行审查，对于言词证据以外的证据，经审查具备真实性、

---

① 参见《行政处罚法》第八条、第二十七条、第八十二条的规定。

合法性和关联性的，可以直接转化为刑事证据。对于言词证据，由于该类证据稳定性和确定性较差，通说认为只能作为证据线索，由司法机关依照法定程序和法定方式重新制作收集，方能转化为刑事证据。笔者认为，为提高证券行政执法和刑事司法的及时性和有效性，可以通过行政程序中取证方式的完善为直接转化为刑事证据创造条件。例如，行政监管机构可以将询问当事人或者证人的过程通过视频固定下来，也可以由当事人或者证人出具亲笔自述材料或者证词，对于能够表明言词证据内容确系出证人真实意思表示，取证程序合法，也能够排除威胁、引诱、欺骗或其他非法方式收集证据嫌疑的，应当可以直接转化为刑事证据。

司法机关对所移送的案件作出处理后，首先，应当通过抄送相关法律文书等方式及时向行政监管机构告知处理情况。这一要求应当适用于刑事司法程序的每一个重要环节。其次，司法机关认为需要给予行政处罚的，应当将案件移送行政监管机构。实践中，司法机关也可能发现行政监管机构作出的行政处罚存在认定事实错误等情形，此时应当及时以司法建议等方式向行政监管机构提出。

（四）行政监管机构对照刑事结果检视行政处罚

实践表明，刑事司法的认定与行政认定可能一致，也可能不尽一致。在刑事司法程序结束后，行政监管机构有必要对照刑事处理情况对其已作出的行政处罚进行重新审视，根据不同情况作出相应处理。

通常而言，刑事程序作出不尽相同的认定并不意味着行政处罚本身违法。例如，人民法院认定现有证据不足以证明犯罪嫌疑人实施了某一犯罪行为的，就不必然导致行政监管机构所作的该行为人实施了相应违法行为的认定被推翻。但有时，生效裁判认定的事实可能足以推翻行政处罚所依据的事实，就需要行政机关对行政处罚作出相应调整。例如，行政监管机构依据推定的方法认定违法者进行内幕交易所使用的账户、交易量及违法所得，经在刑事司法程序中收集到新的证据，足以认定行政处罚所认定的部分账户应被排除、交易量和违法所得应当相应核减的，行政监管机构有必要对原处罚予以相应调整。

实践中可能出现的另一种情形是，生效裁判认定的实施犯罪的行为人超出了行政监管机构所认定的被处罚人的范围，或者认定的犯罪行为的具体情节（例如操纵的账户数、交易次数和交易量、违法所得金额等）超出行政处罚所认定的相对应的违法行为情节，而在行政处罚过程中行政监管机构并未收集到相应证据。在此情况下，行政监管机构需要考虑应否作出补充处罚。这涉及对“一事不二罚”原则的理解问题。一般情况下，司法机关已经给予刑事处罚的，行政机关对同一违法行为不得再给予同类处罚。但机械适用该原则在一定情况下可能显失公正。例如，行政监管机构认定甲实施内幕交易，没收违法所得并处以3倍罚款。生效刑事判决认定甲乙共同实施了内幕交易，且均应对整个内幕交易行为承担责任，对二人判处相同刑罚，其中罚金按照违法所得的1倍计算。如果行政监管机构不再对乙作出处罚，实际结果就是甲共要承担违法所得3倍罚款（罚金），而乙只承担1倍。当然，如果刑事判决对甲乙均按照违法所得3倍或以上确定罚金金额，在将罚款折抵后，对二人的财产罚并无二致，也就没有补充处罚的必要。但如果对甲作出了市场禁入决定，行政监管机构也应考虑对乙作出市场禁入决定。

（五）增强行刑衔接实效的重要措施

一方面，行政监管机构和司法机关应当加强协调配合，建立健全案件移送制度，加强证据材料移交、接收衔接，完善案件处理信息通报等工作机制，以有效解决有案不移、有案难移以及案件移送不及时、协作配合不规范等问题。特别需要指出的是，完善的信息通报和共享机制对证券行政处罚与刑事制裁的有效衔接起到重要的支撑作用，行政监管机构和刑事司法机关应当建立信息共享平台，及时录入更新相关信息，实现信息全流程共享。

另一方面，行政监管机构和刑事司法机关应当加强在相关强制措施上的有效衔接。例如，对有证据证明已经或者可能转移或者隐匿违法资金、证券等涉案财产或者隐匿、伪造、毁损重要证据的，行政监管机构应当依法采取冻结或者查封措施。由于证券法规定的冻结、查封期限最长不得超过两年，而行政处罚和刑事司法程序可能需要更长时间，此时需要健全冻结、查封强制措施上的行刑衔接，以逐步改变当前证券财产罚执行到位率过低的状况。又如，行政监管机构有权通知出境入境管理机关依法阻止涉嫌违法人员、涉嫌违法单位的主管人员和其他直接责任人员出境，在行刑转换过程中也需要做好相应的衔接工作。

结语

在证券行政处罚与刑事司法衔接问题上，无论采取刑事优先模式，还是采取行刑并行模式，均无法满足有效打击证券违法犯罪维护资本市场秩序的现实需要，也无法充分发挥行政监管和刑事司法的各自优势。相较之下，采取行政先行，并在行政处罚后将涉嫌构成犯罪的案件及时移送司法机关，司法机关定罪判刑后再对行政处罚予以重新检视的行刑衔接进路，既有助于提升证券执法的效率，也有助于避免对法秩序的统一性造成冲击，从而实现对证券市场依法有序的协同治理。

（作者单位：北京金融法院）

审判实践中行政黑名单法律规制的困境与完善

——基于T法院行政黑名单案件问题研究

朱　琳　　刘　伟

【摘要】 近年来，在行政管理实践中，越来越多的行政机关通过行政黑名单制度实现行政治理和监管，审判中亦开始出现涉及行政黑名单制度的案件。广州作为一座历史文化底蕴深厚、综合经济实力强的城市，同时作为行政审判集中管辖试点城市之一，出现了各类涉及行政黑名单的案例，对于研究行政黑名单制度具有标本意义和样本价值。笔者通过对全国行政黑名单规范现状及案例进行比较，同时对T法院受理的行政黑名单典型案件进行分析，提出行政黑名单制度作为新型的行政监管措施，存在立法位阶低、性质定性存疑、标准不统一、包括退出机制与问责机制在内的程序设置瑕疵等问题。笔者对行政黑名单制度的完善提出有针对性的意见和建议，认为应明确定性为行政处罚、从行政法上比例原则与程序正当原则考量对制度进行完善以及建立动态退出机制、完善行政机关相关问责机制、提高法律规范层级，同时为黑名单类行政案件审判工作提出指引，形成行政黑名单案件审判思路。

【关键词】 行政治理　行政黑名单　案件分析　审判思路

一、问题的提出

社会信用体系的构建是一个成熟发达社会的表现，社会信用体系主要通过对社会守信人员的激励和对失信人员的惩戒来实现，其中对于失信人员的惩戒亦被称为黑名单制度。黑名单早期系教学领域的一种做法。在中世纪初期，英国牛津大学和剑桥大学为了惩罚言行过失的学生，将姓名和不良言行记录在黑色封皮的本子上，这些学生在学校名声受到影响。学生们为了维护自己的声誉，纷纷改善纠正自己的不良言行，该措施在教育领域获得了良好的效果，这一做法从而得名黑名单。后来该做法在商业领域得到应用，商人们效仿学校的做法将欠债不还或者长久进行赊账的顾客记录下来，并将该名单在商铺之间进行共享，不良记录的客人被行业上商人拒绝接待。①

随着社会的进步，黑名单制度在社会各行各业得到广泛的适用。近年来，在行政管理实践中，亦出现越来越多的行政机关通过黑名单制度实现行政治理和监管，通过这种事中和事后监管的方式，达到对行政相对人行为进行约束以及保障社会公众知情权的目的。但行政黑名单制度作为一项行政诉讼领域新兴的制度仍存在很多问题，如行政黑名单制度本身定性、其法律渊源以及在具体实施行政黑名单制度时存在的问题。

从 2003 年中共中央《关于完善社会主义市场经济体制若干问题的决定》提出建立健全社会信用体系，建立信用监督和失信惩戒制度开始，我国从国家层面明确提出社会信用体系和失信惩戒的概念。2014 年《社会信用体系建设规划纲要（2014-2020 年）》明确了我国社会信用体系建设的总体思路，并确定了“到 2020 年，社会信用基础性法律法规和标准体系基本建立……守信激励和失信惩戒机制全面发挥作用”的总目标。随着社会信用体系在我国的逐步构建和发展，虽然行政黑名单制度在我国目前还没有实现系统化的法律规范和体系，但许多行政机关已经开始频繁将该制度运用在行政公共秩序管理和失信主体惩戒中。黑名单制度经过多年的发展，西方国家将其作为社会信用体系发展的重要措施予以实施，我国如何结合实际特别是使其符合行政审判实践并予以借鉴，是值得研究的问题。

二、审判实践中的行政黑名单制度案例检视

从我国的行政审判实践来看，行政黑名单制度进入司法领域且具有可诉性是明确的，特别是自 2014 年国务院发布《社会信用体系建设规划纲要（2014-2020 年）》以来，涉行政黑名单制度、失信惩戒机制的行政案件呈现较大幅度的增长态势。笔者通过裁判文书网以关键词“黑名单”“失信”分别进行检索，大致可以看出行政黑名单制度进入行政审判领域相关案件的历

① 郑文芳：《对“航空黑名单第一案”的案例分析》，兰州大学 2011 年硕士学位论文。

年变化及主要行政行为分布情况。①

表 1　2014—2020 年各年度涉行政黑名单案件情况统计（单位：件）

年份	2014	2015	2016	2017	2018	2019	2020
“黑名单”	36	36	75	134	213	297	222
“失信”	39	65	295	683	902	1330	854

表 2　涉行政黑名单案件主要行政行为类别（单位：件）

行政行为种类	行政处罚	行政强制	行政确认	行政登记	行政许可	行政复议	行政撤销	行政补偿	行政给付	行政征收	行政批准
“黑名单”	52	7	7	126	8	42	26	4	7	3	13
“失信”	272	51	37	159	19	107	56	45	17	27	32

从检索查询的结果中还可看出，主要行政行为类别多数集中在工商、民政、人社、教育、公安治安、食品药品、医疗卫生、金融监管、航空运输、环境保护等行政管理领域，这与《社会信用体系建设规划纲要（2014-2020年）》中提及的加强重点领域信用记录建设相对应，也在一定程度上反映了不同行政管理领域黑名单制度建设与司法监督的发展状况，为我国进一步加强社会信用体系建设和规范行政黑名单制度运行提供司法案例支持。

笔者选取了 T 法院审判实践中出现的具有代表性的行政黑名单制度案件分析，以期通过典型案例找出目前行政黑名单制度存在的问题。

（一）王某诉广州市公安局白云区分局行政处理及行政赔偿纠纷案

2005 年，广州市白云区人民法院生效刑事判决认定，自报姓名为“王某”的人（非本案原告）犯抢劫罪，被判处有期徒刑五年。之后，广州市公安局白云区分局下属看守所将王某的身份信息录入违法犯罪人员信息系统，该信息并被导入全国违法犯罪人员信息系统。2017 年 11 月，本案上诉人（原告）王某因工作需要向梅州市梅县区公安分局程江派出所要求开具无犯罪记录证明，该所出具回执称“公民王某，居民身份证号码：430……72，2005 年 8 月 27 日因犯抢劫罪被白云区人民法院判处有期徒刑，不予出具无犯罪记录证明”。2018 年 3 月 5 日，广州市公安局白云区分局告知王某，犯罪人

① 表中数据均通过法信网查询统计。

员“王某”的实际身份目前尚未查清，王某的身份信息系看守所错误录入，决定予以更正。王某认为因身份信息被错误录入，其学业、就业、婚姻家庭生活受到严重的影响，造成精神巨大的创伤，遂诉至法院。

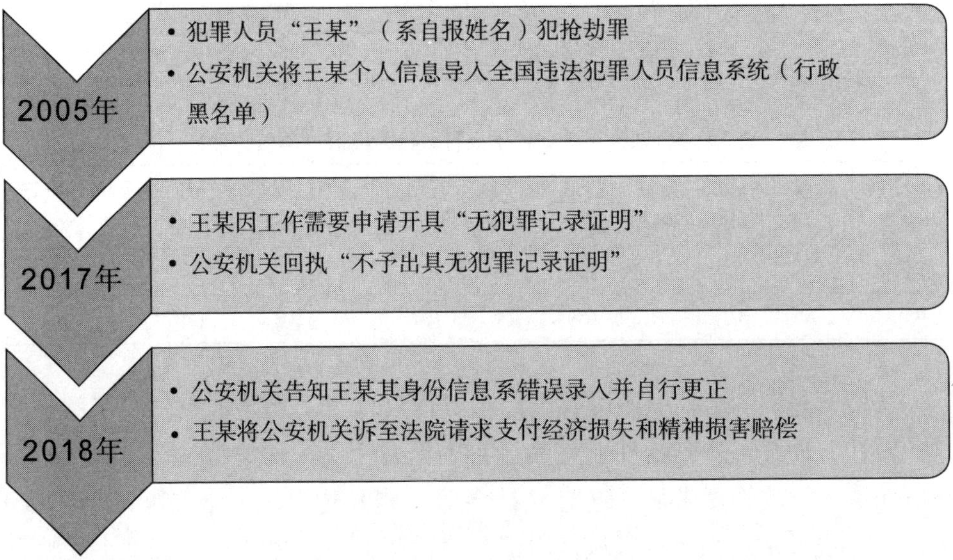

图 1　王某诉广州市公安局白云区分局行政处理及行政赔偿纠纷案

本案中，公安机关将犯罪人员身份信息录入全国违法犯罪人员信息系统，该系统应属于公安机关内部设置的行政黑名单。虽然直至 2017 年相对人向公安机关申请开具无犯罪证明才知道其被错误录入黑名单中，但从 2005 年被错误录入黑名单后，可能已因为该项行政黑名单制度造成损失，该损失是不可预测的。因此，本案中相对人要求精神损害赔偿属于合理的范围。值得注意的是，本案正体现了行政黑名单制度对于相对人权利的影响，相对人人格自由是权利主体自主参加社会活动、享有权利、行使权利的前提基础，本案中相对人的人格自由遭到侵犯，导致人格减损等，属于重大的人身权利受到侵害。可见，行政黑名单制度对于相对人权利影响巨大，且一旦该制度实施错误，可能产生永久不可逆的后果。

（二）广东西南医药有限公司诉广东省药品监督管理局、广东省人民政府撤销行政许可、行政复议决定纠纷案

本案相对人为生产含有可待因药品的企业。2019 年 4 月 2 日，广东省药

品监督管理局向江门市市场监督管理局在检查的过程中发现相对人存在两项严重缺陷项目，3项主要缺陷项目。包括：（1）企业部分药品销售流向无法溯源；（2）企业未能依法经营药品。同年4月15日，广东省药品监督管理局作出被诉通知，以相对人药品质量管理体系存在严重缺陷2项为主要理由，撤销该单位的《药品经营质量管理规范认证证书》。其后，广东省药品监督管理局在其官网发布通告，依据《广东省食品药品监督管理局关于药品生产经营单位信用分类管理的实施办法》规定，评定相对人信用等级为“严重失信”。相对人不服，向广东省人民政府提起行政复议，广东省人民政府作出复议决定维持被诉通知。原告不服，遂诉至法院。本案中，相对人作为药品销售企业销售的系精神管控类药品（可以制作毒品）流入非法渠道，可能导致严重的后果。由于其未履行药品经营的相关规定被撤销行政许可，广东省食品药品监督管理局根据《广东省食品药品监督管理局关于药品生产经营单位信用分类管理的实施办法》将相对人列入严重失信名单，该规范文件依据的国家食品药品监督管理局制定的《药品安全信用分类管理暂行规定》。

三、行政黑名单制度的实践困境分析

（一）法律依据效力层级过低

在我国，行政黑名单制度主要通过规章、规范性文件、地方性法规等方式进行规范。仅以笔者通过法信平台以“黑名单”为关键字进行搜索产生的结果为例，涉及行政法的黑名单制度法规共有111个，其中部门规章6个、地方政府规章1个、地方规范性文件104个；以“失信”为关键字进行搜索产生的结果，其中司法解释2个、部门规章8个、地方规范性文件169个、地方司法文件1个。但以效力等级为“法律”和“行政法规”的范围进行搜索，产生的结果均为0。

表3 涉及黑名单制度法律法规（来源：法信平台）①

	涉及“黑名单”（个）	涉及“失信”（个）
司法解释	0	2
部门规章	6	8

① 以上数据通过法信网查询统计。

续表

	涉及“黑名单”（个）	涉及“失信”（个）
地方政府规章	1	0
地方规范性文件	104	169
地方司法文件	0	1
行业规定	7	1

可以看出，首先，行政黑名单制度均为部门规章、地方规范性文件等，效力位阶较低，其规范该类惩戒措施是否具有合法性本身即存疑。其次，目前由地方政府或者国务院各部门通过地方性文件和部门规章形式进行规定导致行政黑名单制度零散存在于效力等级较低的各类规定中，导致行政黑名单制度在我国实践中存在地方化、部门化严重的现象。行政相对人被列入行政黑名单将导致其陷入信用危机，无论对于相对人现正进行的市场交易行为还是未来可能进行的市场交易行为均可能产生影响。在国家层面的法律或者行政法规缺乏对于行政黑名单制度统一立法的情况下，这些由地方政府或者行政主管机关基于自身管理需要设置的规章或规范性文件，可能因其自身片面性的考虑和过大的行政自由裁量权而损害相对人的权利。同时亦容易造成裁量标准难以统一，甚至不同规章或者规范性文件之间的冲突。[①]

另外，还应指出的是，由于目前立法位阶较低，行政黑名单制度在发布主体上也存在管理较为混乱的情况。一般而言，设立行政黑名单的主体应该主要为国家机关或者较少一部分法律法规授权具有公共管理事务职能的组织。但笔者在审判实践中发现，目前行政黑名单发布主体除前述行政机关与部分授权组织外，很多行业协会也会发布针对行业本身的黑名单，比如在一起投诉举报案件中，相对人因寄快递时被告知其已被列入快递行业黑名单，相对人不服向邮政管理部门提起投诉。这种由行业协会设立的黑名单一方面由于其定性是否属于行政黑名单范畴以及是否应由行政黑名单制度对其进行规制存疑；另一方面由于行政黑名单制度的这种泛化趋势，以及“一黑就灵”的行政管理惯性思维适用范围的延伸，在一定程度上夸大了黑名单制度的监管

① 徐敏韬：《信用监管中行政“黑名单”制度的思考与建议》，载《中国工商管理研究》2005 年第 12 期。

功能，助长了监管依赖。[①]

（二）制度定性理论与实践存在矛盾

行政黑名单制度作为一种新型的行政管理措施，对于该制度本身的定性问题即存在争议。从行政黑名单制度的结果来看，其针对相对人采取的失信惩戒措施的确是行政机关对违反行政管理秩序的相对人采取的惩罚性、制裁性手段。但根据《行政处罚法》第九条规定，行政处罚的种类包括警告、罚款、没收违法所得、没收非法财物、责令停产停业、暂扣或者吊销许可证、暂扣或者吊销执照、行政拘留以及法律、行政法规规定的其他行政处罚。尽管在理论界和实务界均对于行政处罚的种类都是仅限于该条款中规定的六种行政处罚有多种意见，但实务中统一做法是行政措施只有符合《行政处罚法》第九条规定，才认定为行政处罚。行政处罚由于对相对人产生了重大权益影响，《行政处罚法》对行政处罚的设定也规定了严密的层级体系：法律可以设定各种行政处罚；行政法规可以设定除限制人身自由以外的行政处罚；地方性法规可以设定除限制人身自由，吊销企业营业执照以外的行政处罚；规章可以在尚未制定法律、行政法规（地方性法规）的情况下设定警告或者一定数量罚款的行政处罚。所以在目前《行政处罚法》规范下，行政黑名单制度是不能被纳入行政处罚的种类中的。[②]

那么在法院审判工作中，行政黑名单制度是否仍应适用行政处罚中相关制度的约束？由于行政黑名单制度给相对人生产生活带来重大的影响，虽然从对相对人实体权利的影响不大，但会造成其财产权益间接减损，甚至对于部分相对人而言，名誉比财产价值更高。[③] 行政处罚法对行政处罚的告知、当事人陈述和申辩、听证、调查、检查、处罚决定的作出、送达等程序均作了较为严格的规定。行政黑名单制度基于对相对人产生重大负面影响这一属性是否亦应当参照《行政处罚法》的规定，还在未来行政处罚立法中应考虑将行政黑名单制度纳入作为行政处罚种类之一[④]，都是值得我们研究的问题。

---

① 徐晓明：《行政黑名单制度：性质定位、缺陷反思与法律规制》，载《浙江学刊》2018 年第 6 期。

② 胡建淼：《“黑名单”管理制度——行政机关实施“黑名单”是一种行政处罚》，载《人民法治》2017 年第 5 期。

③ 兰皓翔：《行政黑名单制度研究：一个权利保护的视角》，载《山东行政学院学报》2017 年第 1 期。

④ 吕艳滨：《信息法治：政府治理新视角》，中国社会科学出版社 2009 年版，第 139 页。

（三）制度评价标准不统一

目前由于行政黑名单制度的设计主体为各个不同的行政部门，位阶不高且没有统一的标准，制度设计较为分散，不同行业不同部门之间制度设计差异性较大，导致侵犯相对人的正当权益。基于行政合理性原则的要求，行政机关在行政黑名单的制度设置应尽量统一制度设置本身的标准。[①] 但目前行政机关在制度设置上存在适用条件以及分类标准不统一的情况。比如，有些行政机关对于黑名单设置时根据相对人主体的行为分为严重失信行为、较重失信行为和一般失信行为，有些行政机关把这些主体行为分别用 A、B、C、D 表示[②]，而有些行政机关的黑名单则完全没有进行分类。

（四）退出机制不明确

行政相对人的行为是不断变化的，且基于相对人的违法、违章行为而设置的黑名单时效亦应与违法违章行为的程度相对应，这时就应明确行政黑名单制度的退出机制。且由于行政黑名单制度对于相对人社会评价等方面的巨大影响，被列入黑名单的时间应符合社会公众的动态评价，实时对于黑名单内容进行更新。相对人作为失信主体因惩戒措施被列入黑名单，随着惩戒措施和公示期限的结束或者相对人针对其失信行为进行补救而应在黑名单之中除名退出。[③] 现有大部分行政机关制定的黑名单制度更注重将相对人失信行为列入黑名单这种惩戒措施，且忽视了相对人合法权益的保护以及相对人是否能采取相应的措施实现对于之前失信行为的补救从而退出行政黑名单，导致目前行政黑名单制度没有有效制度设置的价值，即仅仅体现了对于相对人的惩戒，忽视了对相对人进行积极引导，实现积极正面向上的社会价值指引。[④]

（五）问责机制缺失

完善的行政黑名单制度不应仅仅包括对于相对人实施惩戒措施以及如何将相对人列入黑名单实现行政监管，同时亦应涵盖对行政机关在实施行政黑名单制度出现违规行为或者错误将相对人录入黑名单等情形时应如何问责，

① 向均锋：《企业诚信行政“黑名单”制度研究》，中南民族大学 2015 年硕士学位论文。

② 温红超、王素敏：《旅游黑名单制度的实践困境探讨》，载《南海法学》2017 年第 1 期。

③ 王丽娜：《行政黑名单救济机制的困境与破解》，载《河南师范大学学报》（哲学社会科学版）2019 年第 2 期。

④ 赵旭东：《黑名单制度》，中国法制出版社 2018 年版，第 142 页。

以及有何种追究责任的措施。比如在前述案例中《广东省食品药品监督管理局关于药品生产经营单位信用分类管理的实施办法》中针对行政机关问责仅存在于该办法的最后一条，且将关于责任的承担方式简单表述为“食品药品监督管理部门及其工作人员在信用信息的采集、录入、评定过程中违反以下规定，将依照有关规定追究责任”。对具体承担责任适用的规定、承担何种责任并且是否有相应机关或者部门对于黑名单实施过程中存在的问题进行问责等均没有明确的规定。

四、完善行政黑名单制度设置的法治化路径

（一）从制度层面提高法律规范层级

无论行政黑名单制度属于何种性质和属性，都需要高层级的法律和行政法规对其予以确认，行政机关在设定实施该项制度时才有相应的法律依据，从而将依法行政落实到位。行政黑名单制度相较于一般行政强制措施或者行政处罚的单次处置方式，可以施以更为严苛的持续性惩戒处置。这种惩戒方式并不随着单次的行政处理而消失，而是长期性伴随相对人的生产生活，因此更需要从高位阶的制度层面进行约束。就目前行政黑名单制度分散于各个不同行政机关规范性文件，且标准不统一的情况而言，通过高法律位阶的法律或者行政法规对该制度进行立法并统一相关制度规范，可以避免各部门各自为政的处理导致该制度的处理标准混乱。笔者认为，可先通过全国人大常委会授权国务院制定针对行政黑名单制度的行政法规，通过总结行政法规实施过程中经验和制度完善，待立法条件成熟后再在相关法律中以某一条款或者某一章节的形式对其进行规定。

（二）行政黑名单制度定性应明确为行政处罚

目前我国黑名单制度立法位阶最高的为国务院各部委出台的部门规范性文件以及地方各级政府出台的地方规范性文件，对于其他行政处罚类别，亦需要由法律、行政法规明确规定，基于行政黑名单制度目前这种较为低层级的立法位阶，明显不能将其归属于其中。但由于行政黑名单制度隶属于失信惩戒机制中的行政监管部分，监管部门依托政府公共信息平台对失信个人或

企业做出相应惩戒，使其付出高昂的失信成本。[①] 行政黑名单制度的这种对于违法相对人的制裁性、对于相对人权利义务的处分性、对于相对人的权利影响的不利性均可使其符合行政处罚的形式。笔者认为，目前在立法层面体现的这种对于行政黑名单制度的矛盾并不能否认行政黑名单制度属于一类行政处罚的性质认定。

（三）落实行政法上的比例原则

针对相对人区分其违法行为程度要采取不同信用分级并对于该信用分级制度进行统一。如果对于失信后导致的结果不进行分级处理将会导致信用惩罚的后果不明确，相对人也不能根据不同程度的违法行为对导致的结果进行合理预期，行政黑名单制度所体现的行为预期导向功能就不能得到实现。同时，如果行政黑名单制度不能在不同地区统一认定标准，将可能导致同样的违法失信行为获得差异性较大的信用评价，这显然不符合公平正义的要求。笔者认为，对于同一领域内的失信行为应实施统一的黑名单制度进行惩戒。在目前上位法对行政黑名单制度未作出规定的情况下，不同部门更应就其领域内的行政黑名单制度进行统一，保证制度适用符合比例原则。

（四）落实行政法上的程序正当原则

程序正义是实现实体正义的基础。由于法律规范的缺失，使得行政黑名单制度从程序上并没有明确的约束。但从前述行政黑名单制度性质认定出发，笔者认为可以参照行政处罚的要求，对于行政黑名单制度进行程序规范。首先，保证相对人知情权。在作出行政黑名单处罚决定后应告知相对人保障其事前知情权，且告知其送达相关材料应遵循《行政诉讼法》关于送达的规定，优先采用书面送达的方式，无法直接送达再通过公告送达的方式进行送达。告知的内容应包括实施行政黑名单处罚的事实理由、法律依据以及相对人享有的陈述、申辩权、申请听证的权利以及相应的救济途径等方面的内容。行政机关亦应在正式实施行政黑名单处罚前的阶段听取相对人的陈述申辩，并如实记录听取陈述申辩的过程，形成完善的调查询问笔录。其次，行政黑名单制度性质作为行政处罚的一种，应遵循行政处罚的程序规定，特别是关于听证程序的规定。听证程序应参照行政许可以及行政处罚领域的听证制度

---

① 颜少君：《我国失信惩戒机制构建研究》，中国经济出版社 2013 年版，第 158 页。

的规定，制度主体框架包括听证程序开始前告知与通知、听证程序的公开方式进行、听证过程中进行辩论环节、听证笔录的记录以及所有参加听证人员的签名确认等方面。

（五）建立行政黑名单的动态退出机制

行政黑名单制度制定的初衷不仅是对相对人当时的违法失信行为进行惩罚和惩戒，更积极的方面是促进相对人在未来对自身行为进行约束。因此，在行政黑名单制度生效过程中，对于惩戒期已经届满的相对人应予以及时退出黑名单，对于错误纳入黑名单的相对人应及时纠错并予以退出。同时，建立动态退出机制，行政机关要对被列入黑名单的相对人进行定期回访，如果相对人在期限内能有效履行其应当履行的义务、纠正自身行为并消除不利影响，则可以提出申请经行政机关审核后移出黑名单，实现相对人主动改正错误以及自身的信用修复。与此相对，如果相对人在被列入黑名单过程中仍继续其违法失信行为，则应该延长列入黑名单的期限。

（六）建立相对人被错误列入黑名单的行政机关问责机制

为了防止行政黑名单制度中行政机关的权力滥用，权责相适应是保障该制度完善长久运行的应有之义，而仅以“依照有关规定追究责任”这样简单的规定明显不足以对行政机关的行为进行监管。行政机关将相对人列入黑名单之前，应对相对人违法失信行为的相关材料进行审查，因不可归责于行政机关的原因造成错误列入的，应允许相对人申请纠正并由行政机关对改正行为进行公告；如果因为行政机关工作人员滥用职权等恶性行为导致错误列入的，应在具体的规定中明确惩处问责的方式。具体可以采用同体问责和异体问责两种方式，即由行政系统内部部门对违规实施行政黑名单的主体进行问责，由行政系统以外的主体对其进行问责[①]，从“取消评奖和晋升、通报批评、责令书面检查或者其他方式”[②] 到行政法乃至刑法上的责任追究方式，这样对于实施主体行政机关进行全方位的监管，才能有效约束行政机关的权力，提高行政黑名单制度的公信力和公正性。

---

① 喻妍：《我国行政问责法治化研究》，中共湖北省委党校 2019 年硕士学位论文。
② 王成果：《我国行政问责制度研究》，四川师范大学 2017 年硕士学位论文。

附件：成果转化

行政黑名单案件的审判思路

笔者通过法官论坛、专题研讨，对于行政黑名单案件统一裁判思路总结如下，供参考。

一、在行政机关职权认定方面

行政机关具有行政管理职权是其制定并实施本行业内黑名单的前提，对涉及行政黑名单案件进行审理时，首先应对被诉行政机关进行职权认定。涉及行政黑名单制度的案件往往伴随对于撤销行政许可或者行政处罚等基础性行政行为的诉求，而前述基础性行政行为以及将相对人列入黑名单的行为一般为同一行政机关作出。因此，应根据设定前述基础性行政行为相应的法律法规，同时参考行业规范性文件对行政机关的职权依据进行审查。

二、在认定事实以及程序方面

案件涉及撤销行政许可或行政处罚以及列入行政黑名单两方面的，需要对于前述基础性行政行为以及列入行政黑名单行政行为的认定事实及程序部分分别进行审查。对于将相对人列入行政黑名单的行政行为进行审查时，除审查前述撤销许可或行政处罚等是否具有事实依据外，还应审查将相对人列入黑名单是否具有相应的事实依据。同时，应当审查相对人是否已经对其失信行为进行改善纠错，是否符合规范性文件中可予移出黑名单的情形。同时，对于列入行政黑名单是否符合程序规定亦应进行审查，如相关文书送达以及告知陈述申辩权、听取相对人陈述申辩等程序是否合法。

三、在适用法律方面

在目前行政黑名单制度缺乏上位法支持的情况下，各部门制定的行政黑名单的规范性文件应认定其合法性，并基于此对行政黑名单是否正确适用规范性文件的规定进行判断。比如判断列入黑名单或者按照不同程度失信以不同分级列入黑名单的行政行为是否符合相关规范性文件的要求。

（作者单位：广州铁路运输中级法院）

紧急情况下公安机关现场处置行为合法性审查

潘 伟　程 媛

【摘要】 公安机关承担着众多的社会管理职能，日常处理警情过程中常常面临各种紧急情况。紧急情况往往具有突发性、复杂性、不确定性，不同程度涉及人员生命、健康、财产等重大权益，一旦处置不当，可能造成重大危害后果，引发社会舆情。评判紧急情况下现场处置行为的合法性，应当尊重人民警察的工作特点，遵循以人为本原则、比例原则、正当期待原则和谦抑性原则。除一般的合法性要求外，还应当考量执法行为是否合乎正当目的、是否有利于最大化保护合法权益、是否尽到合理的注意义务、是否超过必要的限度等因素。公安机关也需要在相关合法性审查标准指引下，进一步完善紧急处置机制，提高应对能力，更好地引导、鼓励公安机关和人民警察积极主动依法履职，维护社会治安秩序和人民群众利益。

【关键词】 警察执法权　现场执法　紧急处置

根据《人民警察法》的规定，公安机关除依照刑事法律规范打击犯罪外，还负有治安处罚、社会救助、公众服务等多项社会管理职能。实践中，公安机关的现场执法环境非常复杂，大部分属于常态化执法，但也有一些属于非常态化的执法环境，其外在表现之一，就是执法过程中出现了各种突如其来、无法预测的紧急情况，为了控制事态、减少损失，需要当事民警迅速采取处置措施。

一、问题的提出

案例一：警察开枪射击逃逸车辆致随车人员死亡案①

2018 年 7 月 10 日晚，A 县公安局交警大队某中队设置酒驾、毒驾、缉枪检查点并开展例行检查。11 日 1 时许，甲驾驶套牌面包车搭乘乙（死者）途经检查点时，面对民警的示意拒绝停车接受检查，冲过设卡点继续行驶，民警傅某（系合法持有枪支的民警）驾驶执勤车辆搭乘辅警曾某、冯某追缉至某搅拌站内，傅某、曾某两人下车后，打开警用手电筒示意停车检查，甲仍拒绝配合，朝曾某迎面开车快速冲过去，后继续调头逃跑。曾某跑步追上去，再次用手电筒示意停车检查，甲仍拒绝停车，驾车加速冲向曾某，曾某躲闪时摔倒在地。面包车又朝民警傅某迎面驶去，傅某闪到一边，立即拔枪连鸣二枪示警，面包车加速向搅拌站门口驶去，傅某对着车轮连开三枪，面包车继续加速冲出搅拌站，傅某等三人驾车跟踪尾随直至拦截，拦截后发现车上有甲、乙两人，乙已受伤。曾某、冯某把甲带回中队，傅某开面包车送乙到医院治疗，并将情况向大队领导报告，当晚乙因抢救无效死亡。甲因妨碍公务罪，被判处有期徒刑二年二个月。乙家属起诉 A 县公安局要求判令确认交警开枪致死乙的行为违法并提出行政赔偿。法院经审理认为，甲暴力抗拒执法的行为具有危险性和暴力性，傅某的开枪行为具备合法性，判决：驳回原告的诉讼请求。

案例二：某县公安局未善尽落水救助职责案②

2014 年 10 月 31 日 16：50 分左右，原告之子陈某在某小区人工湖不慎落水，现场人员拨打 110 报警称有人落水，并告知落水地点。110 接警后，指派某县公安局某派出所处警，处警民警及时赶到现场，但未携带救生圈、绳索等救生器材。遂与现场群众共同寻找救援工具，并组织现场群众共同将陈某

---

① 广西壮族自治区玉林市中级人民法院（2019）桂 09 行终 172 号行政判决书，载中国裁判文书网：https：//wenshu. court. gov. cn/website/wenshu/181107ANFZ0BXSK4/index. html? docId=AmRp3IYia0cAAp61yedRyGum/mVHTF/wjeM4yrkwc8K8lnQGcU58hp/dgBYosE2g7TCAfp9rYDmctjdSdFqFDSN05NRB6QgWvb77MR4zDn6F4LQ0O091QzK9x1JF31H/。

② 山东省德州市中级人民法院（2015）德中行终字第 91 号行政判决书，载中国裁判文书网：https：//wenshu. court. gov. cn/website/wenshu/181107ANFZ0BXSK4/index. html? docId=M1kKoTaFpa126vgxrkHOgiYjwrvsrnwHD73IjS6cE3jZX+Kz6+GXcJ/dgBYosE2g7TCAfp9rYDmctjdSdFqFDSN05NRB6QgWvb77MR4zDn4ARB2S+QKSfCXzfR5ZXnxG。

打捞上岸，经医务人员抢救之后宣布陈某溺水死亡。法院经审理认为，《110接处警工作规则》第五十二条规定：110处警单位应当按照规定配备交通、通讯工具、枪支、警械、防弹背心及绳索、急救包等警用装备和救援器材。报警人已明确警情是有人落水且告知落水地点，公安机关虽然及时派人员处警，但处警人员并未按规定配备任何救援器材，而是到达现场后与群众共同寻找救援工具、组织现场群众对落水人员进行施救。因此，被告未按规定配备必要的救援器材实施救助的行为不符合法律规定，该行为未善尽法定职责。判决：确认某县公安局未善尽法定救助职责的行为违法。

案例三：莫某在公安机关办公楼跳窗致亡案[①]

2016年11月12日午时，莫某先后用自己手机和某房产中介公司电话两次拨打110报警，均称其苹果手机被人遥控，怀疑有特务，并称手机中有重要资料，催促民警处理。随后，莫某进入某公安分局巡特警大队院内，告知特勤队员陈某其苹果手机被跟踪，有间谍在追杀他。陈某感觉其反常，遂打电话通知民警沈某前来处置。沈某发现莫某举动反常，且未能出示身份证，遂提出带莫某到办公室坐一下，以稳定莫某情绪，弄清其身份及意图。由于莫某试图离开，特勤队员陈某遂采用单扣手臂的方式将其带入办公楼二楼办公室。因莫某的语言、状况表现异常，且无法核实身份，身上也闻不到酒精味，沈某猜测其可能系精神病或吸毒致幻，遂安排特勤人员带其到厕所，希望通过尿样快速检测查明其异常的原因。因莫某表示没有小便，沈某遂安排特勤人员扶着莫某返回办公室，准备移交派出所处理。在返回办公室途中，莫某突然甩开其左后方的特勤队员，快速向前冲向走廊尽头的窗口，从二楼窗口一跃而出跌落地面。民警立即拨打120急救电话，将莫某送至医院救治。2017年1月2日，莫某因重度颅脑损伤经抢救无效死亡。莫某家人认为，莫某不是犯罪嫌疑人，不应当受到盘问，巡特警大队不具有讯问条件，巡警不具有执法主体资格，无权对其进行盘问并采取强制措施，要求确认被告行为违法，赔偿损失523万元。法院一审认为，巡特警大队虽非窗口单位，但对公民的报警予以处理，是包括巡特警在内的人民警察的法定职责。莫某系报警人，而非违法犯罪嫌疑人，民警没有对其进行特别看管的权力和义务。莫某自行进入巡特警大队，状态异常，无法出示身份证并正确表达诉求，民警将其带入办公室

---

① 参见潘伟：《报警人跳窗身亡公安机关不承担违法赔偿责任》，载《人民司法》2020年第35期。

稳定其情绪，又试图通过尿样快速检测辨明其状态异常的原因，为移交派出所做准备，不存在任何强制行为，其处置行为未超出必要的限度。莫某行为已超出常人的合理判断，客观上也无法预见和防范，事发后被告亦履行了必要的救助义务，被告的行为不构成违法，且与莫某的死亡之间不具有法律上的因果关系，不应承担赔偿责任。一审判决：驳回原告的诉讼请求。莫某家属不服，提出上诉。二审期间莫某家属撤回上诉，一审判决发生法律效力。

以上三个案例是公安机关执法过程中遇到紧急情况的缩影，结合人民法院对三个案例的审判情况，可以提炼出以下几个问题：一是什么样的情况可以视为执法过程中的“紧急情况”，紧急情况具有哪些共同的特点；二是对紧急情况下的公安民警的执法行为如何进行合法性审查；三是基于这种合法性的要求，公安机关如何有效应对各种紧急情况。

二、紧急情况的类型及特点分析

（一）紧急情况的类型

《人民警察法》对于紧急情况的具体类型没有明确规定，但在个别条款中有所涉及，比如，该法第十九条规定，人民警察在非工作时间，遇有其职责范围内的紧急情况，应当履行职责。而在执法或接处警过程中遇到的一些紧急情况，相关法律法规则赋予了人民警察在特定条件下可采取必要手段的职权，该法第十七条规定，县级以上人民政府公安机关，经上级公安机关和同级人民政府批准，对严重危害社会治安秩序的突发事件，可以根据情况实行现场管制。公安机关的人民警察依照前款规定，可以采取必要手段强行驱散，并对拒不服从的人员强行带离现场或者立即予以拘留。第二十一条还规定人民警察的义务和纪律包括：人民警察遇到公民人身、财产安全受到侵犯或者处于其他危难情形，应当立即救助；对公民提出解决纠纷的要求，应当给予帮助；对公民的报警案件，应当及时查处等。公安部根据《人民警察法》及有关规定制定的《110 接处警工作规则》，亦规定 110 报警服务台受理求助的范围，包括发生溺水、坠楼、自杀等状况；老人、儿童以及智障人员、精神疾病患者等人员走失；公众遇到危难，处于孤立无援状况；涉及水、电、气、热等公共设施出现险情，威胁公共安全、人身或者财产安全和工作、学习、生活秩序，需要公安机关先期紧急处置等紧急求助事项。

结合上述法律法规及司法实践看，人民警察遇到的紧急情况至少包括以下类型：一是接处警过程中遇到正在发生的行为人溺水、坠楼、自杀等危及本人及他人人身或财产安全等紧急求助事项；二是遇到行为人因外来或内在因素遭遇危难，比如因突发疾病、遭遇险情或灾难，处于孤立无援的境地；三是公安机关在执法过程中，执法对象不予配合，实施逃跑甚至袭击警察的行为；四是需要公安机关紧急处置的其他突发事件。

（二）紧急情况的特点

1. 具有突发性、复杂性和不确定性。突发性反映其事发突然，警察没有任何思想准备，短时间内没有充分的思考和准备时间。复杂性与人民警察职能的多面性紧密相关，其工作不仅是实施法律，还要对广泛多样的公众需求做出有效反应，而每一个事件高度个别化的特征，给警察有效应对、正确处置带来巨大困难。不确定性是基于外部环境的复杂多变、当事人的个体因素各不相同，不仅现实情况无法预测，现场处置的后果也难以预料。

2. 往往涉及生命、健康、财产等重大权益。这是从紧急情况可能产生的后果层面而言的。紧急情况区别于一般情况，就是因为与一般情况相比具有紧迫性，不仅现场形势紧迫，而且这种紧迫形势可能造成的后果非常严重，需要优先处理、及时应对，否则就会造成人员受伤、死亡，或公共财产、公民个人财产受到重大损失，也容易引发社会关注。在前文的三个案例中，均出现了执法对象死亡的严重后果，事发后及法院判决也都引起了社会舆论的高度关注。

3. 缺乏相对规范的应对指引。“警察所从事的都不是充分的法律实施”①，法律、法规和规章不可能涵盖社会生活的方方面面，公安机关制定的规范性文件虽然可以作为规范执法活动的补充，但也不能囊括所有应对之策。以交通警察为例，道路执勤执法工作规范就分别附有查处酒后驾驶、查处超速行驶、查处运载危险化学品车辆的操作规程等，但面对执法对象抗拒执法、逃避执法等情况下如何处理，有的仅在办案单位以工作流程的方式进行内部指引，或通过培训示范的方式作经验传授，很多情况下并无规范的应对指引。

4. 处置效果往往依赖当事民警的经验判断。英国思想家洛克曾把行政紧急权力和行政非常权力称为“行政特权”，甚至认为“在某种场合，法律应

① ［美］博西格诺等：《法律之门》，邓子滨译，华夏出版社 2007 年版，第 380 页。

该让位于执行权”[1]。面对紧急情况，现场民警需要通过主观判断作出裁量，这对民警的现场处置能力、冷静程度和业务技能提出了极高的要求。由于受到信息来源、现场客观条件、工作经验等因素影响，民警作出判断和选择的合理性不尽一致，从而产生不同的法律效果。一旦对情势判断失误、处置不当，无论对相对人还是民警本人，都会带来相应的风险。

三、紧急情况处置行为合法性审查应遵循的原则

基于控制事态、减少损失的初衷，公安机关采取处置措施时往往会突破常规的法律规范，从而形成一种非常态化的法治秩序。这些处置手段虽非规定动作，但却在法治框架内被允许，不属于合法性原则的例外，同样要受到相应的法律原则的控制。

（一）以人为本原则

行政法的基本原则之一，就是尊重和保障人权。紧急情况处置行为往往关系到相对人的生命健康权，是人权最重要最基本的内容。正是由于生命的根本价值，使保障和维护人的生命安全成为法律的根本任务之一。生命权是法律保护的最高法益，其价值具备优先性。当法律必须在各种权益面前作出选择时，生命权具有绝对的优先性。

（二）比例原则

比例原则是指国家在行使权力的过程中，其对公民个人权利所造成的损害与其所保护的法益之间应保持一定的比例关系，不得为了追求某方面的利益而牺牲更大的法益，尽量采取对公民权利限制最小、最为温和的方式。只要处置措施的范围、力度能够达到维持稳定、安全社会秩序的目的，就应在此范围和力度之内行事。比如，在案例一中，在行为人不配合执法并可能造成更大社会危害情况下，警察对行为人所驾车辆的车轮开枪，采取的措施并未明显超出比例原则的要求。

（三）正当期待原则

正当期待原则是指相对方基于法的安定性和政策连续性，对行政行为产生的合理期待和相关利益，应当受到法律上的保护。“期待”反映了公众对

---

① 金石：《行政应急性原则》，载《行政法学研究》2004 年第 1 期。

政府的善意和信任，从而构成行政权力最深刻的正当性基础①。正当期待原则对维系政府与民众之间的依赖、约束政策裁量、促进行政理性化均具有重要价值。在案例二中，警察的危难救助义务是法律基于其特定身份而赋予的法定义务，不同于普通公民的见义勇为行为，需要人民警察秉持职业精神和专业态度勤勉履职。公众选择报警求助而非采取自力救济，就是对公安机关的专业性抱有期待，希望公安机关以专业的方式来挽救落水者。在报警人已明确告知有人落水且提供了落水地点，公安机关却未按规定配备任何救援器材，既违反职责要求，也不符合社会公众的普遍期待。

（四）谦抑性原则

正如有学者指出，“在已经确定裁量基准权力来源合法及控权逻辑有效的前提下，司法审查对于有着行政自我拘束品质的行政行为，便理所当然地需要给予最为基本的尊重”②。人民警察现场执法常常面临无法预测、无法感知的各类复杂情况，很难在第一时间作出准确判断，而执法对象意外受伤、死亡更成为悬于民警头顶的“魔咒”，导致民警战战兢兢，不得已选择软弱执法。这样做表面上降低了执法风险，实质上严重削弱了公安机关的执法功能。法谚云，法律不能强人所难。因此，对紧急情况下民警执法行为进行评判时，应当尊重和考量公安机关的工作特点，避免以事后的判断对当事民警科以不切实际、违背常理和无法履行的义务。

四、合法性审查中的考量因素分析

人民法院审查行政行为是否合法，通常要求行政行为的主要证据充足，适用法律、法规正确，符合法定程序，不能超越职权或滥用职权等。对于紧急情况下执法行为的合法性审查，除上述一般性标准外，还应当基于相关的法律原则，考量以下几方面的因素：

（一）是否合乎正当目的

正当目的是诚信原则在行政执法领域的延伸和演化，是对紧急情况下处置合理与否的检验标准。这里的正当目的，应当是与维护合法权益直接联系

① 王锡锌：《行政法上的正当期待保护原则述论》，载《东方法学》2009 年第 1 期。

② 周佑勇：《行政裁量基准研究》，中国人民大学出版社 2015 年版，第 61 页。

的合理目的，当事民警只有基于正当目的、秉持善意，其行为才具有合法性。譬如，在案例一中，开枪民警在事发当日接受公安局刑事侦查大队询问时，表示“面包车撞向协警后，又加速逃窜，感觉情况紧急，我和辅警的生命安全都受到非常紧迫的威胁，我两次鸣枪警告无效后才开枪射击轮胎”①。又如，在案例三中，当事民警在当天所写的《事件经过》中说，“我当时考虑此人精神状况异常，也不知道有没有开车过来，就这样把他放出去，万一发生伤害别人或者伤害自己的事情，我们都有责任。我就安抚他说，到办公室坐坐，想让他稳定一下情绪，弄清楚他的身份以及他到底想干什么。”“我看他这个状态，分析他可能是饮酒，但闻不到酒精味，也可能是精神病，但他也说不清自己的姓名，我没办法核实他的身份，那么还有可能是吸毒致幻，我就想先对他做个甄别，看到底是不是吸毒引起的。”② 这些证据充分反映了事发时民警的心理状态，是判断其执法目的是否正当、执法行为是否合法的重要标准。

（二）是否有利于最大化保护合法权益

法律规定要求公安机关在执法过程中，既要保证行政管理目标的实现，也要保护相对人的基本权益。当执法目的发生冲突时，优先选择更需保护的法律价值，根据执法环境的改变，及时调整工作方向，以最大化保护合法权益。譬如，公安机关在查处酒驾过程中，有执法对象为逃避执法而跳入河中。此时，民警应当意识到，与道路交通安全秩序相比，公民的人身安全更为紧迫、更为重要、更值得保护。如果公安机关不积极作为，立即将工作重心转移到抢救落水人员上来，即可能构成实质上的违法。

（三）是否尽到合理的注意义务

紧急情况下的注意义务主要包括两种情形，一是对“是否存在紧急情况”的判断是否合理；二是在处置过程中是否尽到合理的注意义务。第一种情形下的“合理性”的判断通常不涉及价值考量，只需要以一般人的经验、

① 详见广西壮族自治区玉林市中级人民法院（2019）桂 09 行终 172 号行政判决书。
② 详见南京铁路运输法院（2017）苏 8602 行初 1427 号行政判决书。

常识为准。比如，在薛某诉某交警大队不履行法定救助职责一案中[①]，事发时间是3月17日凌晨，天气寒冷，水深不明，即便落水者会游泳，在当时条件下其生命安全亦有相当的危险性。因此，何某处于危难之中是显而易见的，而当事民警主观判断何某已经游走，没有第一时间报警，对何某所处的危难情形视而不见，属于未考虑应当考虑的情节，亦疏忽了常人都应当注意的义务，存在重大过失。在第二种情形下，判断处置过程的手段是否“合理性”，通常要结合现场的具体情况和公安机关的职责要求。在案例二中，报警人已明确警情是有人落水且告知落水地点，但处警人员未配备任何救援器材，属于未尽到注意义务。

（四）是否超过必要的限度

在紧急情况下，行为人很难对自己的行为作出理性的判断和掌控，因此，所谓“不要超过必要限度”，实际上就成了一种事后的判断，成了法官在裁决案件时的一种考量。要找到这一权利和义务的平衡点，应当综合考虑处置行为的目的、手段、强度、损害后果等情节，考虑民警与执法对象之间的力量对比，立足事发时所处情境，并结合社会公众的一般认知作出判断。也可以借用“道德上的确定性”[②] 这一概念，不妨在行使权力时扪心自问几个问题：采取的措施是否有合理的根据，所采取的措施就眼前的情势而言是否过分，采取这种措施是否让自己良心不安。[③] 比如，案例三中，在莫某试图离开巡特警大队时，辅警采用单扣手臂的方式将其带入办公楼，虽然有一定程度的强制因素，但并未对其造成伤害，在莫某身份不明、状态异常的情况下，其行为具有一定的合理性，未超出必要的限度。

五、对公安机关工作的几点启示

“善用法治思维和法治方式会促进法治实践，法治实践又会激发人们主动

---

① 南京铁路运输法院2019苏8602行初851号行政案件，主要案情：2019年3月17日3时左右，某交警大队设卡查酒驾，驾驶员何某为逃避检查跳入河中，当事民警沿河寻找未发现何某踪迹，认为何某已经游走，遂根据同车人员提供的信息到何某住处寻求，仍未发现何某。次日10时左右，内河派出所接到报警，之后从何某落水地点下游50米处将其打捞上来，经鉴定何某系溺水身亡。此案原被告达成和解，原告申请撤诉。

② 樊崇义：《证明标准：相对实体真实——〈刑事诉讼法〉第53条的理解和适用》，载《国家检察官学院学报》2013年第5期。

③ 郑曦：《论警察的盘查权》，载《行政法学研究》2012年第4期。

自觉地运用法治思维和法治方式。”[①] 由于公安机关的行政执法行为可能受到司法审查，因此，人民法院所确立的证据标准和考量因素就成为公安机关执法的重要指引。前文的分析已大体厘清人民法院审理此类案件的基本遵循，希望相关的原则及方法可以为公安机关处理此类案件提供几点启示：

（一）积极行政，合理运用行政裁量

行政裁量合理原则既是“积极行政”理念的要求，也是最适当的法效果选择。紧急情况非常复杂，应当充分尊重并保障警察的自由裁量权，不能要求警察以自陷危险的方式对他人进行无限度救援，也不会将执法过程中出现的各种意外都完全归责于公安机关。只要当事民警遵循行政法的基本原则，行为符合立法目的，裁量理由合理充分，利益考量合乎比例原则，未违背特殊的职责要求，人民法院对其行为就应当予以支持，以鼓励人民警察审时度势、因事制宜、能动执法，最大限度实现公平正义。

（二）加强技术保障，强化证据意识

公安机关每天应对各种纷繁多变、类型多样的紧急情况，没有相应的装备和技术保障，民警个人处置能力再强，也无法弥补硬件上的缺失。因此，要加强一线执法民警应急处置的装备保障，这是民警依法履职的重要基础。同时，要增强证据意识，高度重视执法记录仪的作用。执法记录仪对民警是约束更是保护，执法过程中的音视频资料是判断执法行为是否合法的重要证据。紧急情况发生后，当事民警要在第一时间将警情和处置情况向上级报告，发生人员伤亡、重大财产损失的，相关部门也要在事后第一时间对当事民警进行调查询问，听取民警陈述，查明事发原因、现场情况、处置经过、民警心理状态等，并形成书面材料。由于紧急情况下现场证据往往比较单薄，这种事后第一时间所做的调查，对还原案件事实极为重要。

（三）规范处置流程，形成工作预案

通常情况下，是否有工作预案对于处置行为的合法性审查并不产生太大的影响，但是完备、规范的工作预案对于提高处置效果、减少生命财产损失意义重大，也有利于增强人民群众对公安机关的信赖。对于常见类型的紧急情况，应在统计评估的基础上细化分类、归纳总结，及时制定或补充完善应

---

① 吴汉民：《提高运用法治思维和法治方式能力》，载《人民日报》2013 年 12 月 24 日第 7 版。

急预案，作为公安机关执法规范的有力补充，形成长效机制。以“溺水”警情为例，通常有三种情形：一是失足落水救助警情；二是溺水自杀类警情；三是执法对象为躲避抓捕逃逸落水警情。目前，虽然处置溺水警情的基本原则通常是“确保自身安全，坚持近岸器械救援，不轻易下水”，但由于落水人的动机各不相同，现实情况相比公安机关的认识更为复杂。因此，公安机关可以将该类事件进行整理，找出共性，从预防、危害应对等角度，不断完善预案，使一线民警遇到同类情况能有所指引，避免因无应对方案又缺乏应对技能，出现处置不当的情形。

（四）加强业务培训，强化干警心理辅导

业务培训应有的放矢，从基层干警工作实际出发，加强对典型案例的分析，着重培养和锻炼干警驾驭治安的能力、组织协调的能力、群众工作的能力、合理裁量的能力，使民警能够冷静思考预判，准确分析决断，避免不当裁量造成工作失误和被动。紧急情况容易引发重大舆情，人民警察目睹人员伤亡，事后还需接受相关机关的调查和人民法院的司法审查，心理压力巨大。因此，要对干警进行心理辅导，包括心理素质的锻炼、心理健康的促进以及预防性干预，使人民警察在面临紧急情况时，能够临危不惧、敢于作为。

（五）建立责任豁免制度

紧急情况下发生的危害后果往往不能预见或防范。对于民警执法行为的司法审查，应当理性、客观、实事求是，不能以事后的理性判断代替现场的临机处置，也不能因为出现了人员伤亡或重大财产损失，就将执法过程中出现的意外一律归责于公安机关。法院在审理此类案件时，要严格区分违法责任和赔偿责任，对于有违法情形但与损害后果之间没有法律上的因果关系的，可以确认违法，不能判决公安机关承担赔偿责任，拒绝“和稀泥”的做法，避免出现“谁死谁有理”的错误导向。公安机关也要完善执法质量考评机制，只要警察对危害后果不存在故意或重大过失，就应当予以免责。在紧急情况下采取的措施只要目的正当、未超过必要限度、符合一般公众在紧急条件下的合理期待，即使发生危害后果，也可以纳入免责范围，从而进一步调动民警的积极性，解除民警依法行政的后顾之忧。

结语

十九届四中全会明确提出“健全社会公平正义法治保障制度”，习近平总书记在全国公安工作会议上也指出“和平时期，公安队伍是牺牲最多、奉献最大的一支队伍”；“各级党委要高度重视公安工作，加强对公安工作的领导，支持公安机关依法行使职权、履行职责，帮助解决公安工作中遇到的实际困难和问题，为公安机关依法履行职责创造良好条件”；“要旗帜鲜明支持公民民警依法行使职权，建立健全民警执法权益保护机制和依法履职免责制度”[①]。审理好紧急情况下公安行政执法类案件，对人民法院而言，是职责也是担当。由于现实情况纷繁复杂，本文的论点、论据还很单薄，司法裁判的观点和尺度如何更加适应社会现实、回应人民期待，还需要更多的理论研究和案例支撑。

（作者单位：江苏省南京江北新区人民法院）

① 习近平：《论坚持全面依法治国》，中央文献出版社2020年版，第260页。

行政诉讼变更判决适用扩大化研究

——基于550份行政裁判文书的分析

郑建昆　　肖　俊

【摘要】本文以2013年至2017年中国裁判文书网发布的变更判决为样本，发现变更判决的适用在实践中出现了扩大化的趋势，扩大适用虽与司法的谦抑性矛盾，但其背后是司法权与行政权的角力，有一定的法理基础。然而，放任扩大的"冲动"可能造成变更结果的随意性，对司法裁量的统一性造成破坏。为此，本文通过案例分析、归类对比等，提出了变更判决扩大化的判定标准以及变更判决结果确定的建议，以期提升变更判决的质量，维护司法权威。

【关键词】变更判决　自由裁量权　司法谦抑

行政案件是否突破《行政诉讼法》规定的变更判决的适用范围，应根据法院作出变更判决的原因予以倒推。若变更原因为法律适用或事实认定错误，则此种情况下法院基于查明的事实作出变更判决为司法监督行政行为合法性的应有之义，不应受"行政处罚"案件或涉及"款额的确认、认定"的其他行政行为的限制。若变更原因为行政行为结果缺乏合理性，则司法机关应保持克制谨慎，尊重行政机关的行政裁量权。

现行《行政诉讼法》第七十七条第一款规定："行政处罚明显不当，或者其他行政行为涉及对款额的确定、认定确有错误的，人民法院可以判决变更。"对比1989年《行政诉讼法》第五十四条第四项"行政处罚显失公正的，可以判决变更"之规定，可以看出最为明显的变化即为现行《行政诉讼法》"赋予法官更多的有限变更权力"。本文以中国裁判文书网公布的550份变更判决裁判文书为样本进行分析发现，变更判决的案件被告一般为公安局、计生局、环保局等；审理法院主要集中在基层与中级人民法院；运用变更判决能够产生较好的法律与社会效果，上诉率极低。[①] 但是，变更判决的运用也产生了两个司法实践亟待解决的问题：（1）宏观上，通过归类分析发现，司法实践中突破变更判决适用范围的案例确实存在，应如何解释并回应此种现象？（2）微观上，通过样本分析发现，法院作出变更判决的结果存在一定的“随意性”，应如何解决并规制此种行为？

一、归类分析：变更判决适用突破规定的异类存在

（一）案例样本概况

本文收集的行政审判案例和判决书来源于中国裁判文书网，具体方法为：全文搜索关键字“变更”，案件类型选择“行政诉讼”，法律依据为“《中华人民共和国行政诉讼法》第七十七条”（选取 2015 年之后的数据与案例）或“《中华人民共和国行政诉讼法》第五十四条”（选取 2015 年之前的数据与案例）。需要说明的是，由于最高人民法院于 2013 年 11 月 13 日发布《人民法院在互联网公布裁判文书的规定》后开始推行裁判文书的互联网公开，因而有关变更判决的裁判文书数量相对较少，公开的裁判文书时间也主要集中在 2014 年之后。此外，通过上述方法检索到的裁判文书并非皆为变更判决，剔除其中不属于变更判决（如撤销判决、驳回判决等）的案件才最终得到本文的案例数据。令人奇怪的是，通过上述方法检索到的结果显示 2018—2020 年中国裁判文书网没有行政变更判决，一定程度上可能影响本文样本数据的全面性，故只对 2013—2017 年的变更判决数据与案例进行研究分析。从案件发生的时间、地点看，本文研究的案例样本仍不失代表性：首先，案件的审理时间介于 2013 年至 2017 年，跨越了我国新旧行政诉讼法的实施；其次，案件审理的地域范围涵盖了我国绝大部分省（市）。

同时，虽然本文数据分析的基础为通过中国裁判文书检索得到的案例数据，但文中具体的案例并不限于中国裁判文书网公开的案例，也有来源于最高人民法院中国应用法学研究所编的《人民法院案例选行政卷》或其他学者著作文章中提到的案例。具体的数据分析与案例研究将在第二部分予以展开，

① 笔者调研的 550 份裁判文书中，当事人不服一审判决向二审法院提起上诉的只有 20 份，其中 8 份因上诉人撤回起诉或未缴纳诉讼费结案；12 份被二审法院驳回上诉，维持原判决。

本部分内容不做赘述。

（二）作出变更判决的三类原因

依照1989年《行政诉讼法》第五十四条第四项与现行《行政诉讼法》第七十七条的规定，变更判决是指在判决主文中直接变更行政机关具体行政行为的裁判文书。因此，变更判决的司法含义是以结果为导向的判决种类。然而，笔者在分析变更判决案例时，发现仅以结果为导向对变更判决进行探讨意义不大，应进一步对法院作出变更判决的原因进行分析，进而对司法实践中突破变更判决适用范围的现象进行解释与回应。

具体而言，通过对550份行政裁判文书的分析梳理，可以将法院作出变更判决的原因划分为三类——行政机关法律适用错误、事实查明错误以及行政裁量不合理。其中，由于行政机关法律适用错误而被法院变更具体行政行为的案件有46件，占比8.4%，如：苏某森与青岛市市北区人民政府房屋征收补偿决定一案，① 法院认为青岛市市北区人民政府未适用青政办发〔2012〕23号文的相关规定对原告给予房屋安置补偿奖励属于法律适用错误。由于行政机关事实查明错误的案件有13件，占比2.4%，如：在湛江经济技术开发区民安街道龙湾村龙舍经济合作社与湛江市海洋与渔业局渔业行政管理（渔业）案②中，法院认为，湛江市海洋与渔业局认定的违法填海面积有误，"在作出处罚时，没有将回填加固涉及的1公顷面积予以扣除，并以填海面积1.8564公顷作出行政处罚，确属不当"，并以新认定的填海面积为基础确定行政处罚的数额。③ 因行政机关处罚结果不合理，法院依法变更的案件最多，共有491件。可见，前两种原因在变更判决中所占比例极低，仅有10.8%，而最后一种原因所占比例高达89.2%。

总体而言，该数据体现了《行政诉讼法》对变更判决的立法本意——变更判决主要是为监督行政权的合理性而设立，对于行政合法性的监督则多以撤销判决、责令改正判决以及确认违法判决的方式进行监督。分析如下：

1. 撤销、责令改正以及确认违法判决更体现对行政机关专业性的尊重

一般而言，若司法审查行政行为时发现适用法律错误、事实查明有误或

---

① 山东省高级人民法院（2016）鲁行终1541号行政判决书。

② 广州海事法院（2016）粤72行初61号行政判决书。

③ 其他案件如：福建省泉州市中级人民法院（2015）泉行终字第106号行政判决书。

者行政机关作出行政行为时存在事实不清、证据不足的情形，则会根据当事人的诉讼请求作出撤销判决、责令改正判决、确认违法判决等。此种情形可归纳为对行政行为合法性的监督。其中，撤销判决为主要的监督途径，原因在于法院在判断行政行为合法性的同时，考虑到行政行为的专业性以及司法对行政的有限干预，通常希望行政机关能够自行改正，因此适用撤销判决并要求行政机关再次依法作出具体行政行为。为此，法院在行政机关法律适用错误或事实查明错误的情况下，直接运用变更判决的情形较少，一方面体现了对行政机关专业性的尊重，尤其是涉及林地、建设用地、环境污染等行政纠纷；另一方面也体现了司法权的自我克制，即司法机关尽可能少地干预行政权的行使，只在其认为必要时或条件成熟时才直接采用变更判决，改变具体行政行为的结果。

2. 变更判决更体现对当事人诉讼便利的考虑

正是由于变更判决直接用法院的裁量取代了行政机关的裁量，对行政权与司法权之间的权力分工冲击相比于撤销判决、责令重作判决更大，[①] 因此，它的“主战场”不在“法律适用错误或事实查明错误”领域，而在行政自由裁量领域。在此领域对行政权予以监督，一方面，能避免当事人遭受行政机关“二次伤害”，尽快解决争议；[②] 另一方面，尽可能地降低变更判决滥用引发的司法行政“争权风险”。因此，将变更判决的适用范围尽可能地限制在“行政机关事实认定与法律适用正确，但行政裁量结果存在瑕疵”的范围内，能够确保变更判决在诉讼效率和权力分工之间找到一个平衡点，这个平衡点既能发挥变更判决的效率优势又不至于危及权力分工。

综上，司法实践中法院作出变更判决的原因多集中在行政裁量行为体现了《行政诉讼法》对变更判决的立法本意。

---

① 王锴：《行政诉讼中变更判决的适用条件——基于理论和案例的考察》，载《政治与法律》2018年第9期。

② 相关案例：A公司参加该县医院发布的门诊楼工程建设招投标会议，并经评定中标。之后，县环保和建设局向A公司发送《通知》，认定其中标无效。法院判决撤销《通知》，被告再次作出1号《决定》，撤销原告中标。原告再次起诉，案件审理中被告作出2号《决定》，自行撤销1号《决定》，法院再次作出判决，认定1号《决定》无效。被告于年底作出3号《决定》，第三次认定原告中标无效……此种情况下的行政“对抗”行为极为明显。可参见梁凤云主编：《行政诉讼判决之选择适用》，人民法院出版社2007年版，第76页。

（三）对变更判决适用范围予以突破的司法实践分析

根据现行《行政诉讼法》第七十七条的字面分析可以看出，变更判决的适用案例类型仅为“行政处罚”案件或涉及“款额的确认、认定”的其他行政行为。对搜索到的550份行政裁判文书进行梳理，发现有2个案例并不属于该条确定的适用范围，法官却在判决主文部分直接对具体行政行为进行变更，这两则案例是否突破立法规定为本部分的分析重点。

两个案件的情况类似，皆为原告对被告作出的《房屋权属认定表》不服，要求法院予以撤销，法院在查明案件的基础上，最终作出了变更判决。如在周某法不服被告杭州市下城区人民政府行政确认一案中，[①] 浙江省杭州市中级人民法院“判决变更《房屋权属认定表》中‘主房占地面积110平方米（三层）、建筑总面积350平方米’改为‘主房占地面积112.8平方米（三层）、建筑总面积358.4（112.8×3+20）平方米’”。[②] 表面上看，这两个案例既不是“行政处罚”案件也不涉及“款额的确认、认定”，看似突破了变更判决的法律适用范围，但深入分析两份判决的事实查明部分，可以发现上述两个变更判决是司法审查权的应有之义。

具体分析两份判决的裁判说理，即可发现法院作出变更判决的原因在于发现行政机关作出行政行为时存在事实认定错误，且通过庭审过程中双方当事人提交的证据，能够查明案件事实的真相，故而作出了变更判决。然而，问题在于，面对行政机关事实查明错误的情形，法院可否直接作出变更判决？

虽然学术界对变更判决始终保持审慎的态度，但应对这种审慎作更为细致的分析，具体而言，笔者认为，应从“限制法院对行政行为有限的变更权”入手，将行政行为分为合法性与合理性两部分进行类型化理解。显然，对于行政行为合法性的监督应属于司法权的应有之义，而合理性的监督则属“暧昧不清”的模糊地带。在行政行为具有合法性的前提下，司法对合理性

---

① 浙江省杭州市中级人民法院（2015）浙杭行初字第106号行政判决书。虽然浙江省杭州市中级人民法院在一审中作出了变更判决，但该判决被二审浙江省高级人民法院撤销，理由为“《中华人民共和国行政诉讼法》第七十七条第一款规定：‘行政处罚明显不当，或者其他行政行为涉及对款额的确定、认定确有错误的，人民法院可以判决变更。’上述条款已明确仅行政处罚明显不当及其他行政行为中对款额的确定或认定确有错误的两种情形下，人民法院可以适用变更判决。本案中被诉《房屋权属认定表》并不属上述法律规定的两种情形之一。故原审法院直接作出变更判决，属适用法律错误，依法应予改判。”

② 另一个情况类似案件为：陈某前、王某明与杭州市余杭区人民政府良渚街道办事处征迁行政协议案。案号为：浙江省杭州市中级人民法院（2016）浙01行终367号行政判决书。

的监督缺乏一定的专业性，但采用变更判决又能增加几分效率性，故对变更判决监督行政行为合理性采取既“限制”又“开放”的态度。由此，若行政机关作出行政行为的事实认定依据被法院推翻，且法院通过庭审能够直接查明事实真相，则适用变更判决应为查明事实真相后的逻辑结果。因为司法审查权的功能在于查明事实并适用法律，此种做法并不涉及对变更判决适用范围的超越。上述两则案例是法院依法行使司法审查权与司法监督权的应有之义，融合了司法审查的谦抑与诉讼经济的双重考虑。

二、“无理”应对：行政“任性”视角下变更判决的现状分析

（一）对比：法院作出的变更结果与原行政行为作出的结果

对收集的491份因行政材料作出变更判决的裁判文书进行分析，一定程度上可以看到行政机关在作出具体行政行为时常常有些“任性”，而法院作出的变更判决显得更加“理性”。如：在珙县富强客运票务服务有限公司与四川省珙县公路运输管理所、珙县交通运输局交通运输行政管理行政处罚二审案中，[①] 法院最后判决“变更四川省珙县公路运输管理所川交宜珙运字罚（2016）19号《行政处罚决定书》中对珙县富强客运票务服务有限公司罚款五百六十万元的行政处罚，改为对珙县富强客运票务服务有限公司处以罚款十万元的行政处罚”。从560万元减为10万元，差距之大可见一斑。

具体地，笔者将法院作出的变更判决的结果与行政机关原具体行政行为的数额进行对比（以倍数方式进行对比，即变更判决的数额/具体行政行为的数额），发现：两者差距在3倍以下的案件（第一种情形）有130件，占比26.48%；两者差距在3—5倍的案件（第二种情形）有305件，占比62.12%；两者差距在5倍以上的案件（第三种情形）有16件，占比3.26%；变更为其他种类的行政处罚的案件（第四种情形）有17件，占比3.46%；增加对原告的拆迁补偿款有32件，占比6.52%。

可以看出，法院作出变更判决的结果更多集中在第二种情形，体现出行政裁量行为有点“任性”。但司法在更正行政行为的同时，是否也存在“随性”变更具体行政行为涉及的数额？则需要从裁判说理的角度予以探究。

---

① 四川省宜宾市中级人民法院（2017）川15行终27号行政判决书。

（二）分析：变更判决中的裁判说理

对收集的491份因行政材料作出变更判决的裁判文书进行分析，根据法官阐述变更理由的详略情况进行归类，发现有进行详细说理的案件仅有一件，为江西九江长途汽车运输集团有限公司与盐城市大丰区农业委员会、盐城市林业局行政罚款案，[①] 在该案中法院就案涉行政处罚决定罚款数额的合理性问题分“案涉处罚决定的罚款标准合理”“案涉处罚决定的罚款数额不当”“案涉行政处罚的罚款数额应予调整”三方面就为何应变更处罚数额以及如何确定原告应合理承担的罚款数额进行了循序渐进的论证。结合案情进行说理的案件有196件，例如，在徐某诉萧县公安局治安行政处罚二审案中，[②] 法院结合案涉两方人员在互殴中的过错程度与身体伤害程度，认为“对徐某的处罚应比照对吴某的处罚并略高，以罚款500元为宜”。剩余295件主要通过某些法条或法律原则的援引简而述之。

可以看出，法院作出变更判决时绝大多数情况都仅是“轻描淡写”地引用某条法律或某项法律原则，较少结合案情分析为何案件的具体情况符合某条法律规定的情形，并进一步阐述其变更结果的合理性。

三、有序规制：探析适用变更判决的司法裁判标准

从上文对变更判决的司法实践案例与数据的分析中可以看出，变更判决在目前司法实践中主要存在两方面的问题：一是少量案件突破现行规定的适用范围；二是司法裁量权的合理性有待加强。如何解决上述问题，本部分试从司法实践的角度提出以下三个具有可操作性的建议。

（一）突破行政变更判决适用范围的判定标准

早在2014年《行政诉讼法》实施之前，实际上就有少量司法实践尝试突破1989年《行政诉讼法》第五十四条第四项的限制，在其他行政案件类型中适用了变更判决。如刘某国诉大连市金州卫区卫生局等医疗事故处理决定

---

① 江苏省盐城市中级人民法院（2016）苏09行初17号行政判决书。

② 安徽省宿州市中级人民法院（2016）皖13行终122号行政判决书。其他案件如：四川省宜宾市中级人民法院（2017）川15行终27号行政判决书；兰州铁路运输中级法院（2017）甘71行初24号行政判决书；山西省晋城市中级人民法院（2016）晋05行终41号行政判决书等。

案，[1] 法院作出变更判决的理由是，原告法定代理人因陪护和随诊造成的误工费及交通费属事故所增加的医疗费用应由第三人承担，大连市金州卫区卫生局未作处理显失公正。在王某川诉三河县卫生局等行政处理决定案中[2]，法院认为虽然三河县卫生局处理决定主要事实清楚，证据充分，但在认定第三人住院天数方面存在错误，在判决主文中直接变更了原告的误工费及生活补助费的数额。隔口村第四村小组诉区政府、第三人隔口村村委会行政确权决定案中[3]，法院认为，原告造林行为应受法律保护，但原告造林后一直是第三人管护成林，林木收益应按比例分成，故判决变更林权归原告与第三人共有，林木收益由原告与第三人按 3∶7 分成。

可见，出于对原告诉讼经济以及司法资源的考虑，少量司法实践突破了当时法律的规定，扩展了变更判决的适用范围，可以视为司法实践对立法滞后的一种回应与改良。进一步分析上述三个案件中法院作出变更判决的原因可知，前两个案例作出的变更判决实际上是基于行政机关认定事实不清或认定事实存在错误，且法院能够通过庭审查明该事实，故而作出变更判决，并未超越司法应享有的事实审查权。第三则案例才体现了司法权对行政行为合理性的监督，在 2014 年《行政诉讼法》实施前确实突破了变更判决适用范围。然而，由于《行政诉讼法》的修改，该行为已属于法律规定可予以变更的情形。

综上，笔者认为，对于行政变更判决适用范围是否有所突破应分析案件的具体情况，而不能仅以案件是否涉及“行政处罚”或“款额的确认、认定”来判断法院作出的变更判决是否突破了立法的适用条件。具体的判断标准为：

1. 分析法院作出变更判决的原因。若法院作出变更判决的原因为行政机关事实查明错误或法律适用错误，则不一定受“行政处罚”或“款额的确认、认定”的限制；若法院作出变更判决的原因在于行政处罚或其他款额的

---

① 最高人民法院中国应用法学研究所编：《人民法院案例选行政卷（下）》，中国法制出版社 2000 年版，第 1193 页。

② 最高人民法院中国应用法学研究所编：《人民法院案例选行政卷（下）》，中国法制出版社 2000 年版，第 1198 页。

③ 最高人民法院中国应用法学研究所编：《人民法院案例选行政卷（下）》，中国法制出版社 2000 年版，第 1303 页。

认定不合理，则应当受到《行政诉讼法》第七十七条的限制。

2. 分析行政机关实施认定部分是否需要相对专业的知识经验。由于某些“行政处罚中事实的认定需要专门的知识经验，相比法官而言，行政官员更具这方面的特长”，因此，对于此类行政案件的事实查明部分，法院在考虑当事人诉讼便利的同时，更应优先尊重行政机关的专业性。[①] 此时，由于法官缺乏专业的行政知识，更应尊重行政机关的事实判断权，不能用法院的意见代替行政机关的意见，建议应该慎用、少用乃至不用行政变更判决。

3. 分析法院是否能够在庭审中查明事实真相或明确法律适用规则，若可以，则可变更；若不行，则应适用撤销判决、责令重作等判决。

（二）类型化变更判决裁判说理部分的考量因素

为确保变更判决的适用更加审慎，同时适用变更判决的结果更加合理，法官应在变更判决的裁判说理部分下功夫，具体可分为两个步骤。第一步的主要目的在于阐明为何行政机关作出的行政行为不合理。第二步为详细推导作出变更结果的过程。裁判说理的第一步应结合具体案情的分析，将一定的参考因素引入判决的裁决说理部分使得变更判决的说理更加有信服力。通过研究550份变更判决，笔者认为可将裁判说理部分的参考因素划分为以下三种类型。

1. 同案不同情的对比因素

在双方互负责任的行政处罚案件中，法官很可能会运用到该因素进行裁判说理。因为行政机关在处理此类案件时，往往没有考虑到双方当事人的过错程度、受伤害程度，对其处以相同的行政处罚。以当事人互殴为分析对象，在上文提到的徐某诉萧县公安局治安行政处罚二审案中，[②] 法院分析认为“鉴于徐某与吴某厮打时，其手持铁棍，行为危害性及过错均大于吴某，故对徐某的处罚应比照对吴某的处罚并略高”，故而作出了变更判决。此外，在同一案件中，若两个以上主体的违法行为情节相当，但处罚结果却不同，司法机关也可根据案情，运用该因素改变行政机关的具体行政行为，作出更为合理的处罚。如在原告王某诉被告上海市某公安分局行政处罚案[③]中，法院认为陆某的行为违法，仅被处以治安拘留10天及治安警告，而原告王某仅为提

---

① 姬亚平：《论行政诉讼审查标准之完善》，载《甘肃政法学院学报》2009年第2期。

② 安徽省宿州市中级人民法院（2016）皖13行终122号行政判决书。

③ 参见张静：《论行政诉讼变更判决》，载《行政法学研究》2015年第2期。

供生活方便，即被处以治安拘留 10 天，参照利害关系人的处罚，原告的处罚属过罚不当，判决变更为拘留 5 日。①

2. 类案不同情的对照因素

该因素考虑的是行政机关针对具有相同情节的不同案件的行政相对人可能作出差别迥异的行政处罚，如汇丰公司案。在该案中，市规划局以汇丰公司改造后的楼房违反市政府总体规划要求，认定该公司的 5—9 层建筑严重影响了中央大街景观，作出行政处罚决定：拆除地面建筑 5—9 层，并罚款 182400 元。法院判决认为："汇丰公司 5 至 9 层为违法建筑，但中央大街上有多处与汇丰公司改造后的楼房相似的违法建筑，××市规划局对某些类似的违法建筑没有作出过处理，这是对同一行为的不同处罚。最后法院以××市规划局认定的中央大街保护建筑'外文书店'为参照标准，判定将汇丰公司违法建筑遮挡保护建筑'外文书店'的部分拆除，判决直接变更了具体行政行为的内容。"② 可以看出，行政机关在作出行政处罚时，没有参照其对具有相同违法行为、造成相同违法后果的其他违法行为进行处罚，而是采取了差别对待，为此法院在遇到此类情况时，可以参考行政机关对其他类似违法行为做出行政处罚的情况，进而决定是否做出变更判决以及如何确定变更判决涉及的数额。

3. 法定不同情况的参考因素

该参考因素是在没有同类案件或者同案其他违法行为作为参考的情况下，直接依照相关法律法规的减轻、从轻、从重处罚规定与原则，结合案件具体情况，作出合理的变更判决。如在广州市好孝心医疗器械有限公司诉广州市白云区食品药品监督管理局行政处罚决定案中，③ 法院认为："行政相对人不具有《广州市食品药品监督管理局规范行政处罚自由裁量权暂行规定》第十六条'行政相对人有下列情形之一的，应当从重处罚：……（九）具有连续违法时间较长（6 个月以上），涉案产品数量较多，涉案产品货值较大，涉案产品全部或绝大部分被销售且拒不追回或无法追回的情形之一的'的情形，却按照罚款的最高倍数对上诉人予以从重处罚，与上诉人的违法事实、情节以及

---

① 相关的案例还有：程某与兴隆县公安局治安行政处罚一案，（2015）兴行初字第 49 号，河北省兴隆县人民法院；李某与北京市公安局朝阳分局其他一审行政判决书，（2015）朝行初字第 195 号，北京市朝阳区人民法院。

② 杨晚香：《试论我国行政诉讼变更判决制度的完善》，载《法制与经济》2011 年第 12 期。

③ 广东省广州市中级人民法院（2015）穗中法行终字第 717 号行政判决书。

社会危害后果不相当，处罚畸重。”因此，当行政机关作出的行政决定不符合法律规定的减轻、从轻、从重处罚规定，或行政相对人的具体情形符合法律规定的减轻、从轻的规定或原则，法院可根据法律法规的具体规定予以变更。

（三）确定“变更结果”的步骤划分

根据行政司法实践中对变更判决的适用以及目前存在的“无理”问题，笔者认为需要在变更判决的适用过程中加以规制，具体以江苏省盐城市中级人民法院（2016）苏09行初17号行政判决书中如何确定行政处罚结果为例进行说明。

1. 明确“起点罚”

首先，法院应审查违法事实在法定范围内确定的罚种及在法定罚幅内确定的最初“起点罚”。[①] 在某些案件中，“起点罚”的标准较为明确，如《上海市公安局治安管理处罚裁量标准（试行）》（以下简称《标准》）中关于寻衅滋事的规定：“……情节较重的，处十日以上十五日以下拘留……”且该《标准》中规定了十种较重情节，那么只要行政相对人具有其中一个较重情节，行政机关即可在10日至15日之间确定一天作为“起点罚”。但在另一些案件中，“起点罚”的标准应结合相关规定的精神进行审查。如在江西九江长途汽车运输集团有限公司与盐城市大丰区农业委员会、盐城市林业局行政复议案中，[②]《江苏省野生动物保护条例》第四十四条没有规定案涉黑斑侧褶蛙的资源保护管理费，转而依据林业部（现为国家林业和草原局）《关于在野生动物案件中如何确定国家重点保护野生动物及其产品价值标准的通知》规定和林业部、财政部、国家物价局（现为国家发展和改革委员会）《关于发布陆生野生动物资源保护管理费收费办法的通知》规定，推定“野生动物的保护级别越低，资源保护管理费越少，野生动物价值标准的执行倍率越高”。再结合“苏农便（2000）20号复函规定的省级重点保护陆生野生动物价值标准的执行倍率略高于国家标准”，从而认定“按照野生动物资源保护管理费的20倍确定案涉黑斑侧褶蛙的实物价值”。

2. 推算“结果罚”

该步骤主要是根据行政相对人是否具有多种较重或较轻情节，从而在

① 张静：《论行政诉讼变更判决》，载《行政法学研究》2015年第2期。

② 江苏省盐城市中级人民法院（2016）苏09行初17号行政判决书。

"起点罚"的基础上加重或减轻行政处罚结果。具体地，可根据各个处罚情节的调节比例，采用变更结果应尽可能细致化同向相加、逆向相减的方法调节基准罚。仍以上述案例为例，法官对减轻行政处罚的具体原因及减幅比例做了明确的说明："（1）案涉3400多只黑斑侧褶蛙已全部被活体放生，使得该群野生动物的生态价值得以保全，本院酌情核减30%的罚款。（2）原告的非法运输行为没有造成黑斑侧褶蛙死亡，对野生动物资源及生态环境产生的负面影响较小，后期的环境破坏修复费用较少，本院酌情核减20%的罚款。（3）原告不具有非法运输野生动物的直接主观故意，而是基于人员雇佣不当、疏于管理导致非法运输野生动物违法行为的发生。基于其主观过错相对较小，本院酌情核减15%的罚款。（4）原告积极配合调查，本院酌情核减5%的罚款。"通过采用此种方法，不仅体现了法官"自由心证"的过程，司法推演过程得以公开；也有利于实现类案同判的司法统一性。

3. 确定"宣告罚"

最终，确定"宣告罚"还需要考虑到：若变更判决中存在两个以上的违法行为人，则应对各违法行为人的结果罚进行比较，防止出现上文提到的"违法行为基本相同但处罚结果差距甚远的情况"，或者行为轻者与重者同罚，甚至重者轻罚、轻者重罚的情况发生；此外，法官也应在确定最后处罚结果之前进行裁判文书的检索，查看是否还有其他与本案相似的且得到社会认可的已决案，并参照已决案作出最终的宣告罚即变更结果。

结语

变更判决适用扩大化的背后是司法对于效率的追求与对行政权分工的尊重的平衡。在明显事实错误下，法院径行作出变更判决，符合立法者设立变更判决的初衷。然而，这种扩大化的背后同样有一层隐忧，即司法裁判者对既定规则的逾越。司法实践中，这种逾越会导致变更判决结果的"任意"。将对平衡的把握完全交由司法裁判者个人判断，显然并不符合依法治国的精神。因此，为变更判决"正名"，框定标准，将更进一步发挥变更判决的效用，更进一步提高变更判决质量，更进一步提升司法公信力。

（作者单位：福建省三明市中级人民法院）

行政性垄断的司法审查研究

齐爱平

【摘要】行政性垄断是政府对市场公平竞争秩序的不当干预，与我国发展社会主义市场经济、建设高标准市场体系背道而驰。本文对中国裁判文书网公开的37个涉行政性垄断的行政诉讼案例进行分析，检视通过司法审查规制行政性垄断行为存在的问题和不足，并就相关行政诉讼中贯彻竞争法理念，适度扩大涉行政性垄断案件受案范围，从宽把握公平竞争权利害关系，加强对行政行为合理性的审查力度，引入"预防性事前救济"，完善行政赔偿规则中经济责任的承担方式等方面提出意见建议。

【关键词】行政性垄断　司法审查　竞争法

在我国加快完善社会主义市场经济体制、建设高标准市场体系进程中，必须对行政性垄断加以规制。党的十九大报告明确提出"深化商事制度改革，打破行政性垄断"，十九届五中全会强调"打破地方保护，加强反垄断执法"。行政性垄断的实质是行政权力在市场中的滥用，通过司法审查对行政性垄断进行规制非常必要，对维护市场竞争秩序、保护企业公平竞争权益、营造良好法治营商环境等，具有重要意义。

由于《反垄断法》没有规定行政性垄断的救济方式，在实施后的前几年学界还对行政性垄断行为的可诉性进行了广泛讨论。[①] 2014年《行政诉讼法》修正后，明确将行政机关滥用行政权力排除或者限制竞争纳入行政诉讼受案范围。《行政诉讼法执行解释》第十三条第一项、2018年2月8日起施行的《行政诉讼法适用解释》第十二条第一项，明确规定了被诉的行政行为涉及公平竞争权的，属于"与行政行为有利害关系"，具备原告主体资格。另外，

① 杨晓丹：《行政垄断可诉性探析》，载《福建农林大学学报》（哲学社会科学版）2007年第1期。

还规定了规范性文件一并审查制度，使部分抽象行政行为间接纳入到司法审查中。因此，公民、法人或者其他组织对行政性垄断行为提起行政诉讼的渠道是畅通的。2015 年广州中院一审判决的深圳市斯维尔科技有限公司诉广东省教育厅滥用行政职权案，被称为《反垄断法》实施以来“行政垄断第一案”，影响深远。之后的汕尾市真诚公共汽车运输公司诉汕尾市政府排除、限制竞争纠纷案、福建省泉州海丝船舶评估咨询公司诉福鼎市海洋与渔业局行政垄断行为案等一系列案件，无不体现了司法审查对规制行政性垄断的作用。

但是，从司法实践看，对行政性垄断行为提起行政诉讼案例很少，行政性垄断司法审查的作用发挥和效果并不明显。本文对涉行政性垄断的行政诉讼案例进行分析，找寻问题症结并提出意见建议。

一、行政性垄断司法审查的现状

当事人提起涉行政性垄断诉讼以及法官进行裁判时一般会援引《反垄断法》中相关法条依据。为检索全面、准确，本文以“反垄断法”为关键词在中国裁判文书网进行检索，显示自《反垄断法》实施以来至 2021 年 10 月 1 日，含有“反垄断法”的行政裁判文书共 345 个。逐份查阅文书，去掉与行政性垄断无关的以下案件、归类有误的民事知识产权案件、针对反垄断执法行为起诉的案件、要求进行反垄断执法机构查处的案件、以行政垄断作为一项理由提起诉讼、但法院裁判理由及主文未涉及相关内容的案件以及其他无关案件，再将一、二审、再审审查等作为一个案件统计，实际涉行政性垄断相关案例共 37 个，具体列表见附录。

（一）行政性垄断相关案件数量极少

我国处于社会主义市场经济体制逐步完善、高标准市场体系逐步形成的过程中，但行政性垄断案件数量反差较大，2014 年及以前仅 3 件，2015 年立案登记制实施后，数量有所增长但仍很少，年均仅个位数。由于立案登记制实施及绝大多数裁判文书在网上公开后，如果有类似案件一定能查询到，说明绝大多数的行政性垄断行为没有进入到司法审查程序中。

案件数量少主要有以下几点原因：一是受传统管理模式影响，经营者及公民普遍缺乏市场经济下的公平竞争意识。行政性垄断的实施维护了某一地区或部门的经济利益，而排除或限制了其他地区或部门的经营者的公平竞争，侵害的是市场主体的公平竞争关系，而不是对经营者权利的直接侵害。对于公平竞争权被侵害的经营者，因其并非行政行为的直接相对人，往往认为受损失的是未来可能的不确定的利益，而非现实已取得的利益，很少因此去挑战行政行为的合法性。从上述统计中可以看出，提起行政诉讼的，往往是过去一直在承揽着项目，因为行政权的介入，这些项目改由其他经营者承揽，实际利益受到损失的经营者。二是随着法治政府建设深入推进，行政程序逐步严格，比如行政许可程序、招投标程序、行政决定的出台等均由法律法规或行政机关内部程序进行规范，绝大多数行政性垄断行为在程序上是合法的，即使经营者因市场准入设置过高没有进入或行政裁量不当，通常不会通过诉讼来维护公平竞争权。三是很多行政性垄断的实施主体不是行政机关，而是承担公共管理事务的社会组织甚至国有企业，这些主体实施的行为没有进入司法审查范围。

（二）案件范围相对集中

统计的 37 件行政性垄断诉讼案件相对集中于招投标、特许经营、公共服务等领域。这些领域往往由政府主导市场交易，由政府出资购买公共服务，或经政府许可市场主体才能参与，在市场交易中公权力介入较多。主要集中于以下领域：一是行政许可。按照《行政许可法》规定，为维护公共利益和社会秩序，在市场竞争机制能有效调节之外，行政机关根据公民、法人或者其他组织的申请，经依法审查，准予其从事特定活动，比如特许经营、食药品生产销售、自然资源开发、公共服务等。实施《行政许可法》第十二条第二项所列事项的行政许可，应当通过招标、拍卖等公平竞争的方式作出决定。这说明行政机关实施行政许可应当充分考虑市场公平竞争，保障相关利害关系人的权益。二是招投标领域。除了前述行政许可招投标外，《政府采购法》对政府采购公开招标的原则、程序、要求作出规定，并特别强调不能阻挠和限制供应商自由进入本地区和本行业的政府采购市场。招投标通过设置一定准入门槛来限制竞标经营者，一方面存在限制外地企业或商品进入本地市场的行为；另一方面设置过高门槛限制中小企业进入市场，严重影响中小企业发展，加剧垄断企业的形成。三是行政决定。行政机关通过会议纪要集体研究决定，或出台一份指导性文件，直接指定某个经营者承接项目或者确定限制某个范围。虽然总体行政诉讼案件数量不多，但正如“权力寻租”难以禁绝，行政性垄断行为在上述领域也必然是高发的。

（三）相关案件胜诉率并非明显偏低

部分文献认为，涉诉的行政性垄断案件胜诉率低。但统计的 37 起案件中，裁定驳回起诉或不予立案的有 14 件，判决驳回诉讼请求的有 11 件，胜诉的有 12 件。对比部分省份公开的司法审查报告①，行政性垄断进入实体审查的案件比例和胜诉比例还是比较高的。

没有进入实体审查的主要理由有：一是法院认为不属于受案范围，如认为行政行为属于内部上下级之间的沟通行为②或内部批复③，不产生对外效力；行政机关作出的文件具有普遍约束力，属于抽象行政行为④；被诉行为属于国家政策⑤等。二是认为原告不是被诉行政行为的相对人，与行政行为也没有利害关系。如（2017）苏 8602 行初 1589 号案中，玛斯特公司诉请要求撤销《通知》，法院认为玛斯特公司并非涉案行政行为的相对人，且无证据证明被诉的行政行为直接涉及其公平竞争权，或对其业务造成了直接损害，不具有法律上的利害关系。⑥ 三是认为被告不适格。比如对国有电力、石油、通信等公司作为被告的案件，法院通常认为这些公司既非行政机关，也非法律、法规、规章授权的组织，以被告不适格驳回起诉。

进入实体审查的案件，如媒体报道的深圳斯维尔公司诉广东省教育厅“行政垄断第一案”，法院判决确认行政机关指定在赛项中独家使用第三人相关软件行为违法；南京发尔士公司诉江宁区政府案，法院认定江宁区政府在 396 号文中的指定，构成实质上的行政许可，也构成行政性限制市场竞争行为违法；福建省泉州海丝船舶评估咨询有限公司诉福鼎市海洋与渔业局案，法院认为限定评估机构的行为属于滥用行政权力。这些胜诉案件，充分体现了对行政限制竞争行为进行司法审查的作用，起到了良好的社会效果和法律效果。

---

① 如《2018 年黑龙江省行政案件司法审查报告》中显示，以判决方式结案占一审结案总数的 42.21%；行政机关败诉占一审结案的 13.98%，占判决方式结案的 33.12%。

② 如（2019）豫 10 行初 144 号临颍中房燃气有限公司诉漯河市人民政府确认行政行为违法一案。

③ 如（2017）鄂 12 行初 43 号通城县鸿锦渣土运输有限公司诉通城县人民政府确认行政行为违法一案。

④ 如（2018）黔 03 行初 273 号贵州中绿生态有限公司诉遵义市人民政府违法收回规划指标一案。

⑤ 如（2019）鲁 1602 行初 86 号滨州市东振吕剧团诉滨城区文化和旅游局、滨州市新广文化局一案。

⑥ （2017）苏 8602 行初 1589 号南京玛斯特辐射技术有限公司诉南京市鼓楼区环境保护局行政行为违法一案裁定书。

可以看出，我国涉行政性垄断诉讼案件数量极少，说明司法审查在规制行政垄断行为、维护市场竞争秩序方面没有发挥应有的作用。实践中，大量行政垄断案件多是不了了之或通过行政系统内部解决，鲜有通过司法途径寻求救济的。要使司法审查对行政性垄断发挥足够的规制作用，给予经营者及消费者有力的司法保护，应当深入分析行政性垄断中存在的问题和原因，寻求改进完善措施。

二、行政性垄断司法审查中存在的问题

从受案范围、原告资格、被告适格、实体性审查、救济等方面对 37 个案例进行逐案审视，主要存在以下问题。

（一）受案范围有局限

从《反垄断法》第三十九条至第四十五条规定可以看出，行政性垄断行为的表现形式既有制定含有排除、限制竞争内容的规定等抽象行政行为，也有由行政机关直接指定某个经营者或排除某个标准等具体行政行为，甚至有一些形式上是针对不特定对象的具有普遍约束力的决定，但实质在内容中隐含限定了范围标准，产生了排除、限制竞争效果。2014 年《行政诉讼法》修改后虽然在第二条取消了“抽象行政行为”表述，但在第十三条及《行政诉讼法适用解释》第一条受案范围排除了具有普遍约束力的决定命令、行政指导行为、内部行为、基于层级监督关系对下作出的行为等，而这些表现都可能体现在行政性垄断中。另外，对于行政机关实施裁量的政策性行为，在滨州市东振吕剧团诉滨城区文化和旅游局、滨州市新广文化局一案中，法院认为属于政策不纳入受案范围。

《行政诉讼法》规定了对规范性文件的附带审查，在一定程度上可解决抽象行政行为的审查问题。但这难以适用于对行政性垄断的司法审查，因为附带审查规范性文件的前提是符合行政诉讼的起诉要件，在提起诉讼时一并请求，显然这要求行政行为已经对经营者的合法权益造成了侵犯。当行政机关出台了某一含有排除、限制竞争内容，且具有普遍约束力的规定时，虽然实质上已经影响了经营者的公平竞争权，但对于抽象行政行为无法起诉，也因为没有造成实质的财产权益损失而无法提起行政诉讼附带规范性文件审查，难以通过司法审查获得保护。此外，会议纪要、行政指导等行政性垄断表现

形式，司法实践中对其是否产生外化效果的把握尺度并不统一。这造成了大量行政性垄断无法纳入到行政诉讼受案范围，司法审查起不到应有的作用。

（二）对原告是否具有利害关系的判断有分歧

针对行政性垄断行为提起诉讼的经营者通常不是行政行为的相对人，判断与行政行为有无利害关系是关键也是难点，法院对此分歧较大。如通化市绿宝医疗废物处理有限公司诉梅河口市卫生健康局、梅河口市生态环境局、梅河口市人民政府一案中，一审法院认为行政机关作出63号文件《关于加强医疗废物管理工作的通知》是指导性文件，对通化市绿宝医疗废物处理有限公司没有法律上利害关系；二审法院认为该文件内容明确针对梅河口市各级、各类医疗卫生机构作出，且有明确的行为要求，上诉人虽非行政行为相对人，但与梅河口市多家医疗卫生机构存在医疗废物处理合同关系，应当认定其与本案具有利害关系。

对公平竞争权的认定产生分歧的重要原因在于，公平竞争权在竞争法理论上难以自圆其说，在司法实践中也并未真正形成。[①] 行政法理论和实务中最重要的争议就是公平竞争权究竟存在于具有直接或现实竞争关系的经营者之间还是一切具有现实或潜在竞争关系的所有经营者之间，这在行政诉讼中涉及主客观诉讼的问题。[②] 主观诉讼旨在维护当事人的主观权益，而客观诉讼则是为了维护与特定当事人的权益没有直接关系的客观法律秩序或公共利益而提起的行政诉讼。从《行政诉讼法》对立法目的、受案范围、原告资格等方面的规定来看，我国行政诉讼着重强调对公民、法人和其他组织主观权益的保护，而不是强调对所有行政行为进行审查和规制，对所有社会公共利益和个人权益进行保护。从司法实践看，法院对公平竞争权的把握是非常严格的，通常将原告的公平竞争权仅限定于狭义的竞争关系中，在利害关系的判断上，一般限于与行政行为有直接关系的经营者，不扩大到其他潜在关系的经营者以及消费者。

（三）具有管理公共事务职能的其他组织是否有被告资格存在争议

关于被告资格的争议主要在于具有管理公共事务职能的其他组织。对于村民委员会、居民委员会、高等学校等事业单位、行业协会等其他组织，《行

---

① 李胜利：《从两个关系看〈反不正当竞争法〉的修订》，载《法治现代化研究》2017年第5期。
② 赵清林：《类型化视野下行政诉讼目的新论》，载《当代法学》2017年第31期。

政诉讼法适用解释》中特别规定，实施经授权的行政行为，该组织为适格被告；其他行为视为委托，委托机关为适格被告。因此，一个具有管理公共事务职能的组织能否成为适格被告，需要考虑两个方面：一是法律、法规及规章是否授权；二是实施的是否为行政行为。对于管理公共事务职能的组织实施的是否为行政性垄断行为，司法实务的主要分歧在第二个方面，特别是体制还处于转轨过程中的一些特殊企业，如铁路、电力、烟草、电信、食盐等，其行为是经营业务行为还是行政行为，较难区分且有一定争议。如（2019）川 0192 行初 117 号案中，法院认为国网天府供电公司既非行政机关，也非法律、法规、规章授权的组织，其作出案涉《客户受电工程设计文件审查意见单》的行为系业务行为而非行政行为，因此不属于受案范围。但是，国网天府供电公司出具的审查意见要求辖区内单位不再使用铝合金电缆，显然是一种公共事务管理行为，是否属于行政诉讼受案范围值得商榷。

（四）目前的合法性审查标准不能完全适用

我国行政诉讼严格遵循合法性审查标准，行政行为的审查既包括程序性审查，也包括实体性审查，如滥用职权、明显不当就是对行政处理结果的法律判断。对行政行为的司法审查，主要从行政主体、行政程序、主要证据、适用法律法规等方面进行，对行政行为的结果是否不当的审查力度相对较弱，甚至非常审慎，这也是司法谦抑性原则的要求。这对于一般的行政诉讼案件审理来说是没有问题的，而对于行政性垄断行为来说，产生排除、限制竞争后果是确认行政性垄断行为违法的必要条件，既要求行政行为程序上的合法性，又强调行为结果的正义性。随着法治政府建设的推进，政府实施行政行为的程序越来越规范，判断行政性垄断是否合法，主要看该行为是否产生了排除、限制同一市场其他同业竞争者竞争的客观效果。因此，如果过于强调司法谦抑，回避对行政行为合理性的审查，无疑将形式合法而实质违法的行为排除在司法审查的范围之外。

近年来，国务院及各省出台了多项竞争性行政法规、规章，法治政府建设也要求出台某项行政决定时必须遵循严格的行政程序，因此从程序而言，绝大多数行政性垄断是合法的。在行政性垄断行为的表现形式中，行政裁量行为占较大比例。行政性垄断行为的行政裁量，涉及现代公共行政中的专门技术性判断或政策性判断，判定行政行为结果是否失当难度较大，对法院进行合法性审查要求较高。对于这类专业技术性、政策性比较强的行政行为，法院进行严格的实体性审查较为困难，实践中较少直接回应。

（五）原告诉讼成本高且救济不充分

对于行政机关滥用权力实施排除、限制竞争行为的责任，《反垄断法》中仅规定“由上级机关责令改正”和“对直接责任人员予以处分”，对赔偿责任如何承担则没有规定。因公平竞争权受侵害的经营者只能在行政赔偿诉讼中去主张救济。行政赔偿要求具备三个条件：行政行为违法、造成损害、违法与损害之间有因果关系。在涉行政性垄断的行政赔偿诉讼中，有以下难点：一是损害难以认定。对于公平竞争权受到影响的经营者的损失是未来可能的利益，实际受到直接损害的具体数额也难以确定，需要法官在个案中判断估算，同时也涉及举证责任问题。二是因果关系复杂。行政性垄断行为与经营者的损害之间因果关系的关联程度，也需要在个案中去把握。三是难以从行政赔偿诉讼中得到充分赔偿。根据国家赔偿法的规定，行政赔偿原则上只赔偿受到的直接损失。根据一般理解，直接损失是必然发生并且现实发生的损失，区别于可得利益的损失。但是对于公平竞争权受到影响的经营者损失的是未来可能的利益，难以纳入直接损失范围。比如行政机关在招投标过程中，通过设置门槛等形式间接指定了经营者，且已开始运营，法院判定行政行为违法，而此时有竞争关系的其他经营者并没有造成实质的财产权益损失，他们能否中标亦未可知，行政赔偿自然无法估算。陕西省明德物业管理有限公司诉西安市人民政府行政决定一案中，法院确认西安市安居工程领导小组发出的终止陕西明德公司对明德门小区物业管理的通知违法，其后，陕西明德公司提出行政赔偿诉讼，最高人民法院判决认为，原告所列损失中，物业管理费、维修养护费、水电费系民事主体之间的债权债务问题，应受民事法律调整；营业性房租金系物业管理公司进行经营活动的正常成本，不属于《国家赔偿法》规定的损失范围。①

另外，行政性垄断案件实体审理难度较大，审理周期较长，诉讼过程中因行政性垄断获益的经营者可能已实质运营，形成难以挽回的结果。虽然《行政诉讼法》规定了诉讼过程中停止执行的情形，但实践中法院裁定停止

① 鲁振荣：《此案所诉不属于国家赔偿法规定的行政赔偿范围》，载《西安市人民政府公报》2003年第5期。

执行的情形非常少，在行政行为没有明显且严重违法的情形下，法官不会轻易裁定停止执行。汕尾市真诚汽运公司诉汕尾市政府一案，以及淮安市红太阳物流市场有限公司诉江苏涟水经济开发区管理委员会、涟水县人民政府行政协议一案，二审从立案到裁判作出均接近两年，说明探讨行政性垄断案件诉讼中进行暂时性权利救济是必要的。

三、完善行政性垄断司法审查的几点建议

从前述现状及问题的分析可以看出，司法审查在规制行政性垄断、维护市场竞争秩序、维护市场经营者及消费者合法权益等方面没有发挥出应有的作用。这些问题的发生，表面上看是法官对法律适用的理解不一致造成的，但深层原因在于竞争法理念与我国行政诉讼体制的冲突问题。竞争法理念是经济法学竞争理论的重要范畴，在经济法学视域下，公平竞争的具体内涵既包括过程中的机会公平、起点公平、结果公平，也包括内容上的政治公平、经济公平、社会公平，同时，经济法更强调实质正义。① 竞争法强调的结果公平、实质正义以及更广泛的机会平等，在行政诉讼中往往是关注的弱项。传统行政诉讼审理思维中，要维护公民、法人和其他组织的主观权益，强调程序上的正义，追求个案的公平。在我国经济体制、社会体制快速变革中，竞争法的理念没有真正得到确立。

因此，对于行政性垄断案件的审理，必须充分融合竞争法理念和要求。鉴于行政性垄断司法审查的特殊性，一些学者呼吁应当建立单独的诉讼制度，如规定对抽象行政行为的反垄断司法审查制度，把行政性垄断从行政处罚、行政强制措施等其他行政行为中剥离出来②；建立对具体行政行为引发的行政垄断的行政诉讼制度、建立反行政垄断的公益诉讼制度③等。随着我国行政诉讼体制的发展和完善，受案范围不断扩大，进入实体审查的门槛逐步降低，司法对行政行为的审查不断增强，在现行行政诉讼框架中完成对行政性垄断司法审查的目的是可行的。

---

① 谭晨：《从自由竞争到公平竞争：竞争理念和竞争法理念的衍变与启示》，载《竞争政策研究》2019 年第 2 期。

② 叶卫平：《司法审查与行政性垄断规制》，载《法学》2009 年第 1 期。

③ 辛超举、卫玮：《论行政垄断的司法救济》，载《知识经济》2010 年第 7 期。

（一）适度放宽受案范围

要使司法审查在规范行政性垄断方面发挥更大作用，必须进一步放宽行政诉讼受案范围，让更多的案件进入实体审查环节，在一定程度上体现监督纠正违法行政性垄断的客观诉讼目的。在司法实践中，审查行政行为是否属于受案范围时应把握以下几点：一是在行政行为是具体还是抽象的判断上，应仔细审查是否为针对不特定对象以及对事项可反复适用的行为，特别是针对某一地区某一行业出台的相关文件，要细致审查有无针对特定的经营者或含有不具有普遍约束力的内容，不能轻易将行政机关出台的某项文件认为是抽象行政行为，从而排除在司法审查之外。二是对因政策排除司法审查的把握要慎重。行政机关介入市场针对某一行为作出某项决定，往往有其特殊性和时效性，体现了政策导向。虽然法院对行政机关采取的存在较大裁量余地、具有较多政策因素的行为，有判例排除在司法审查之外，但此种情形应当谨慎判断，除涉及政治原因等极特殊情形，一般应当纳入受案范围。三是对行政指导行为或内部行为的判断上，要审查有无外化或实质影响了公平竞争，是否依据指导意见、内部会议纪要、批件等直接实施行政性垄断行为。

（二）从宽认定利害关系

对原告利害关系的把握是行政诉讼的难点。对原告资格要求严格，将使实际权益受损的当事人得不到诉讼救济；放得过宽，又会使法院不堪重负，同时对行政行为的公定力随意进行挑战，影响行政机关权威性，还可能造成滥诉。当事人是否具有法律保护的权益，是判断当事人是否具有原告主体资格的重要标准。在最高人民法院（2017）最高法行申 169 号案件中，将该权益限定为行政法保护的针对个别公民而非仅公共的利益，如果法律规范的保护目的仅仅在于公共利益，则不能认可公民个人享有诉权。[①] 涉行政性垄断诉讼案件适用的行政实体法律核心是《反垄断法》。《反垄断法》属于经济法部门的竞争法范畴，从第一条规定的立法目的看，主要体现社会公共利益目的，还特别提出要维护消费者的利益，反映了竞争法中的社会公共利益理念。在行政性垄断的行政诉讼中，判断原告是否具有利害关系，应当看是否具有基于《反垄断法》保护的主观公权利。

---

① 李年清：《主观公权利、保护规范理论与行政诉讼中原告资格的判定——基于（2017）最高法行申 169 号刘广明案的分析》，载《法律适用》2019 年第 2 期。

从《反垄断法》第三十九条至第四十五条来看，一般来说，与行政性垄断密切相关的市场经营者应当赋予原告主体资格，如参与政府招投标的企业，与行政许可事项直接相关的利害关系人，与行政机关决定有直接利害关系的经营者等。在行政诉讼中对“密切相关”的理解可以适当放宽，避免将公平竞争权等同于实体财产权利受到侵害的传统诉讼观念，在加强司法救济保护的同时，扩大司法审查的范围。这种判断范围，较实践中法官常把握的“直接利害关系”更为宽泛，体现了对原告主观权益与社会公共利益保护的统一，与《反垄断法》的立法目的一致，与行政诉讼受案范围不断扩大、诉讼门槛不断降低的发展趋势一致。

当然，处于市场中的任何人都与公平竞争有着千丝万缕的联系，也不能一味放宽，使之变成民众诉讼。比如，对于单纯的消费者，一般来说其不具备特殊的公平竞争保护利益，通常不应给予原告资格。一方面，应对扩大行政公益诉讼受案范围，将对社会公共利益影响较大的行政性垄断，由检察机关提起公益诉讼或赋予消费者权益保护协会起诉权利，对消费者给予救济。另一方面，加强反垄断执法机构审查，对公众提供的线索予以调查，对经过实体调查后的处理决定进行起诉的，不再过多限制原告的资格。

（三）准确界定其他组织的公共事务管理行为

行政性垄断既可以表现为政府作为直接主体，也可以表现为政府作为间接主体、企业和其他组织作为直接主体。政府授予某类企业以垄断经营权或指定某种产品只能由某类企业经营，政府不直接参与，而由经营主体行使垄断经营的行为，主要有行政性公司垄断、国家指定专营、行业垄断等。[①] 司法实践中，对于行政机关为实施主体的行政性垄断不存疑义，但对于非行政机关的其他组织实施的公共事务管理行为的判断，涉及以下难点：一是区分公共事务管理行为与经营行为，判断是否属于行政诉讼受案范围。行政诉讼与民事诉讼受案范围的主要区分在于，争议属于主体间的民事法律关系还是公共事务管理范畴。在广东粤超体育发展公司与广东省足球协会、广州珠超联赛体育公司垄断纠纷民事诉讼案中，最高人民法院认为广东省足协虽具有管理公共事务的职能，但在此事中未行使此职能，故不构成行政垄断。可见，最高人民法院判断其他组织能否构成行政垄断，是以行使管理公共事务职能

---

① 姜彦君：《中外行政性垄断与反垄断立法比较研究》，载《政法论坛》2002 年第 20 期。

还是经营管理行为来区分的。因此，即便是铁路、电力等国有企业实施的非企业经营行为，属于公共事务管理范围的也应当纳入行政诉讼受案范围。二是区分委托行为与授权行为，判断是否为适格被告。对于非行政机关的其他组织实施的行政性垄断行为，如果有法律、法规或者规章规定授权，应当以被授权的组织为被告；否则，应认定为行政委托行为，以委托的行政机关为适格被告。

（四）加强对排除、限制竞争结果的司法审查

行政性垄断涉及相当多的行政领域，有很强的经济学、社会学专业性要求。由于法官在相关行业没有足够的专业性，由法官代替行政机关进行政策权衡、衡量社会公共利益，可能会导致司法对行政的过度介入。行政行为是否造成排除、限制竞争的客观效果，是司法审查的难点。一是可参照《民事诉讼法》及司法解释的规定，在行政诉讼中引入专家辅助人。在专家辅助人提供专业意见时，法庭应充当“守门人”的角色，保证事实审理中提交的专家证词是由合格的专家提供的。在“行政垄断第一案”中，首次采用了专家辅助人出庭作证，取得了良好效果。二是加大原告对行政行为合理性的举证责任。行政诉讼中通常由被告承担举证责任，提供作出行政行为的证据和所依据的规范性文件。但在特殊情形下，例如行政赔偿诉讼，当事人应当就其主张的损失承担举证责任。在涉行政性垄断的行政诉讼举证责任分配上，完全由被告承担对行政行为合理性的证明责任，不利于查清事实，也不利于保护原告的合法权益。因此，应当将行政性垄断的合理性举证责任适当分配给原告，由原告举证行政行为有无排除、限制竞争的实质结果。三是完善行政裁量的审查规则。行政性垄断很大程度上属于一种行政裁量，可参考德国或日本对行政裁量司法审查的理论，区分羁束裁量行为和自由裁量行为，进一步完善我国行政裁量的审查规则，明确裁量权的逾越或滥用审查标准。

（五）完善事前救济机制和行政赔偿诉讼制度

基于行政行为公定力理论，为了防止行政活动的停滞、保障行政运行高效，《行政诉讼法》规定了诉讼不停止执行原则，并规定了停止执行的例外情形。诉讼中停止执行仅限于启动诉讼后提出，且具有严格的适用条件，极少有被法院采纳的案例。实践中，大量行政性垄断属于行政机关出台的抽象性规范性文件或内部会议纪要，受被诉行为成熟原则局限，可能因抽象行政

行为、内部行为或对权利义务不产生实际影响的行为，排除在受案范围之外。而此时，依据规范性文件、会议纪要后续可能作出的行政决定，具有逻辑上或事实上的必然性，且相对其他行政行为而言行政性垄断往往涉及重大社会公共利益，引入预防性行政诉讼加强“事前救济”，避免后续较大损失较有必要。在规范性文件可能影响或限制竞争时，比如在文件出台后、招标或许可程序未进行前，相关经营者可以提起预防性停止作为之诉，要求行政机关将来不再据此作出或停止作出限制竞争行为。当然，预防性行政诉讼对行政行为公定力造成影响，可能会导致滥诉现象发生，必须加以限制，应当限定于涉及重大国家利益、社会公共利益且有特别救济必要时才能提起。

因为行政赔偿原则上只赔偿因违法行政行为产生的直接损失，在现有制度规则下因公平竞争权受到侵害的经营者的损失是难以获得充分救济的。一方面，应当扩大行政赔偿诉讼审理范围，将从行政性垄断获得非法利益的市场主体纳入审判程序，建立行政性垄断行为的主体与市场主体承担连带责任的机制，使赔偿在诉讼中得到一次性解决。另一方面，扩大行政赔偿的范围，对于一些因行政性垄断造成的间接损失合理估算确定，并适当进行赔偿。损失金额的确定，可以由受害市场主体自己提供损失依据。对于较难确定的预期产生的损失，也可以通过对受益市场主体因行政性限制行为而获取的利益进行界定，并考量预期的可能性，间接地得出受害市场主体的利益损失，需要法官在个案中进行把握。

附 录

行政性垄断案件统计表

序号	案件	一审案号	生效裁判案号	生效裁判结果
1	平湖市南市白蚁防治站诉平湖市规划与建设局侵犯企业经营自主权一案	(2008) 平行初字第8号	(2009) 浙嘉行终字第24号	判决确认行政行为违法
2	韶关市浈江区乐怡网吧诉韶关市公安局公安行政命令纠纷一案	(2014) 韶武法行初字第24号	(2014) 韶中法行终字第65号	一审判决驳回诉讼请求，二审改为驳回起诉
3	深圳市斯维尔科技股份有限公司诉广东省教育厅侵犯公平竞争权行政一案	(2014) 穗中法行初字第149号	(2015) 粤高法行终字第228号	判决确认行政行为违法，驳回赔偿请求
4	温州天平房地产估价所有限公司诉温州市政府国有资产监督管理委员会一案	(2015) 温鹿行初字第267号	(2016) 浙03行终104号	一审判决驳回诉讼请求，二审改为撤销通知中确定5家评估公司的内容
5	南京长距科技有限公司诉徐州市环境保护局侵犯公平竞争权一案	(2015) 云行初字第26号	(2015) 徐行终字第00145号	裁定驳回起诉
6	南京发尔士新能源有限公司诉被告南京市江宁区政府行政决定一案	(2015) 宁行初字第16号	(2015) 宁行初字第16号	判决撤销行政行为
7	双流某出租汽车有限公司诉双流县交通运输局确认行政行为违法一案	(2015) 龙泉行初字第270号	(2015) 龙泉行初字第270号	裁定驳回起诉
8	广东民康医药有限公司、梅州民兴医药有限公司诉丰顺县政府一案	(2015) 梅中法行初字第34号	(2015) 粤高法行终字第745号	一审裁定驳回起诉，二审撤销一审裁定，要求继续审理
9	淮安市红太阳物流市场有限公司诉江苏涟水经济开发区管理委员会、涟水县政府行政协议一案	(2015) 淮中行初字第00148号	(2017) 苏行终1号	判决涟水开发区管委会赔偿红太阳物流公司相关费用

续表

序号	案件	一审案号	生效裁判案号	生效裁判结果
10	应城市和投资有限公司诉应城市政府行政决定一案	（2016）鄂09行初4号	（2016）鄂行终751号	判决撤销行政决定
11	垫江县东渝燃气有限公司诉垫江县经济和信息化委员会一案	（2016）渝0102行初1号	（2016）渝03行终113号	判决确认会议纪要违法
12	焦作市圣宝科技制钢有限公司诉博爱县住房和城乡建设局滥用行政权力强制、限制交易纠纷一案	（2016）豫0825行初14号	（2016）豫0825行初14号	判决驳回诉讼请求
13	汕尾市真诚公共汽车运输有限公司诉汕尾市政府排除、限制竞争纠纷一案	（2016）粤15行初4号	（2016）粤行终1455号	判决确认汕尾市政府实施汕尾市辖区范围内0-50公里公共交通项目特许经营权许可的程序违法
14	广州柏赛罗药业有限公司诉昆明市卫生和计划生育委员会一案	（2017）云0114行初70号	（2018）云01行终83号	判决驳回诉讼请求
15	通城县鸿锦渣土运输有限公司诉通城县人民政府确认行政行为违法一案	（2017）鄂12行初43号	（2017）鄂12行初43号	裁定驳回起诉
16	南京玛斯特辐射技术有限公司诉南京市鼓楼区环境保护局行政行为违法一案	（2017）苏8602行初1589号	（2018）苏01行终422号	裁定驳回起诉
17	西充县实验驾校诉西充县道路运输管理局行政许可一案	（2017）川1302行初145号	（2018）川13行终125号	判决撤销第三人许可证
18	岳阳县通达运输有限公司诉岳阳县道路运输管理所不予行政许可一案	（2017）湘0621行初31号	（2017）湘0621行初31号	判决撤销行政许可决定书
19	广东能龙教育股份有限公司诉阳江市教育局一案	（2017）粤1704行初94号	（2018）粤17行终19号	裁定驳回起诉

续表

序号	案件	一审案号	生效裁判案号	生效裁判结果
20	广州柏赛罗药业有限公司要求国家市场监督管理总局履行查处反垄断行为职责一案	（2018）京01行初966号	（2018）京行终6353号	裁定驳回起诉
21	贵州中绿生态有限公司诉遵义市政府违法收回规划指标一案	（2018）黔03行初273号	（2018）黔行终2091号	裁定驳回起诉
22	唐县京王天然气销售有限公司诉唐县政府不履行解除协议法定职责一案	（2018）冀06行初10号	（2018）冀06行初10号	判决驳回诉讼请求
23	宁安市爱众供热有限公司诉宁安市政府特许经营合同纠纷一案	（2018）黑10行初34号	（2019）黑行终175号	裁定驳回起诉
24	克东县盛景烟花销售有限公司诉克东县应急管理局不予颁发烟花爆竹经营许可证决定一案	（2018）黑0230行初5号	（2019）黑02行终9号	判决驳回诉讼请求
25	唐某虎诉深圳市政府行政复议决定纠纷一案	（2018）粤03行初39号	（2019）粤行终1624号	判决驳回诉讼请求
26	梅某荣诉东台市民政局确认行政行为违法一案	（2018）苏0903行初556号	（2019）苏09行终333号	裁定驳回起诉
27	福建省泉州海丝船舶评估咨询有限公司诉福鼎市海洋与渔业局行政垄断行为一案	（2018）闽72行初8号	（2019）闽行终159号	判决确认违法
28	河北西柏坡运输有限公司诉平山县行政审批局行政许可一案	（2019）冀0131行初27号	（2020）冀01行终45号	判决驳回诉讼请求
29	通化市绿宝医疗废物处理有限公司诉梅河口市卫生健康局、梅河口市生态环境局、梅河口市政府一案	（2019）吉0581行初8号	（2020）吉05行终15号	判决驳回诉讼请求

续表

序号	案件	一审案号	生效裁判案号	生效裁判结果
30	临颍中房燃气有限公司诉漯河市人民政府确认行政行为违法一案	（2019）豫10行初144号	（2019）豫行终4074号	裁定驳回起诉
31	陈某兵诉厦门市生态环境局行政决定、厦门市政府行政复议一案	（2019）闽0212行初5号	（2020）闽02行终64号	判决驳回诉讼请求
32	滨州市东振吕剧团诉滨城区文化和旅游局、滨州市新广文化局一案	（2019）鲁1602行初86号	（2020）鲁16行终53号	裁定不予立案
33	南阳华润燃气有限公司诉南阳市卧龙区政府、南阳市卧龙区住房和城乡建设局特许经营协议行政纠纷一案	（2019）豫13行初102号	（2019）豫行终3520号	判决确认行政行为违法
34	株洲众联出租汽车有限公司诉株洲市交通运输局交通运输行政管理一案	（2019）湘0203行初56号	（2020）湘02行终17号	判决驳回诉讼请求
35	剑阁县剑州机动车驾驶员培训学校有限公司诉剑阁县公路运输管理所道路交通行政管理行政撤销一案	（2019）川0823行初15号	（2020）川08行终11号	裁定驳回起诉
36	江西翰龙公章刻制有限公司诉赣州市公安局章贡分局行政许可一案	（2019）赣0731行初159号行政判决	（2020）赣07行终26号	判决驳回诉讼请求
37	枞阳黄公山凝灰岩矿业公司诉枞阳县政府、枞阳县自然资源和规划局一案	（2021）皖07行初22号		裁定不予立案

（作者单位：临汾铁路运输法院）

经营型承租人权益保护的路径探析

——以国有土地上房屋征收与补偿案例为视角

张 俊

【摘要】 房屋承租人在国有土地上房屋征收程序中的参与权匮乏，在补偿问题上更加力不从心，在行政诉讼道路上亦困难重重。为此，本文首先对国有土地上房屋征收与补偿中承租人之类型及权益保护之差异予以梳理，确定所要论述的重点是经营型承租人，并选取有关国有土地上房屋征收与补偿问题的地方性法规、规章进行横向对比，并将其与《国有土地上房屋征收与补偿条例》（以下简称国务院令第590号）进行纵向对比，将不同承租人在相应层级法律规范中所获得的地位认同和权益保护予以对比；其次，本文以中国裁判文书网检索的数百篇裁判文书为样本，就人民法院对不同承租人程序权利和实体权益保护的力度和深度简要梳理；再次，在前述数据分析和文本分析基础上，提炼出在国有土地上房屋征收与补偿中，对经营型承租人权益保护之不足；最后，提出完善经营型承租人权益保护的基本路径，主要体现在行政程序参与权、实体权益确定化和诉讼权益保障等方面。

本文采用实证分析的方法，将大数据梳理和案例分析有机结合，笔者按照“承租人—国有土地—征收—行政案由”的关键词组合在中国裁判文书网检索出432篇最高人民法院的裁判文书，经逐一拜读筛选后选择121篇作为样本文书。本文亦采用文献分析和比较分析相结合的方法，选取相应地市的规范性文件，对比分析后提出切实可行的机制设计，同时对公房承租人和经营型承租人在司法审判实践中所受到的不同对待予以分析。

【关键词】 国有土地　房屋征收　经营型承租人

一、房屋承租人的分类和立法的差异

（一）房屋承租人的分类

房屋承租人种类较多，按照房屋自身的特有属性来划分，主要有公房承租人、经租房承租人、廉租房承租人和其他类型房屋承租人。前三者系政策型承租人，其主要因国家特定时期的政策而产生。其中的公房主要是计划经济时代留下的产物。经租房则是在1958年前后由政府将统一经营出租并收取房租的符合条件的城市私有房产。经租房也是计划时代的产物，经租房的承租人亦是计划经济时代福利分房的享受者。[①] 廉租房是以最低生活保障标准向住房困难的城镇居民家庭提供社会保障性质的住房。这种房子的分配形式以租金补贴为主，实物配租和租金减免为辅。[②] 这三种承租方式均系政府在特定历史条件下对相应社会群体的特殊保障措施，对特定时期的社会稳定起到了重要作用。因城市发展这些房屋被征收并引发相应纠纷，对此国务院令第590号中没有相关规定，但在司法实践和各地规范性文件中仍然可以寻觅到一些踪影。

除此之外的承租人即非政策型承租人。如果按照租赁用途来分，则可以分为经营型承租人和居住型承租人。其中经营型承租人所租赁的房屋既有可能是住宅房屋，也有可能是经营性房屋。如果撇开政策因素的话，所有的经营型承租人和居住型承租人与前述三种政策型房屋承租人存在一定的重合之处：即利用政策性房屋从事经营活动。实践中也存在租赁政策型房屋从事经营性活动的情形，但并无相应规制。因此，利用政策型租赁房屋从事经营性活动（见图1），这种使用租赁房屋的行为显然已经突破了政策保障的范畴，似乎应当纳入非政策型承租人之中予以对待。

其中左侧的公共区域中，既具有政策性保障功能，也具有居住或经营之功能。但是右侧的独有部分则不可能具有经营之功能。对于利用住宅房屋从事经营活动的承租人，以及利用经营性房屋从事经营活动的承租人，在国有土地上房屋征收补偿如何保护自身合法权益，则是本文阐述的落脚点。

---

① 蔡小雪、郭修江：《房屋征收案件审理指引》，人民法院出版社2015年版，第26页。

② 蔡小雪、郭修江：《房屋征收案件审理指引》，人民法院出版社2015年版，第26页。

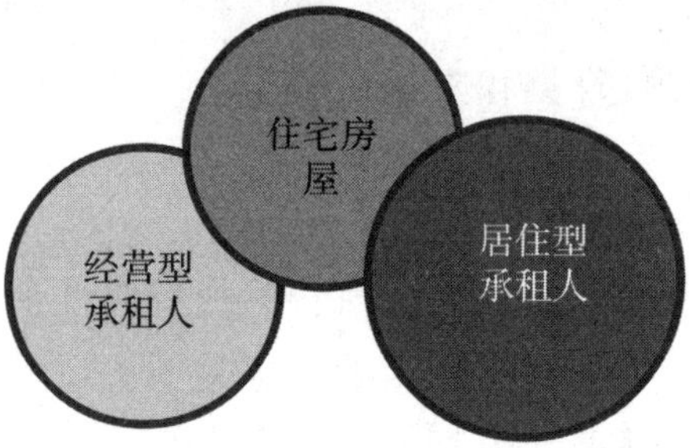

图 1　房屋类型和使用

（二）房屋承租人在立法上的差异

国务院令第 590 号未在国有土地征收补偿中明确具体规定承租人权益之保护。为此，多地就国务院令第 590 号的实施出台了相应的细则或者办法，立足于各地实践，尽可能地保障征收补偿中承租人的权益，很多可资借鉴。笔者分别选取《合肥市国有土地上房屋征收与补偿办法》（合政〔2018〕156 号）、《上海市国有土地上房屋征收与补偿实施细则》（上海市人民政府令第 71 号）和《青岛市国有土地上房屋征收与补偿条例》，将国务院令第 590 号和此三个文件，分别从立法目的、承租人利益呈现等方面进行对比分析。

首先，从规范层面的立法目的来看，无论是国务院令第 590 号还是三个文件，共同的目的都是规范国有土地上房屋征收与补偿活动和维护公共利益。但从保障层面的立法目的来看，它们的表述并不完全一致：国务院令第 590 号是“保障被征收房屋所有权人的合法权益”；合肥市和上海市与国务院令第 590 号的表述基本一致；青岛市则是“保障被征收人以及其他利害关系人的合法权益”。青岛市的这一规定打开将承租人（既包含公房承租人也包含其他承租人）权益保护纳入国有土地上房屋征收与补偿中的法律之门，此外则是司法审判根据法理的推理而采取的相应保护策略。因此，在青岛市文件的后续规定中或多或少体现了对承租人相应权益的保护。

其次，在承租人权益保护方面，国务院令第 590 号只有第十七条第一款第二项、第三项和第二十三条在特定情形下可以作为保护承租人在国有土地上房屋征收与补偿权益的依据。合肥市的文件并无任何例外规定，只是在其中的第二十六条对直管公房和自管公房中承租人的补偿问题作了简单的规定；上海市的文件将公有房屋承租人与被征收人并列，被征收人依据该文件所享有的权益，公有房屋承租人均能够享有。但是未提有关经营型承租人的权益保护问题，而“房屋使用人”的概念出现了两次，一次是对其概念的界定，即“实际占用房屋的单位和个人”，另一次是第四十四条，即“征收居住房屋的，被征收人取得货币补偿款、产权调换房屋后，应当负责安置房屋使用人”，这是对获得安置后的被征收人所苛以的一种善后之义务，立法本意很好，只是局限于居住房屋的使用人，并不必然包含经营型承租人。青岛市的文件与上海市的文件中关于公有房屋承租人权益的规定较为类似，虽然在前述立法目的中纳入了利害关系人的角色，但唯一能够体现该角色的只是公有房屋承租人。在青岛市文件第三十八条直接提出了“房屋承租人”的概念，并未冠以“公有”或者“居住”这样的修饰语。

二、审判实践中承租人权益保护的对比分析

不同的承租人针对征收补偿中的相应行政行为提起诉讼时，司法裁判的结果并不完全相同，有的甚至差异很大，下面予以逐一呈现。

（一）对征收土地行为起诉的司法审查标准

在样本文书中，13 篇是公房承租人起诉征收决定的案件，实体判决的 6 篇，其余 7 篇均系裁定驳回起诉（详见图 2）。

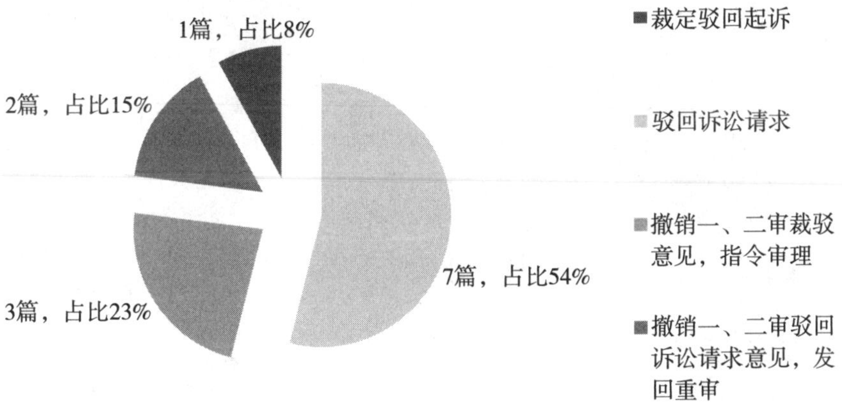

图 2　公房承租人诉征收决定处理情况

前述裁定驳回起诉的 7 篇文书理由不同，详见图 3。

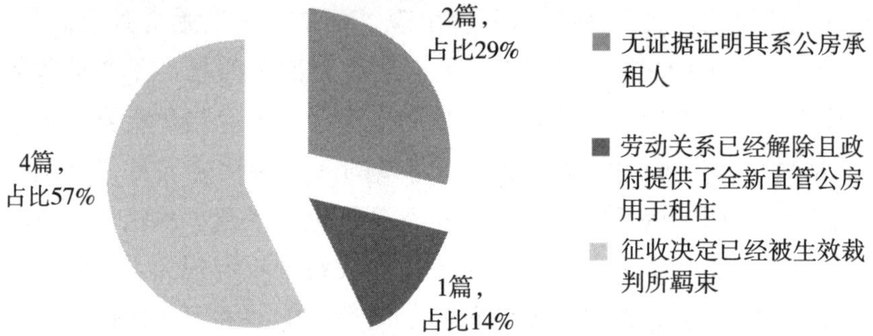

图3　公房承租人诉征收决定被裁定驳回起诉情况

与此不同，经营型承租人起诉征收决定的8篇文书和起诉收回国有土地使用权的4篇文书中，最终均采裁定驳回起诉意见。最高人民法院在对征收决定或者收回国有土地使用权行政行为起诉主体资格审查方面的主导意见仍然是房屋的所有权人或者公房承租人，而经营型承租人并非适格的起诉人。

（二）对强制拆除行为起诉的司法审查标准

公房承租人起诉强制拆除行为的10篇裁判文书，主导意见认可公房承租人的起诉主体资格，只有3篇是裁定驳回起诉，但理由分别是：并非公房承租人、无证据证明拆除行为存在、被告主体不适格（详见图4）。

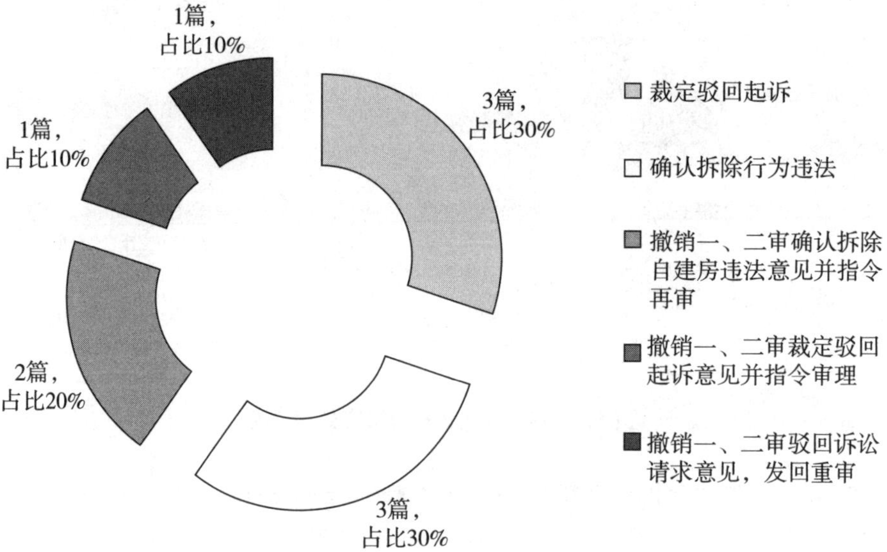

图4　公房承租人诉强拆行为处理情况

在上述“撤销一、二审确认拆除自建房违法意见并指令再审”的两篇文书中①，一、二审法院均认为原告与公房强制拆除行为之间无利害关系，仅与强制拆除其自建房具有利害关系。对此，最高人民法院予以纠正认为，公房承租人不仅与其自建房的强制拆除有利害关系，也与其所承租公房之强制拆除之间具有利害关系，故而撤销一、二审确认强制拆除自建房违法的意见，并指令河南高院再审。

在经营型承租人起诉强制拆除行为的 8 篇文书中，核心观点与前述公房承租人一致（详见图 5）。虽然有 3 篇驳回起诉，但理由为：无强拆事实、强拆之时原告已经不是承租人、无利害关系。其中认定无利害关系的意见值得商榷，但好在一审裁定已经认定无强拆的事实②。

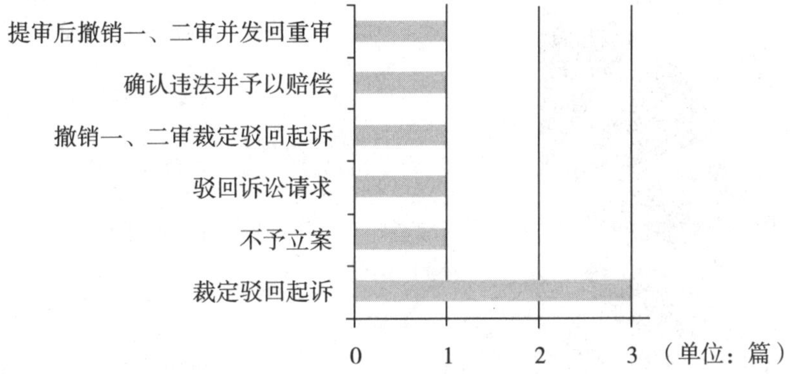

图 5　经营型承租人诉强拆行为的处理情况

（三）对补偿行为起诉的司法审查标准

在诉补偿决定的 38 篇文书中，有 37 篇给予了公房承租人补偿，只是公房承租人不满足而起诉，其中仅有 2 篇系因评估报告与补偿决定同时送达以及剥夺了原告请求产权调换的权利而撤销一、二审驳回诉讼请求意见和补偿决定，并责令区政府重新作出补偿决定③；还有一篇因补偿决定系政府与出租人所签且政府已经预留了回迁安置房给公房承租人，其合法权益已经得到保护为由而裁定驳回公房承租人对补偿决定的起诉。④

---

① 案号分别为（2018）最高法行申 223 号和（2018）最高法行申 222 号。

② 案号为（2018）最高法行申 10661 号。

③ 案号为（2020）最高法行再 13 号和（2020）最高法行再 4 号。

④ 案号为（2020）最高法行申 4288 号。

在公房承租人诉不履行补偿职责的5篇文书中，仅有1篇采驳回起诉的意见，其理由为公房承租人的《地产租赁契约》因太原市房地产管理局发布的废止《太原市城市土地租赁证》的公告而被作废，进而认定原告无权请求区政府予以补偿，① 其余4篇文书均认可公房承租人对不履行补偿安置职责行为的诉讼主体资格。

在经营型承租人起诉不履行补偿职责的10篇文书中，仅有1篇文书支持了原告部分补偿请求，② 其他9篇文书中，虽然有裁定驳回起诉③和不予立案④的处理意见，但是总体而言最高人民法院就经营型承租人在补偿问题上的起诉主体资格持肯定态度（详见图6）。⑤

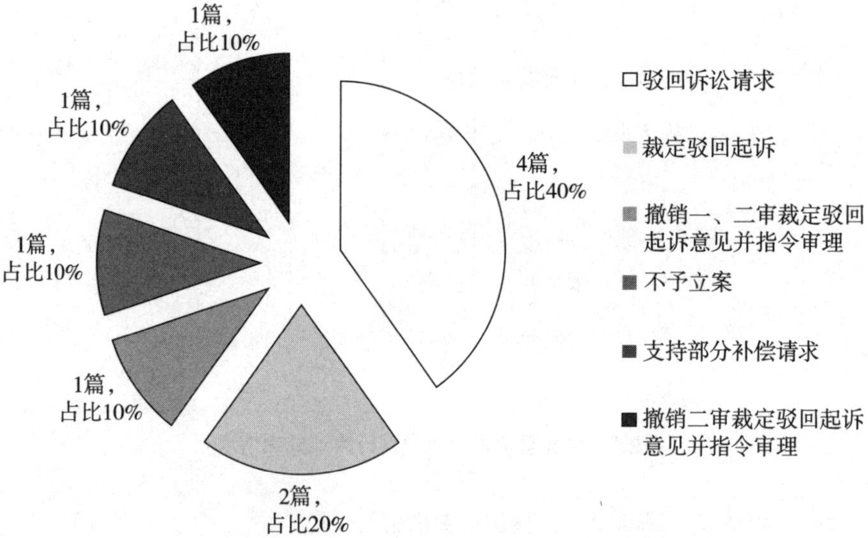

图6　经营型承租人诉不履行补偿职责处理情况

在经营型承租人对出租人与征收部门签订的补偿协议提起诉讼的3篇文书中均系裁定驳回起诉的意见（详见图7）。其中的无利害关系的理由值得商

---

① 案号为（2019）最高法行申10848号。

② 案号为（2018）最高法行申9423号。

③ 案号为（2017）最高法行申5723号和（2018）最高法行申4696号，前者裁定驳回起诉的理由是超过起诉期限，后者裁定驳回起诉的理由是承租人与出租人就装饰装修等的归属问题已经达成协议，如果承租人认为其合法权益受到侵害，应当按照相关协议的约定依法主张权利。

④ 案号为（2017）最高法行申3006号，不予立案的理由为原告不具有向区政府主张补偿的请求权基础，区政府不具有对原告予以补偿的法定职责。

⑤ 详见（2017）最高法行申5723号裁判文书的主文论述。

権，毕竟出租人与征收部门签订的补偿协议必然要涉及租赁房屋的装饰装修等问题，其与承租人具有直接的利害关系。

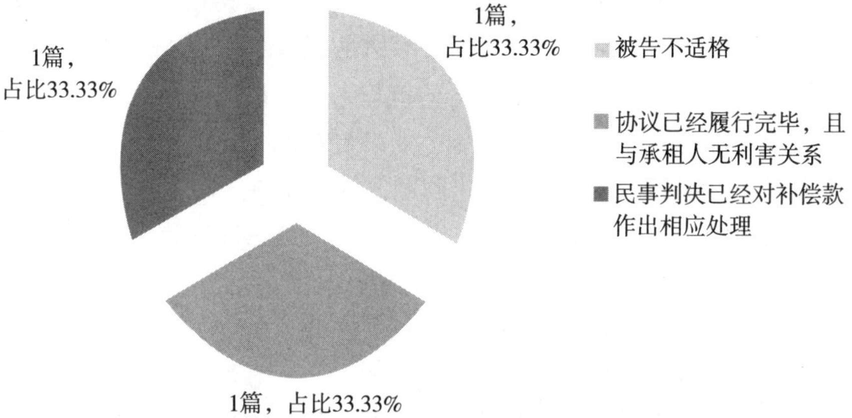

图7　经营型承租人诉出租人的补偿协议被裁定驳回起诉情况

此项对比表明：针对补偿问题，公房承租人和经营型承租人均有相应的起诉主体资格。但经营型承租人获得征收部门补偿的情形寥若晨星，而公房承租人获得补偿则非常普遍。

三、经营型承租人权益保护中的问题

对经营型承租人权益保护主要涉及行政程序和行政诉讼程序之中，二者互为依托、紧密相关。立法未予保护的利益则亦不属于行政诉讼中保护的诉讼利益范畴。

（一）经营型承租人在行政程序中参与不够、机制不全

行政程序既包含行政立法规范对经营型承租人权益外延的保障，也包含行政执法过程中对经营型承租人参与权的保障，后者则依赖于前者规定的保障之程度，前者若未规定，后者则更不会有所涉及。

征收中，对经营型承租人的权益保护的缺乏应予关注的制度约束力和实际操作的动力：一是行政法规和地方性文件并未对经营型承租人施与应有的关注；二是征收人只对被征收人负责，其不必考虑或者极少考虑经营型承租人的相应权益。相反，在有些地方拆迁中，征收人和征收实施单位为了加快征收拆迁的进度，被征收人为了寻求更大的拆迁利益，双方在达成某种利益

上的一致后联合“对付”经营型承租人，使本已处于制度弱势的经营型承租人境遇堪忧。对于一般的居住型承租人（不包含政策型承租人）并无大碍，其有法定的“买卖不破租赁”制度的保护，或者直接换租其他住房，最终的居住权利仍然不会受到影响。但是对于很多的经营型承租人而言，其家庭生活主要来源于这种经营，甚至是完全的依赖，一旦被征收而无相应替代租赁房屋，就有可能丧失安身立命的根本。如果再在征收补偿中不能获得应有的补偿或者安置，由此产生的社会稳定问题值得深思。

国务院令第590号第十七条第一款第二项、第三项和第二十三条虽可援引保护承租人权益，但其一，援引所保护的权益并不能涵盖经营型承租人在征收之中的所有权益；其二，经营型承租人在此处的损失认定中，无足够法律、法规甚至规章的保障。而在本文所列的三个地方性文件中，偶尔出现的表述也很难完全援引至经营型承租人。由此我们不难发现，对经营型承租人的实体法保障匮乏，经营型承租人权益的保护问题出现了三个典型的不确定：一是地位的不确定，经营型承租人缺乏参与行政程序的立法依据，在征收之中无话语权，亦无任何保障机制。有的只是私底下无依据的协商，以及协商不成后的信访和诉讼。二是权益范围的不确定，经营型承租人在征收补偿中应当获得保护的权益范围无任何规范层面的明确界定。三是诉求表达的不确定，在无表达机制予以确定的情况下，经营型承租人的诉求往往得不到满足。

（二）经营型承租人在诉讼程序中路径不畅、保障不足

首先，关于经营型承租人有无对征收行为起诉的主体资格问题，学术界对此并非没有争议。但从前述样本裁判文书来看，最高人民法院认为经营型承租人无权对国有土地上房屋的征收行为提起行政诉讼。实际上，国有土地上房屋的征收行为是后续一切行为的根源，其所斩断的不仅是房屋所有权人的所有权，还有经营型承租人的租赁权、经营收益权。这种将经营型承租人拒于起诉征收行为大门外的模式是否适法、适当均值得深思。

其次，在起诉强制拆除行为的行政诉讼之中，是否系强制拆除的事实审查对经营型承租人极为不利。房屋交付与否的主动权掌握在出租人之手，只要征收人将出租人“搞定”就可以轻松取得主动交付拆除的书面凭证，经营型承租人对此只能无奈叹息。比如，在某公司诉某区政府强制拆除一案[①]中，

① 案号为（2018）最高法行申10611号。

一审法院以出租人将案涉房屋交与拆除公司、不存在被强制拆除为由裁定驳回起诉；二审认可一审理由和结果，同时新增没有利害关系这一理由；再审延续二审的理由予以驳回，但同时论及某公司与其机器设备等动产的合法权益受损害之间具有利害关系。这种裁定驳回起诉的理由值得商榷，毕竟在拆除房屋之时必然会涉及存于其中的设备，一些难以搬离的设备因固定在不动产上亦必然会成为强制拆除的对象，一概以出租人交付为时间点来认定利害关系的有无不符合客观实际。

最后，关于经营型承租人对出租人与征收人签订的补偿协议是否具有诉权的问题。对此，从前述样本文书分析结果来看，均系裁定驳回起诉。实际上，经营型承租人之所以要起诉该补偿协议，是因为该协议未能充分保障承租人的合法权益，或者该协议根本就没有考虑承租人的相应权益，也就是涉及补偿后的“蛋糕”之大小的问题。

四、经营型承租人权益保护的实体规制和程序探索

经营型承租人的权益保护缺乏充分的立法保障，由此导致司法对此采用了异于公房承租人的裁判标准。在有些较为突出的争议性问题上，司法虽然采用了较为应时的裁判理念，但是并不能成为规范层面的意见。因此应先从立法层面予以科学界定和完善，再从司法层面作出适度改观，甚至是前瞻性的预判或变通。

（一）立法升级与多措并举

根据《立法法》第八条第七项的规定，对非国有财产的征收、征用只能制定法律。故对于国有土地上房屋这一私有财产的征收必须制定法律。第九条规定，本法第八条的事项尚未制定法律的，“全国人民代表大会及其常务委员会有权作出决定，授权国务院可以根据实际需要，对其中的部分事项先制定行政法规……”第十条第二款规定授权的期限不得超过五年。国务院令第590号自公布实施至今已逾十年，超过了两个授权期限，其有无经过授权过程无从知晓。在经历了两个授权期限的情况下，仍未制定法律实属立法的遗憾。笔者认为，国有土地上房屋征收补偿问题应当制定法律。这样最高人民法院可以根据《立法法》第一百零四条之规定，结合相关法律对具体法律条文在实践中遇到的问题和障碍出台相应的司法解释，便于司法与立法的良性

互动。

立法升级并非一蹴而就，但是不论立法升级能否实现，单就国务院令第590号而言，在经营型承租人权益保护方面存在的诸多不足亦应作完善性的修订，毕竟这一行政法规已经适用了十年有余。基于此，应从以下几点入手。

首先，赋予经营型承租人征收法律关系当事人地位。本文所列举的三个文件中，无一例外地都对承租人作出相应规定，但遗憾的是，在上海市人民政府令第71号文件中，“承租人”出现56次，但却有54次均有“公有房屋”的修饰语，其余两次虽未作修饰限定，但通过前后文可以明显得出非经营型承租人。在《青岛市国有土地上房屋征收与补偿条例》中出现30次“承租人”，其中有28处可明确认定系公有房屋承租人，意即本文所阐述的政策型承租人。其余两处“承租人”字眼之前未有修饰语进行限定，从前后法条亦不能必然得出系公有房屋的承租人，而且从该条两处有关承租人的表述来看，似乎为了避开政策型承租人的含义，有意扩大此处承租人的外延，这也正好契合“保障被征收人以及其他利害关系人的合法权益”这样宣示型的立法目的。因此，经营型承租人在征收法律关系中扮演着非常重要的角色，与其让有些地方性法规或规章以这种“犹抱琵琶半遮面”的方式进行规制，还不如国家从法律层面予以确认，充分认可经营型承租人在征收法律关系中不可否认的法律地位，并施以应有的立法关注。

其次，明确界定经营型承租人在国有土地上房屋征收与补偿中合法权益的外延。笔者认为，基于经营型承租人对所租赁房屋具有的特有经营目的，法律或者行政法规对其权利的认定应当包含以下几项基本的权利：一是租赁房屋的使用权，这种使用权可能包含居住、改装、加装等使用行为在内，其目的皆在于持续之经营；二是相应的财产权利，即基于使用行为而产生的附着在租赁房屋之上的装修装潢物品的财产权利；三是经营权，这是一种持续性收取可得利益的权利，因为市场因素的介入，其数额可能是不确定的，但权利是不变的，这种权利在征收补偿中则体现为停产停业的损失；四是搬迁费用，有搬迁必然产生相应的费用，这一费用也是政府权力强力介入的结果，亦应由政府承担。

最后，赋予经营型承租人在征收行政程序之中以充分的参与权和异议权，包括但不限于可以平等参与协商、对征收决定提出异议、对评估鉴定提出异议和复议、对补偿决定提出异议等。只有这种事先的充分参与，才能确保后续行为中能够体现经营型承租人的意思表示和利益诉求。这样也可以减少不必要的后续争议和无尽的复议、诉讼。在本文列举的上海市人民政府令第71号文件和《青岛市国有土地上房屋征收与补偿条例》均不遗余力地对公房承租人在行政程序中的参与权利作出了明确规定，如对征收补偿方案的异议权、对房屋征收活动的监督权、与房屋征收部门签订补偿协议的权利、对补偿决定不服提起复议或诉讼的权利以及在房屋评估程序中的充分参与权等。但是对于经营型承租人在行政程序中的参与权并无任何体现，这种对经营型承租人在征收中利益表达机制的严重匮乏，也导致其对后续行为的不满和质疑，申请复议或者提起诉讼在所难免。

（二）司法跟进与适度变通

基于前述立法层面的分析，在国务院令第590号尚在适用而司法实践中仍然存在大量经营型承租人提起诉讼的情况下，笔者建议对司法审判中的有关理念作出适度跟进和变通。

首先，关于经营型承租人对征收行为的诉权问题，采用有条件的突破。在前述立法策略短期内难以实现的情况下，只能在国务院令第590号的樊篱之内采用相应的司法策略。关于行政诉讼原告主体资格的认定标准必须根据法律的规定，而不是根据法规或者规章的规定。在判定诉讼主体资格问题的时候必须严守法律的底线，不能突破这个底线，否则相关主体的诉讼主体资格将会被无原则地剥夺。根据行政诉讼基本条件，只有合法权益受到行政行为侵犯的，才能认定符合行政诉讼的受案范围，对于合法权益并未受到行政行为侵害的主体，并不具有行政诉讼的主体资格。因此，如果经营型承租人的合法权益并未受到侵害，则应当裁定驳回其起诉。反之，则应当实体审查。因此，在前述已将经营型承租人合法权益确定化和类型化后，建立适度的保障机制，相对赋予经营型承租人以行政诉讼原告的主体资格，而不采用“一刀切”的模式；坚持“因案而异、以利为导向”的原则，即根据案件基本情况，判断经营型承租人在该案中是否具有应当予以保护的合法权益，如果有则赋予其诉讼的主体资格，反之则不赋予其诉讼主体资格。①

① 13这种合法权益的判定应当以经营型承租人在租赁协议中的具体约定，如果租赁协议中已经就相关权益的实现问题提了切实的保障，那么在行政诉讼之中就无予以保护的必要；反之，则应当赋予经营型承租人在行政诉讼中的诉权。

其次，经营型承租人对补偿行为的诉权应当予以明确。在被征收房屋涉及经营型承租的情况下，其补偿必然与经营密不可分，此时如不赋予经营型承租人对补偿行为的诉权，则经营型承租人的合法权益将难以获得保护：出租人将以系政府行为而压低对其相应利益的给付，征收人则以其仅对出租人予以补偿而对经营型承租人的利益不予理睬。因此，针对征收补偿决定或者征收补偿协议，在没有其他法定排除诉权理由的情况下，应当统一赋予经营型承租人诉权，通过实体审理后作出相应的裁判。

再次，关于利害关系判定的时点问题。经营型承租人能够被列入征收补偿法律关系之中的根本原因在于租赁法律关系，因此判定经营型承租人在征收补偿中利害关系的核心依据也是租赁关系是否解除。租赁关系解除是依据租赁合同的终止还是租赁事实的终止值得探讨，合同的终止一般依据合同约定的终止期限，但是有些时候合同约定的终止期间届满后承租人仍然实际使用并支付租金，此时的租赁关系并未解除，租赁事实依然存在。这在王某某诉长子县人民政府不履行行政补偿法定职责一案①中就有体现，“本案二审裁定以‘双方合同到期后未签订继续承租合同’认定王某某不属于房屋承租人，与之前的行政判决认定并不一致，又未对在租赁期限届满后王某某续交租金问题进行审查，驳回王某某的起诉亦存在认定事实不清”。因此，对于这一决定经营型承租人利害关系的时点问题必须予以准确界定，即应当以租赁关系的事实终止之日为确定标准。

最后，关于“强制拆除事实”的证明问题。在没有租赁关系的房屋征收中，能够证明被征收人主动交付房屋，被告就完成了无“强制拆除事实”的举证。但是，对于存在租赁关系尤其是经营型租赁关系的房屋征收中，能否一概采用此种证明规则值得深思。毕竟在利益的驱使下，有些所谓的主动交付夹杂着不为人知的利益交换。如果一概以出租人的主动交付行为认定无“强制拆除事实”的话，经营型承租人合法权益的保护堪忧。因此，对存在租赁关系的房屋的拆除诉讼之中，对是否存在“强制拆除事实”的证明标准应当采用真实交付标准，即此种交付既代表出租人的意思表示，也代表承租人的意思表示。但是这种标准中也要注意，出租人的意思表示应当只能针对其房屋及其固有的附着物，承租人的意思表示只能针对承租经营期间所形成

---

① 14 案号为（2019）最高法行申 5936 号。

的属于其所有的财产。有人认为这种标准会徒增行政机关征收的负担和压力，实则不然，与其让行政机关在作出行政行为之后为应付由此产生的复议、诉讼而奔走于复议机关和法院，还不如在行政行为阶段纳入更加稳妥的程序，这样即使到了复议或者诉讼环节，行政机关也可以更加自信。而且这种程序的纳入并不会增加行政机关的工作负担。

结语

在国有土地上房屋的征收与补偿中，房屋的所有权人和政策型承租人权益之保护程序已经相对比较完善，但是针对经营型承租人却一直薄弱。在实际生活中，租赁房屋从事经营的比比皆是，因此产生的拆迁纠纷亦不断产生，与其回避，不如积极应对。但在这种应对中尚存诸多问题需要探讨，既有立法层面的，也有司法层面的，更有很多属于行政实务中的细节性问题。本文仅就其中很小的部分作了相应阐述，系统性的完善尚待多方发力，共同为之。

（作者单位：安徽省合肥市中级人民法院）

案例分析

用工单位违法发包、分包、转包情况下的工伤认定问题分析

李德申　　谭　红

【裁判要旨】

用工单位违法发包、分包、转包时，尽管生效仲裁裁决或民事判决没有确认劳动者与用人单位之间存在劳动关系或者事实劳动关系，但如果劳动者具有《最高人民法院关于审理工伤保险行政案件若干问题的规定》第三条规定的情形，且其工伤认定申请符合《工伤保险条例》有关工伤认定条件的，人民法院仍应予以支持。

【案情】

再审申请人（一审原告、二审上诉人）：吴某雷。

再审被申请人（一审被告、二审被上诉人）：内蒙古自治区阿拉善左旗人力资源和社会保障局（以下简称阿左旗人社局）。

再审被申请人（一审被告、二审被上诉人）：内蒙古自治区阿拉善左旗人民政府（以下简称阿左旗政府）。

原审第三人：江西正宇建设集团有限公司（以下简称正宇公司）。

一审原告（二审上诉人）：范某芹。

一审原告（二审上诉人）：吴某涛。

一审原告（二审上诉人）：吴某晴。

再审申请人吴某雷因诉阿左旗人社局工伤认定及阿左旗政府行政复议一案[①]，不服内蒙古自治区高级人民法院（2020）内行终202号行政判决，向本院申请再审。本院依法组成合议庭对本案进行了审查，现已审查终结。

内蒙古自治区阿拉善盟中级人民法院一审查明，2017年7月13日第三人正宇公司与某单位签订贺兰施工生活暂设工程施工合同，正宇公司负责该单位的贺兰施工生活暂设工程项目，工程地点在内蒙古自治区阿拉善左旗。合同签订后正宇公司将其中部分零散工程承包给李某飞，李某飞又将打混凝土、砌墙、抹灰等瓦工项目以每立方米180元的价格承包给王某成。王某成将其中的砌墙、抹灰等瓦工项目以每立方米125元的价格承包给张某五。张某五找到包括吴某雷及妻子周某艳在内的共11人负责具体砌墙施工。2017年11月8日18时许，吴某雷及妻子周某艳等人乘坐张某义驾驶的车牌号为蒙MB09××的皮卡车从工地出发前往阿拉善左旗。途中行驶至阿拉善左旗境内S218线西侧路段时发生交通事故，造成张某明、吴某芝、吴某雷受伤，周某艳死亡。本次事故经阿拉善左旗公安局交通警察大队阿左公交认字［2017］第00087号道路交通事故认定书认定：张某义在本次道路交通事故中负全部责任，乘车人周某艳、张某明、吴某芝、吴某雷在本次道路交通事故中不负责任。吴某雷、范某芹、吴某涛、吴某晴（以下简称吴某雷等四人）系死者周某艳近亲属。据此，吴某雷等四人向阿拉善左旗劳动人事争议仲裁院提出申请，申请确认周某艳与第三人正宇公司存在劳动关系。阿拉善左旗劳动人事争议仲裁院于2018年2月24日作出阿左劳人仲字［2018］13号《仲裁裁决书》，驳回吴某雷等四人的仲裁请求。吴某雷等四人不服仲裁裁决，向内蒙古自治区阿拉善左旗人民法院提起民事诉讼，请求依法确认周某艳与正宇公司存在事实劳动关系。该院立案受理后，于2018年5月17日作出（2018）内2921民初728号民事判决，驳回吴某雷等四人的诉讼请求。吴某雷等四人不服，提出上诉。内蒙古自治区阿拉善盟中级人民法院于2018年9月13日作出（2018）内29民终360号民事判决，维持该案一审判决。该判决现已生效。吴某雷等四人于2018年6月12日向阿左旗人社局申请认定2017年11月8日周某艳交通事故死亡属于工伤，阿左旗人社局认为周某艳与正宇公司不

---

① （2020）最高法行申14244号行政裁定。

存在劳动关系，不符合工伤认定条件，于2018年6月21日作出阿左人社工伤非受字［2018］第002号《工伤认定申请不予受理决定书》（以下简称2号不予受理决定），对吴某雷等四人工伤认定申请不予受理。为此，吴某雷等四人不服2号不予受理决定，于2018年8月13日向内蒙古自治区阿拉善左旗人民法院提起诉讼，请求依法撤销2号不予受理决定，并责令阿左旗人社局重新作出符合法律规定的《工伤认定申请受理决定书》。内蒙古自治区阿拉善左旗人民法院经审理后于2018年11月23日作出（2018）内2921行初34行政判决，撤销2号不予受理决定，阿左旗人社局于本判决生效后15日内重新作出行政行为。阿左旗人社局受理本案后于2019年2月18日作出阿左工不决字［2019］001号《不予认定工伤决定书》（以下简称1号不予认定工伤决定），并进行了送达。吴某雷等四人不服，向阿左旗政府提出行政复议申请，阿左旗政府受理后，于2019年6月28日作出阿左复决字［2019］1号《阿拉善左旗人民政府行政复议决定书》（以下简称1号复议决定），维持1号不予认定工伤决定。吴某雷等四人仍不服，提起本案行政诉讼，请求依法撤销1号不予认定工伤决定与1号复议决定，并责令阿左旗人社局对周某艳的死亡认定为工伤。

【审判】

一审法院认为，本案争议的关键点在于周某艳的交通事故死亡是否属于工伤的问题。吴某雷等四人在本案庭审中当庭向法庭提交了内蒙古自治区阿拉善左旗人民法院（2018）内2921行初34号行政判决书、2018年4月25日内蒙古自治区阿拉善左旗人民法院开庭笔录、2019年11月9日王某成在阿拉善左旗公安局交警大队办案区询问室所作的询问笔录、照片20张等证据，以证明周某艳因交通事故发生死亡属于工伤或视同工伤的事实。为此，经当庭质证，阿左旗人社局、阿左旗政府、第三人正宇公司对吴某雷等四人出示的证据以未在法律规定的期限内举证为由，对证据的三性及证明目的均不予认可。《工伤保险条例》第十四条第六项规定了“在上下班途中，受到非本人主要责任的交通事故或者城市轨道交通、客运轮渡、火车事故伤害的”，应当认定为工伤。本案中，吴某雷等四人提交的证据不足以证明其所主张的事实，亦不符合《最高人民法院关于行政诉讼证据若干问题的规定》第七条的规定。故吴某雷等四人主张周某艳领取工资必然是工作不可分割的一部分，周某艳离开工地就发生交通事故，时间没有中断，且具有完整的连续性，符合正常工作的合理延伸，周某艳因交通事故发生死亡属于工伤或视同工伤的请求不符合本案事实及《工伤保险条例》第十四条、第十五条的规定。被诉1号不予认定工伤决定及1号复议决定基本事实清楚、适用法律正确、程序合法，吴某雷等四人请求撤销的理由不能成立。该院遂判决驳回吴某雷等四人的诉讼请求。吴某雷等四人不服，提出上诉。

内蒙古自治区高级人民法院二审认为，周某艳与正宇公司之间因劳动关系事宜经过民事诉讼，民事生效判决认定周某艳与正宇公司之间不存在劳动关系，并判决驳回吴某雷等四人的诉讼请求。阿左旗人社局作出的1号不予认定工伤决定并无不当。阿左旗政府作出的1号复议决定认定事实清楚，适用法律正确。吴某雷等四人的上诉理由不能成立。该院遂判决驳回上诉，维持原判。

吴某雷仍不服，向本院申请再审，请求撤销一、二审判决，并依法改判支持其一审全部诉讼请求。其申请再审的主要事实和理由为：二审法院以“死者周某艳与正宇公司不存在劳动关系为由认定阿左旗人社局作出的不予认定工伤决定并无不当”明显属于法律适用错误，正宇公司应当对周某艳承担工亡保险责任。

最高人民法院认为，本案的核心问题为1号不予认定工伤决定及1号复议决定是否合法。根据《最高人民法院关于审理工伤保险行政案件若干问题的规定》第三条第一款第四项的规定，用工单位违反法律、法规规定将承包业务转包给不具备用工主体资格的组织或者自然人，该组织或者自然人聘用的职工从事承包业务时因工伤亡的，用工单位为承担工伤保险责任的单位。人社部发〔2013〕34号《人力资源和社会保障部关于执行〈工伤保险条例〉若干问题的意见》第七条规定，具备用工主体资格的承包单位违反法律、法规规定，将承包业务转包、分包给不具备用工主体资格的组织或者自然人，该组织或者自然人招用的劳动者从事承包业务时因工伤亡的，由该具备用工主体资格的承包单位承担用人单位依法应承担的工伤保险责任。本案中，根据已查明的事实，原审第三人正宇公司与某单位签订贺兰施工生活暂设工程施工合同，后经多次分包，由包括吴某雷及妻子周某艳等在内的共11人负责具体砌墙施工。依上述有关规定，尽管仲裁裁决以及生效民事判决没有确认吴某雷等四人与正宇公司之间存在劳动关系或者事实劳动关系，但如吴某雷等四人具有《最高人民法院关于审理工伤保险行政案件若干问题的规定》第三条规定的情形，且其工伤认定申请符合《工伤保险条例》有关工伤认定条件的，人民法院仍应予以支持。此外，本案所涉周某艳是否系从事承包业务时因工死亡的问题，生效民事判决已确认“周某艳等人乘坐驾驶员张某义驾驶的车牌号为蒙MB09××的皮卡车从工地出发前往阿拉善左旗途中发生交通事故造成周某艳死亡”；阿拉善左旗劳动人事争议仲裁院仲裁裁决亦查明，吴某雷等人系对其负责的砌墙进行维修后，租车从工地出发前往阿拉善左旗；阿拉善左旗公安局交警大队询问笔录中被询问人王某成称“2017年11月8日我顾（雇）几个工人都干完活了，准备问我要工人工资，我们就去工地负责人那里要工资，工地负责人就把工资款打到我卡里了，因为在吉兰泰镇取不出那么多的钱，我就准备回左旗给他们取钱，工人就和我说他们也着急回左旗，因为班车不通……”基于上述有关认定及证据材料，1号不予认定工伤决定认定“周某艳受到事故伤害的直接原因与工作无关”，似与相关事实不符。故在吴某雷等人与周某艳前往阿拉善左旗途中发生交通事故是否存在符合依法认定工伤的相关事实并未查清的情况下，一审以证据不足为由判决驳回吴某雷等四人的诉讼请求，二审又以不存在劳动关系为由维持一审判决，似存在认定事实不清、适用法律错误。

综上，吴某雷的再审申请符合《行政诉讼法》第九十一条规定的情形。依照《行政诉讼法》第九十二条第二款、《行政诉讼法适用解释》第一百一十六条第一款和第一百一十八条之规定，作出指令再审裁定，即指令内蒙古自治区高级人民法院对本案再审；再审期间，中止原判决的执行。

【评析】

本案主要涉及三个问题：一是周某艳与正宇公司不存在劳动关系是否影响工伤认定；二是周某艳是否系从事承包业务时因工伤亡；三是周某艳是否系在下班途中发生交通事故。

一、关于周某艳与正宇公司不存在劳动关系是否影响工伤认定的问题

有人认为，“确立用人单位与劳动者之间是否构成劳动关系，是工伤认定

的基础”。[①] 此观点值得商榷。根据《最高人民法院关于审理工伤保险行政案件若干问题的规定》第三条第一款第四项的规定，用工单位违反法律、法规规定将承包业务转包给不具备用工主体资格的组织或者自然人，该组织或者自然人聘用的职工从事承包业务时因工伤亡的，用工单位为承担工伤保险责任的单位。《人力资源和社会保障部关于执行〈工伤保险条例〉若干问题的意见》第七条规定，具备用工主体资格的承包单位违反法律、法规规定，将承包业务转包、分包给不具备用工主体资格的组织或者自然人，该组织或者自然人招用的劳动者从事承包业务时因工伤亡的，由该具备用工主体资格的承包单位承担用人单位依法应承担的工伤保险责任。本案中，根据已查明的事实，第三人正宇公司与某单位签订贺兰施工生活暂设工程施工合同。合同签订后正宇公司将其中部分零散工程承包给李某飞，李某飞将打混凝土、砌墙、抹灰等瓦工项目承包给王某成，王某成又将其中的砌墙、抹灰等瓦工项目承包给张某五。张某五找到包括吴某雷及妻子周某艳在内的共 11 人负责具体砌墙施工。可见，本案存在多次违法转包的情形，故周某艳符合上述司法解释及规范性文件规定的“违法将承包业务转包给不具备用工主体资格的组织或者自然人”的工伤认定情形。至于生效民事判决确认周某艳与正宇公司不存在劳动关系，并不影响对周某艳的工伤认定，也不存在行政审判与生效民事判决冲突的问题。换言之，周某艳与正宇公司之间是否存在劳动关系，不是解决周某艳工伤认定问题的前提。生效裁判或者仲裁裁决确认违法发包、转包、分包或者挂靠情形下的工伤职工与具备用工主体资格的单位之间不存在劳动关系，但工伤职工具有《最高人民法院关于审理工伤保险行政案件若干问题的规定》第三条规定的情形，且其工伤认定申请符合《工伤保险条例》有关工伤认定条件的，人民法院应予支持。

二、关于周某艳是否系从事承包业务时因工伤亡的问题

本案中，“周某艳等人乘坐驾驶员张某义驾驶的车牌号为蒙 MB09××的皮卡车从工地出发前往阿拉善左旗途中发生交通事故造成周某艳死亡”已被生效判决确认，1 号不予认定工伤决定认为“周某艳受到事故伤害的直接原因与工作无关”，但周某艳前往阿拉善左旗途中发生交通事故是否系因去领取工资而致，该事实需要查清。根据阿左旗公安局交警大队询问笔录中被询问人

---

① 叶伟平、张静：《工伤认定案件的法律适用》，载《人民司法》（应用）2009 年第 5 期。

王某成的回答："2017 年 11 月 8 日我顾（雇）几个工人都干完活了，准备问我要工人工资，我们就去工地负责人那里要工资，工地负责人就把工资款打到我卡里了，因为在吉兰泰镇取不出那么多的钱，我就准备回左旗给他们取钱，工人就和我说他们也着急回左旗，因为班车不通，……"从该陈述中可以得出，周某艳等人从工地出发前往阿拉善左旗既可能是去领取工资，也可能是想回其居住地，或者兼而有之。而领取工资应当是工作的一部分，被诉 1 号不予认定工伤决定、1 号复议决定及一、二审判决对周某艳是否是在领取工资的途中发生交通事故这一关键事实未予查清。

三、关于周某艳是否系在下班途中发生交通事故的问题

根据已生效的阿拉善左旗劳动人事争议仲裁院阿左劳人仲字（2018）13 号仲裁裁决查明的事实，张某五找到包括申请人吴某雷及其妻子周某艳在内的共 11 人负责具体砌墙施工，并于 2017 年 11 月 7 日完工。2017 年 11 月 8 日申请人等人对砌墙进行了维修，之后申请人及其妻子周某艳等人租用了张某义驾驶的车牌号为蒙 MB09××的皮卡车从工地出发前往左旗。可见，在发生交通事故的当天，"申请人等人"仍在对砌墙进行维修。结合周某艳租住在左旗的事实，可以认定周某艳系在工作完成后即下班途中发生了交通事故。总之，对用工单位违法发包、分包、转包情况下劳动者的工伤认定申请，要从国家制定《工伤保险条例》的根本宗旨和我国社会制度的基本特征出发，坚持保护弱势劳动者合法权益以及原则性和灵活性相结合的原则，实事求是、公平合理地作出工伤认定。只有这样，才能确保工伤认定的质量，切实维护劳动者的合法权益，确保社会的和谐稳定，推动社会的进步。①

由此，阿左旗人社局作出的 1 号不予认定工伤决定及阿左旗政府作出的 1 号复议决定存在基本事实认定不清、法律适用错误的情形。一、二审法院判决驳回吴某雷等四人的诉请，可能在本案事实认定和法律适用方面存在错误。吴某雷的再审申请符合《行政诉讼法》第九十一条规定的情形，本案应启动再审程序。

（作者单位：最高人民法院）

① 参见崔巍、宋锦生：《工伤认定中若干法律问题探讨》，载《行政法学研究》2005 年第 2 期。

突发疾病死亡视同工伤认定

梁 菲 邓 玲

【裁判要旨】

对《工伤保险条例》第十五条第一款第一项中规定“视同工伤”的情形所涉及工作时间、工作岗位等要件的认定需甄别实际状况不能做机械理解，并应结合立法精神、个案的具体情况进行综合考量。

【案情】

原告：李某玉。

被告：北京市海淀区人力资源和社会保障局（以下简称海淀人社局）。

第三人：北京华清卓克节能科技有限公司（以下简称华清公司）。

原告李某玉诉称：薛某松于2013年7月1日入职华清公司，后该公司安排其负责唐山湾三岛旅游区电力和市政工程的项目管理工作，工作职责为：整个工程项目的资料保管、协助办理工程竣工结算等，工程项目地公司未设立固定的办公和住宿场所，公司安排原告可在家办公，并听从公司安排外出处理相关工作。2018年5月9日15时许，薛某松在位于唐山家中整理公司材料过程中，突发疾病，经抢救无效于同年5月10日9时许病故。薛某松的死亡符合《工伤保险条例》第十五条第一款第一项的规定，应视同工伤。诉请撤销不予认定工伤决定书。

被告海淀人社局辩称：经海淀人社局调查，能够证实薛某松在单位从事工程资料管理、工程结算等工作，工作地点视单位工程项目所在地而定。但薛某松家属以电脑硬盘损坏为由，拒绝向被告提交薛某松于2018年5月8日、9日的工作记录，仅凭邻居证言和公安机关出具的死亡证明，不能证实薛某松是在工作时间和工作岗位上出现突发疾病的事实，不具备《工伤保险条例》第十四条、第十五条认定工伤或者视同工伤情形的必要条件。综上，请求法院驳回原告诉讼请求。

第三人华清公司述称：同意被告的认定，原告提出的诉求没有事实和法律依据应予驳回。

北京市海淀区人民法院经公开审理查明：薛某松生前系华清公司职工。2018 年 5 月 9 日 15 时许，薛某松在位于河北省唐山市家中突发疾病，经玉田县医院和北京北京天坛医院抢救无效，于同年 5 月 10 日 9 时许在家中病故。

2018 年 11 月 19 日，李某玉向海淀人社局提交工伤认定申请，一并提交了劳动合同书、结婚证、急救病历、证人证言等材料。其中，证人证言陈述，薛某松系在家中整理单位工程资料时突发疾病。后李某玉向海淀人保局邮寄了死亡证明。载明的死亡原因为：薛某松于 2018 年 5 月 9 日在家整理工程资料时突发脑出血，经玉田县医院和北京天坛医院抢救无效，于同年 5 月 10 日 9 时在家中病故。同年 12 月 18 日，海淀人保局向华清公司发出询问通知书。该公司提交了薛某松劳动合同书、情况说明等材料。情况说明中载明：该公司承建唐山湾三岛旅游区电力和市政工程。竣工验收后，薛某松同志主要是协助公司相关人员办理工程结算等事项，有事情就听从公司安排去工程所在地，没有事情就在家中休息。2018 年 5 月 9 日下午，薛某松同志在家休息期间，突发疾病送医后，不幸逝世。因当天公司未对他有任何工作安排和要求，针对这种突发性病逝情况，无法认定是不是因工伤亡。后海淀人保局进行调查核实中，李某玉陈述，其有薛某松电脑的工作记录的照片，但电脑硬盘损坏，无法提供电脑中薛某松在 2018 年 5 月 8 日、9 日的工作记录，死亡证明上的内容系李某玉口述，由派出所工作人员手写的。海淀人保局电话联系玉田县公安局虹桥派出所于警官，于警官表示出具死亡证明是为了方便薛某松火化。2019 年 1 月 23 日，海淀人保局根据其在行政程序中取得的证据材料及调查核实情况，作出不予认定工伤决定书。李某玉不服，向法院提起行政诉讼。

【审判】

北京市海淀区人民法院认为，根据《工伤保险条例》第十五条第一款第一项规定，突发疾病死亡纳入视同工伤范围应当具备以下条件：一是在工作时间和工作岗位突发疾病，二是死亡或者48小时内经抢救无效死亡。本案中，薛某松的工作职责是负责唐山湾三岛旅游区项目的收尾工作，工作时间、工作地点及履行工作职责的方式相对灵活自由，但是这种灵活自由的前提是需要听从公司的安排进行相关工作。李某玉无法证明公司在2018年5月9日当天给薛某松安排了工作，也无证据证明薛某松发病时处于履行工作职责的工作状态，即不属于在工作时间和工作岗位突发疾病的情况，故被告据此认定薛某松所受伤害不符合认定视同工伤的条件并无不当。故依照《行政诉讼法》第六十九条之规定，判决驳回李某玉的诉讼请求。案件受理费50元，由原告李某玉负担（已交纳）。判决后，李某玉提出上诉。

北京市第一中级人民法院经审理认为，本案的争议焦点问题在于：薛某松突发疾病是否在工作时间、工作岗位、其突发疾病死亡是否属于48小时之内经抢救无效死亡之情形。

一、关于薛某松突发疾病之时是否属于工作时间

我国实行的工时制度包括标准工时制、综合计算工时制、不定时工时制等。根据《国务院关于职工工作时间的规定》第五条规定，本案中，薛某松与华清公司签订的劳动合同书中约定适用固定工时制度，公司亦认可劳动合同书中的固定工时制度即为标准工时制度。根据在案证据及公司的陈述能够认定，直至薛某松去世时上述劳动合同书中有关工时制度的约定亦未进行过变更。虽然事实上在唐山湾三岛旅游区项目竣工后，薛某松实际的工作时间并不固定，是听从华清公司的安排随叫随到或在某一时间从事指定工作事项的状态，但该状态不能等同于休息状态，而是等待工作指示随时工作的状态，薛某松等待工作指示的时间应视为其工作时间。且薛某松突发疾病时间是正常工作日及正常工作时间，公司未提交有关薛某松突发疾病时处于休假状态，进而不属于工作时间的相关证据。

二、关于薛某松突发疾病时是否在工作岗位上

对工作岗位的认定，应结合案件的具体情况进行具体分析，考虑工作地点、工作职责和工作任务等因素予以判断。本案中，各方当事人均认可在项目竣工后，薛某松没有固定的工作地点，公司允许其在家听从公司指示进行工作或外出从事某项工作。因此，薛某松的家应属于其工作地点之一。关于薛某松的工作职责及工作任务，根据在案证据及公司的陈述能够确认，项目竣工后，薛某松的工作至少包括协助公司完成该项目竣工后办理结算等事宜、保管部分项目工程材料复印件、因公司需要查找相关材料等。在没有公司安排从事某项具体工作时，薛某松处于根据公司需要随时从事工作状态，抑或对公司安排过的工作继续进行的状态。薛某松的工作地点和履行工作职责的方式虽然比较灵活，但《工伤保险条例》第十五条第一款第一项所规定的工作岗位并没有“在工作岗位正在从事工作”的限定。因此，在法定工作时间内，薛某松居家应视为其工作岗位的一部分。公司主张薛某松突发疾病当天未给其安排工作即不属于在工作岗位的情形缺乏法律依据。且公司提交的证据不能证明薛某松当天未居家等待公司安排工作，亦不能排除薛某松在突发疾病当时正处于工作状态。海淀人保局及一审法院在对“工作时间”和“工作岗位”的认定上，考虑薛某松发病时是否处于正在履行工作职责的工作状态，实际系对是否存在工作原因进行了判断。而工作原因并非视同工伤的认定标准，且薛某松的工作状况比较特殊，对其工作岗位更应根据实际情况综合考虑予以认定。

三、关于薛某松是否属于突发疾病在48小时之内经抢救无效死亡的情形

本院认为，对该规定不能做机械理解，应结合劳动者突发疾病的具体情况及医学常识进行合理认定。如果仅以缺少医院关于经抢救无效死亡的证明，即认定不符合视为工伤的条件，系对《工伤保险条例》第十五条第一款第一项中的相关规定进行了限缩性理解。本案中，根据薛某松从玉田县医院转至北京天坛医院的首诊记录内容。在北京天坛医院长达近9个小时的抢救后，薛某松的病情没有任何好转迹象，神志及瞳孔未见好转。李某玉陈述，北京天坛医院的医生表示已无抢救的必要。该说法虽然没有相关医生的证言予以佐证，但根据上述诊疗记录所呈现的病情恶化程度，考虑到薛某松正值年轻之时突发疾病，病人家属不可能存在有救治可能却放弃治疗的人之常情，李某玉的上述陈述具有可信度。在此情况下，薛某松家属根据家乡风俗带其返回唐山家中，亦属情理之中。虽然医院未开具死亡证明，但出于尊重现实和医学常识，应认定薛某松属于在48小时内经抢救无效死亡的情形。不予认定工伤决定的事实理由并不充分，应予撤销。一审法院判决驳回李某玉诉讼请求有误，应予纠正。依照《行政诉讼法》第八十九条第一款第二项之规定，判决如下：1. 撤销北京市海淀区人民法院（2019）京0108行初601号行政判决；2. 撤销京海人社工伤认（1080F0373959）号不予认定工伤决定书；

3. 海淀人社局在法定期限内对李某玉的工伤认定申请重新作出决定。

【评析】

我国《工伤保险条例》的立法宗旨及目的是保障因工作遭受事故伤害或者患职业病的劳动者获得医疗救治和经济补偿，促进工伤预防和职业康复，分散用人单位的工伤风险。《工伤保险条例》中不仅规定了认定工伤的情形，还规定了认定视同工伤的情形，由此可见，最大限度保障劳动者的权益，使符合工伤或视同工伤认定标准的劳动者尽可能地享受工伤待遇也是社会保险行政部门在行使相关行政职权时应当考量的原则。《工伤保险条例》第十五条第一款第一项规定，在工作时间和工作岗位，突发疾病死亡或者在48小时之内经抢救无效死亡的，视同工伤。本案系有关“视同工伤”情形认定的行政案件，涉及的主要争议焦点问题在于上述条款的适用问题。因本案劳动者的工作性质及工作状态具有一定的特殊性，在此前提下其发生突发疾病死亡，如何按照《工伤保险条例》第十五条第一款第一项对“工作时间”及“工作岗位”进行正确的认定，值得研究和探讨。现分述如下：

一、关于突发疾病之时属于工作时间的认定

“工作时间”指法律规定的或用人单位要求劳动者在一定时间范围内从事劳动的实际时间。《劳动法》第三十六条、第三十七条规定，国家实行劳动者每日工作时间不超过8小时、平均每周工作时间不超过44小时的工时制度。对实行计件工作的劳动者，用人单位应当根据本法第三十六条规定的工时制度合理确定其劳动定额和计件报酬标准。因此，一般认为，我国实行的工时制度包括标准工时制、综合计算工时制、不定时工时制等。《国务院关于职工工作时间的规定》第三条规定，职工每日工作8小时、每周工作40小时。第五条规定，因工作性质或者生产特点的限制，不能实行每日工作8小时、每周工作40小时标准工时制度的，按照国家有关规定，可以实行其他工作和休息办法。本案中，薛某松与华清公司签署的劳动合同实为执行标准工时制度。虽然华清公司在唐山湾三岛旅游区项目竣工后，因薛某松家在唐山，故该公司安排薛某松的工作为协助公司进行项目竣工后的结算等工作，负责保管部分项目工程材料的复印件。而劳动合同约定的工时制度未做任何改变，华清公司亦未对薛某松的月工资进行调整且连续支付。在此情况下，因华清公司业务发生变化，导致薛某松的实际工作时间相较于合同约定的工作时间变得不固定，事实上处于周一至周五期间听从华清公司的安排随叫随到或在某一时间从事指定工作事项的状态，而该状态不能等同于休息状态，而是等待工作指示随时工作的状态，华清公司并未因该状态减少支付或不支付薛某松劳动报酬。且薛某松突发疾病时间是在 2018 年 5 月 9 日（周三）15 时左右，是正常工作日及正常工作时间，故薛某松等待华清公司工作指示的时间应视为其工作时间。

二、关于突发疾病之时属于工作岗位的认定

《工伤保险条例》第十四条第一项规定，职工在工作时间和工作场所内，因工作原因受到事故伤害的，应当认定为工伤。第十五条第一款第一项所规定的视同工伤的认定条件与上述工伤认定条件的主要区别之一在于，不要求具备“工作原因”的要件，对“工作岗位”的认定是法定要件之一。笔者认为，视同工伤中“工作岗位”的认定，应结合劳动者“工作地点”“工作职责”及“工作任务”等因素进行综合判断。本案中，华清公司在唐山湾三岛项目竣工后未给薛某松设立固定的工作地点，该公司允许薛某松在其家中听从公司指示进行工作或外出从事某项工作，因此，薛某松的家应当属于其工作地点之一。结合薛某松本人的工作职责及工作任务的特点，即负责协助公司完成项目竣工后的结算等工作、公司安排其保管部分项目工程材料的复印件，其履行上述职责或完成公司交办的工作亦可能在家中从事或完成。鉴于此，在周一至周五的工作时间内，公司未安排其外出或在家从事某项具体工作时，薛某松居家处于整理公司资料或根据公司需要随时调整工作内容的状态，抑或对公司安排过的工作继续完成的状态，均应视为其在工作岗位上。

三、关于突发疾病在 48 小时之内经抢救无效死亡的认定

参照《劳动和社会保障部[①]关于实施〈工伤保险条例〉若干问题的意见》第三条规定，《工伤保险条例》第十五条第一款第一项中所述的“突发疾病”包括各类疾病，而不要求疾病与从事的工作具有病理上的关联。对于是否属于突发疾病在 48 小时之内经抢救无效死亡的情形，笔者认为应根据劳动者突发疾病的具体情况、医学常识及医生诊断证明进行综合分析，就本案的具体情况有以下几点值得探讨：

---

① 现为人力资源和社会保障部。

（一）对死亡地点的认定不应做限制性理解

《工伤保险条例》第十五条第一款第一项中所规定的视同工伤情形，并未规定死亡地点。一般情况下，突发疾病在48小时之内经抢救无效死亡的，死亡地点应在医院，并由医院出具死亡证明。但视同工伤的案件所涉及的案情比较复杂，情况也多种多样，故笔者认为在相关法律没有对死亡地点作出限制性规定的情况下，在上述规定的适用上不宜增设、限缩适用条件。而是应在充分理解《工伤保险条例》第十五条视同工伤条款的立法本意的基础上，结合案件的具体情况来具体分析。

（二）关于抢救无效的认定不宜绝对化

“抢救无效”通常是医生根据抢救治疗过程和病情的发展状况而作出的当场判断，具有一定专业性，医院开具的死亡证明作为“视同工伤”法定要件的判断依据无可争议。但现实中，对于家属“放弃继续抢救”，劳动者在突发疾病的48小时内死亡的情形，是否一定不符合视同工伤的法定要件，审判实践中存在争议。对此笔者认为不能绝对化理解，而应判断劳动者突发疾病经抢救后有无救治的可能性。如果经抢救已无救治可能性，家属为劳动者办理出院后，在48小时内死亡的，应认定为“抢救无效死亡”。如有救治可能性，而家属执意出院发生的死亡，则不应认定为“抢救无效死亡”。而有无救治可能性则需要根据医生诊断证明及医学常识进行综合判断。就本案而言，根据医院的诊疗记录、抢救过程、出院时的病情描述，可明显证明薛某松出院之时已无救治的可能性，其家属办理出院后在家中死亡并非因未继续抢救而导致。另，薛某松在北京的医院已无救治可能性的情况下，其家属考虑家乡风俗，将其带回家中，亦属情理之中。故本案证据中虽然没有医院开具的死亡证明，但应综合考虑上述实际情况认定薛某松属于在48小时内经抢救无效死亡的情形。

综上，根据《工伤保险条例》第十九条第二款的规定，职工或者其近亲属认为是工伤，用人单位不认为是工伤的，由用人单位承担举证责任。本案中，华清公司提交的证据不足以证明薛某松突发疾病当日未处于工作岗位，应承担举证不能的结果。

（作者单位：北京市第一中级人民法院）

职工停保后与重新参保之间产生的工伤费用不属于工伤保险基金支付范围

张　倩

【裁判要旨】

用人单位为职工办理工伤保险停保手续后，重新参加工伤保险，两个时间点之间发生工伤保险事故，所产生的费用不属于“新的费用”，该交纳保险费的行为不属于“补缴”，因此产生的工伤费用不属于工伤保险基金支付范围。

【案情】

上诉人（原审被告）：南皮县社会保险事业管理所。

被上诉人（原审原告）：刘某梅。

原审第三人：河北泽洋五金制品有限公司。

被上诉人原系泽洋公司员工，2018 年 1 月 8 日原审第三人在缴纳工伤保险费的在职职工增减变化表中记载：刘某梅，个人编号××，变更原因：辞职，变更日期 2018-01-08，减少去向：停保，险种：工伤保险。加盖泽洋公司公章。上诉人刘某梅于 2018 年 1 月 22 日发生事故受伤，经治疗后，被鉴定为八级伤残。泽洋公司于 2018 年 1 月 30 日又通过网报系统对被上诉人作人员增加业务，并为被上诉人交纳工伤保险费。2018 年 10 月第三人向被告提交了相关事实材料，申请社保所核准支付医疗费 26668.52 元及一次性伤残补助金、一次性医疗补助金、住院期间伙食补助费、护理费、残疾用具费等工伤保险待遇，但是被告拒绝核准支付给原告以上各项工伤保险待遇，要求其依法核准给付工伤保险待遇。

【审判】

河北省南皮县人民法院认为，本案系请求南皮县社会保险事业管理所履行给付工伤保险职责的纠纷，根据《工伤保险条例》第六十二条第三款的规定，用人单位参加工伤保险并补缴应当缴纳的工伤保险费、滞纳金后，由工伤保险基金和用人单位依照本条例的规定支付新发生的费用。本案中用人单位已经补缴了所欠费用，依照该法条精神及旨意，受伤员工应享受由工伤保险基金支付的待遇，系统显示“该工伤时间人员未在工伤单位参保”不能影响原告因补缴费用后获得的工伤保险基金赔付的权利。综上所述，被告南皮县社会保险事业管理所应依照规定从工伤保险基金中支付新产生的费用。因此，依照《行政诉讼法》第七十二条、《工伤保险条例》第六十二条第三款，判决如下：被告南皮县社会保险事业管理所应在本判决生效后履行在工伤保险基金中承担原告所产生的新发生的费用。

宣判后，南皮县社会保险事业管理所不服，提起上诉。河北省沧州市中级人民法院认为，《工伤保险条例》第二条规定，中华人民共和国境内的企业、事业单位、社会团体、民办非企业单位、基金会、律师事务所、会计师事务所等组织和有雇工的个体工商户（以下称用人单位）应当依照本条例规定参加工伤保险，为本单位全部职工或者雇工缴纳工伤保险费。第四条规定，用人单位应当将参加工伤保险的有关情况在本单位内公示。据此，用人单位应当为全部职工或雇工缴纳工伤保险费，并应在本单位公示。《社会保险法》第四十一条第一款规定，职工所在用人单位未依法缴纳工伤保险费，发生工伤事故的，由用人单位支付工伤保险待遇。用人单位不支付的，从工伤保险基金中先行支付。据此，用人单位应当参保而未参保，其后果是使其发生的工伤风险不能分散，仍由该用人单位负担。《社会保险费申报缴纳管理规定》（现已失效）第四条规定：用人单位应当按月在规定期限内到当地社会保险经办机构办理缴费申报，申报事项包括：（一）用人单位名称、组织机构代码、地址及联系方式；（二）用人单位开户银行、户名及账号；（三）用人单位的缴费险种、缴费基数、费率、缴费数额；（四）职工名册及职工缴费情况；（五）社会保险经办机构规定的其他事项。在一个缴费年度内，用人单位初次申报后，其余各月可以只申报前款规定事项的变动情况；无变动的，可以不申报。本案中，泽洋公司按照上述规定为职工按期缴纳工伤保险费，并于2018年1月8日向上诉人申报了相关变动情况，其中刘某梅的变动情况为：停保，原因：辞职。故至刘某梅发生事故时未给刘某梅缴纳工伤保险费。依据上述规定，刘某梅发生工伤事故时因已停保，不应由上诉人支付工伤保险待遇。

《工伤保险条例》第六十二条第三款规定，用人单位参加工伤保险并补缴应当缴纳的工伤保险费、滞纳金后，由工伤保险基金和用人单位依照本条例的规定支付新发生的费用。《人力资源和社会保障部关于执行〈工伤保险条例〉若干问题的意见》第三条规定，《工伤保险条例》第六十二条规定的"新发生的费用"，是指用人单位参加工伤保险前发生工伤的职工，在参加工伤保险后新发生的费用。其中由工伤保险基金支付的费用，按不同情况予以处理……本案中，泽洋公司于2012年已参加工伤保险，并为本单位职工缴纳工伤保险费，不属于未参保单位。其发生事故时该单位已经为其作职工减少并办理停保申报，刘某梅发生事故后又作职工新增申报，并于2018年1月30日为其缴纳工伤保险费，不属于上述规定补缴应该缴纳保险费的情况。综上，上诉人的上诉理由成立，应予支持。被上诉人刘某梅的诉讼请求于法无据，应予驳回。一审判决认定事实不清，适用法律错误。依照《行政诉讼法》第八十九条第一款第二项和第三项之规定，判决：一、撤销河北省南皮县（2019）冀0927行初7号行政判决；二、驳回刘某梅的诉讼请求。

【评析】

本案要审查原告的工伤费用是否应当由工伤保险基金支付。

一、原告发生工伤保险事故的时间不属于正常参保并交纳工伤保险费期间，因而不应由工伤保险基金支付工伤费用

本案中，原告刘某梅自2012年开始在被告泽洋公司处工作，该公司按照上述规定为原告按期缴纳工伤保险费。泽洋公司2018年1月8日以刘某梅辞职的原因为其申报停保，刘某梅发生工伤事故的时间是2018年1月22日，泽洋公司通过网报系统于2018年1月23日对刘某梅申请重新参保，1月30日对刘某梅作人员增加业务，并为其交纳1月23日至30日的工伤保险费。因此刘某梅发生工伤事故是在已经办理停保手续后，新参保并交纳保险费之前，不在参保并交纳工伤保险费期间，因此该期间产生的工伤费用不应在工伤保险基金内支付。

二、原告重新参保后，用人单位为其交纳工伤保险费是否属于《工伤保险条例》第六十二条第三款规定中的“补缴”，原告因此产生的费用是否属于“新发生的费用”

本案中，各方对泽洋公司为刘某梅重新参保并交纳工伤保险费是否属于“补缴”以及刘某梅的工伤费用是否属于“新发生的费用”产生争议。刘某梅主张，其在泽洋公司为其重新申报参保之前发生工伤事故，且进行了补缴，住院时间产生医疗费基本处于重新参保之后，应当属于“新发生的费用”。因此，其认为该规定针对的仅仅是职工参加工伤保险之前发生的事故，并不考虑事故发生时单位是否参保。笔者认为，上述“参保”是指用人单位和职工均参加工伤保险，单位参保是职工参保的前提。首先，从用人单位办理工伤保险登记程序的角度来看，对用人单位参加工伤保险和为职工办理社会保险登记作了不同的规定，即用人单位参加工伤保险是独立的程序。《工伤保险经办规程》第七条第一款规定，用人单位依法参加工伤保险时，登记部门为其办理工伤保险参保登记。用人单位需填报《社会保险登记表》并提供以下证件和资料：（一）营业执照、事业单位法人证书、社会团体法人登记证书、民办非企业单位登记证书或批准成立证件；（二）组织机构统一代码证书；（三）省、自治区、直辖市经办机构规定的其他证件和资料。第八条规定：用人单位依法为其职工办理社会保险登记时，需填报《参加社会保险人员登记变动申报名册》并提供以下证件和资料：（一）居民身份证原件及复印件；（二）劳动合同等用工手续；（三）省、自治区、直辖市经办机构规定的其他证件和资料。其次，《工伤保险条例》第六十二条第三款对支付新发生费用前提的表述是，用人单位参加工伤保险并补缴应当交纳的工伤保险费、滞纳金。因交纳保险费和滞纳金的前提是用人单位参保并且为职工参保，因此应当将《人力资源和社会保障部关于执行〈工伤保险条例〉若干问题的意见》第三条中“参加工伤保险”理解为用人单位与职工均进行参保，即在发生工伤事故之时，用人单位和职工均未参保，发生事故后两者均参保并补缴工伤保险费，在此情况下发生的费用是新发生的费用，属于工伤保险基金支付范围。综上，“新发生的费用”应当满足以下条件：1. 用人单位在发生工伤事故时是未参保单位，且同时也未给职工进行参保；2. 用人单位补缴应当交纳的保险费、滞纳金；3. 补缴后产生新的工伤费用。本案中，泽洋公司于2012年为刘某梅办理参保手续，即在此之前或者同时进行了公司参保登记，因此，刘某梅2018年1月8日停保后与重新参保之间发生工伤事故时虽属于未参保人员，但泽洋公司此时不属于未参保单位，不符合上述条件，因此其为刘某梅重新参保后交纳的工伤保险费不属于“补缴”，刘某梅在此之后产生的住院费用不属于“新发生的费用”，其工伤费用不属于工伤保险基金应当支付的范围。

三、用人单位停止交纳工伤保险申请原因的真实性不应属于工伤保险机构审查范围

泽洋公司主张刘某梅并未辞职，其虽然在职工增减变化表中为刘某梅以辞职为由申请停保，但不能造成停保的结果。笔者认为，停保原因的正当性不属于南皮县社会保险事业管理所的审查范围，因而亦不属于法院的审理范围。根据《工伤保险经办规程》第十一条和第十三条的规定，用人单位在发生单位名称、单位地址、法定代表人或者负责人等有关事项变更时，登记部门需要进行审核，而关于用工情况发生变更时，第十二条第二项规定，用工单位需填报《参加社会保险人员登记变动申报名册》，解除或终止劳动关系需提供劳动合同到期、开除、辞退、辞职、应征入伍等相关资料或证明，第十三条未规定对用工情况发生变化时需要进行审核。因此，可以理解为在用人单位用工情况发生变更时，只要用人单位提交关于解除或者终止劳动关系相对应的材料齐全且符合法定形式，南皮县社会保险事业管理所即可对其停保申请进行核准，而不要求其对相关材料的真实性进行审核，即使职工并未真正申请辞职，但用人单位已经申请停保并停止缴费，此时属于用人单位的原因未给职工参保并缴费。根据《工伤保险条例》第六十二条第二款的规定，应当参加工伤保险而未参加工伤保险的用人单位职工发生工伤的，由该用人单位按照工伤保险待遇项目和标准支付费用。相应地，泽洋公司通过“人力资源和社会保障服务平台”的网报系统对刘某梅因辞职原因申请停保，只需要按照操作说明的要求进行操作，南皮县社会保险事业管理所对此也仅是在形式上进行审查，并不需要对停保原因的真实性进行审核。泽洋公司对刘某梅申请了停保，申请包含个人编号、变更原因、减少去向、险种等多项内容，该公司自此停止缴纳工伤保险费，其应当预料且知晓因辞职造成停保产生的后果，故刘某梅在此之后发生了工伤事故而产生的费用不应由工伤保险基金支付，泽洋公司应当对其申请行为负责。

本案中，根据刘某梅的工伤认定决定书可以看出，泽洋公司在为刘某梅办理停保后，刘某梅仍在该公司工作并发生工伤事故。刘某梅继续在泽洋公司工作，但该公司为其停保的原因可能是多方面的，但无论属于何种原因，在职工仍然在用人单位工作的情况下，单位不应为其申请办理停保手续，或者在职工因自身原因辞职又复职后，单位应当为其及时重新办理参保手续，缩短停保与重新参保之间的空当，减少该期间内发生工伤事故而工伤保险基金不能支付的概率，真正保障受事故伤害职工获得医疗救治和经济补偿，分散用人单位的工伤风险。

（作者单位：河北省沧州市中级人民法院）

工伤职工自行放弃的工伤保险待遇赔付不能申请先行支付

夏 嘉　何 华

【裁判要旨】

工伤职工与用人单位就工伤保险待遇达成和解协议，自愿放弃部分工伤保险金，放弃部分工伤保险金不属于穷尽司法手段而未获得的工伤保险待遇，故不能申请先行支付。

【案情】

上诉人（一审原告）：严某德。

被上诉人（一审被告）：重庆市长寿区社会保险局（以下简称长寿区人社局）。

严某德系重庆飞旭页岩砖厂员工。2013年7月23日10时30分许，严某德在工作时不慎受伤，长寿区人社局认定为工伤。能力鉴定鉴定其为伤残九级。2015年12月1日，重庆市长寿区劳动人事争议仲裁委员会作出渝长劳人仲案字（2015）第910-1号《仲裁裁决书》，裁决重庆飞旭页岩砖厂支付严某德工伤保险待遇共计150782.77元。该仲裁裁决书生效后，重庆飞旭页岩砖厂未履行义务，严某德遂向重庆市长寿区人民法院申请强制执行。2016年6月22日，重庆市长寿区人民法院作出（2016）渝0115执622号《执行裁定书》，以重庆飞旭页岩砖厂暂无可供执行财产为由，裁定终结该案执行程序，2016年11月7日，在重庆市长寿区人民法院主持下，严某德与重庆飞旭页岩砖厂达成和解协议："只要周某木按约定付清此四万元款项，自愿放弃剩余的债权，保留向相关部门申请先行支付的权利。"重庆市长寿区人民法院于

2016年11月30日作出（2016）渝0115执恢491号《结案通知书》，至此，严某德与重庆飞旭页岩砖厂劳动争议及工伤待遇两案执行完毕。2016年7月20日，严某德向长寿区人社局申请先行支付工伤待遇52999元。2016年8月22日，长寿区人社局认为：严某德受伤时，重庆飞旭页岩砖厂未依法参加工伤保险，无法核支严某德的工伤待遇。决定不予先行支付严某德的工伤待遇。严某德不服该通知，申请行政复议，复议决定予以维持。严某德不服上述通知及行政复议决定，诉至重庆市长寿区人民法院，请求予以撤销。该院经审理后作出（2016）渝0115行初167号《行政判决书》，判决驳回严某德的诉讼请求。后二审法院作出（2017）渝01行终414号《行政判决书》，认为《关于工伤保险基金不予先行支付的通知》认定事实清楚，但适用法律错误，依法应予撤销并责令长寿区人社局重新作出答复。2018年10月11日，长寿区人社局作出长社不先支书（2018）002号《不予先行支付决定书》，认为严某德的工伤待遇已由重庆飞旭页岩砖厂支付，严某德再行要求长寿区人社局先行支付工伤待遇的申请，不符合《社会保险法》第四十一条、《社会保险基金先行支付暂行办法》第六条关于先行支付的规定，决定不予先行支付严某德的工伤保险待遇，并于同月18日送达严某德。

【审判】

重庆市第一中级人民法院经审理认为，本案争议焦点在于长寿区人社局作出的被诉《不予先行支付决定书》是否合法。

根据《社会保险法》第八条规定，社会保险经办机构提供社会保险服务，负责社会保险登记、个人权益记录、社会保险待遇支付等工作。被上诉人长寿区人社局作为社会保险经办机构，具有作出被诉《不予先行支付决定书》的法定职责。

根据《社会保险法》第四十一条第一款的规定，职工所在用人单位未依法缴纳工伤保险费，发生工伤事故的，由用人单位支付工伤保险待遇，用人单位不支付的，从工伤保险基金中先行支付。根据《社会保险基金先行支付暂行办法》第六条第二款第三项的规定，职工被认定为工伤后，依法经仲裁、诉讼后仍不能获得工伤保险待遇，法院出具中止执行文书的，职工可持工伤认定决定书和有关材料向社会保险经办机构书面申请先行支付工伤保险待遇。

本案中，根据已查明的事实，能够证明上诉人已于2016年11月与重庆飞旭页岩砖厂达成执行和解协议，重庆飞旭页岩砖厂业已按照和解协议内容履行了其法律义务，重庆市长寿区人民法院亦作出结案文书以示执行完毕，故上诉人严某德的工伤待遇已由其用人单位重庆飞旭页岩砖厂支付完毕，其先行支付申请既不属于《社会保险法》第四十一条第一款规定的“用人单位不支付的”情形，亦不属于《社会保险基金先行支付暂行办法》第六条第二款第三项规定的“依法经仲裁、诉讼后仍不能获得工伤保险待遇，法院出具中止执行文书的”情形。被上诉人以严某德的工伤待遇已由重庆飞旭页岩砖厂支付，其申请不符合《社会保险法》第四十一条、《社会保险基金先行支付暂行办法》第六条的规定为由作出被诉《不予先行支付决定书》并无不当。

对于上诉人认为其在穷尽司法手段后与重庆飞旭页岩砖厂达成和解协议，同意在周某木付清4万元债务之后自愿放弃剩余债权，同时保留向相关部门申请先行支付权利，其申请符合《社会保险基金先行支付暂行办法》的问题。本院认为，根据《社会保险法》第四十一条第二款和《社会保险基金先行支付暂行办法》第七条的规定，工伤保险基金在按照规定先行支付后，取得要求用人单位偿还的权利。本案中，如由被上诉人向上诉人先行支付工伤保险待遇，则上诉人在法院强制执行程序中放弃对重庆飞旭页岩砖厂剩余债权的意思表示，将使被上诉人无法取得要求重庆飞旭页岩砖厂偿还的权利，这不符合社会保险法的立法本意。故上诉人在执行程序中对用人单位放弃的权利不再享有工伤保险基金先行支付待遇，其上诉理由不能成立。

【评析】

一、申请先行支付的前提在于工伤职工无法从用人单位处获得工伤保险待遇赔付

《社会保险法》第四十一条第一款规定，职工所在用人单位未依法缴纳工伤保险费，发生工伤事故的，由用人单位支付工伤保险待遇。用人单位不支付的，从工伤基金中先行支付。《社会保险基金先行支付暂行办法》第六条第二款规定，职工被认定为工伤后，有下列情形之一的，职工或者其近亲属可以持工伤认定决定书和有关材料向社会保险经办机构书面申请先行支付工伤保险待遇：（一）用人单位被依法吊销营业执照或者撤销登记、备案的；

（二）用人单位拒绝支付全部或者部分费用的；（三）依法经仲裁、诉讼后仍不能获得工伤保险待遇，法院出具中止执行文书的；（四）职工认为用人单位不支付的其他情形。

保险经办机构的先行支付义务是一种替代性义务，其本质在于当工伤职工无法从用人单位处获得工伤保险待遇赔付时，为保障工伤职工的权益，由保险经办机构先行代为支付，因此，先行支付的前提在于工伤职工无法从用人单位处获得工伤保险待遇。结合上述条文，工伤职工无法从用人单位处获得工伤保险待遇，包括以下三种情形：其一，用人单位主体资格被撤销，即用人单位的主体资格因行政行为而消亡，若用人单位自行注销登记，则应由其股东作为权利义务承受者，承受支付工伤保险待遇的义务；其二，用人单位拒绝向工伤职工支付工伤保险待遇，此种情形应是用人单位主观上拒绝支付；其三，工伤职工客观上无法从用人单位获得工伤待遇，即用人单位客观上无足以支付工伤保险待遇的资金，工伤职工通过仲裁、诉讼等司法手段依然无法获得工伤保险待遇赔付的。

具体到本案，重庆飞旭页岩砖厂的用人主体资格依然存在，且其并未明示拒绝向严某德支付工伤保险待遇，通过法院执行程序确定重庆飞旭页岩砖厂暂无可供执行财产，因此，严某德只能以《社会保险基金先行支付暂行办法》第六条第二款第三项规定向长寿区人社局申请工伤保险待遇先行支付。

二、穷尽司法救济手段仍不能获得工伤保险待遇赔付

《社会保险基金先行支付暂行办法》第六条第二款第三项规定，工伤职工经依法仲裁、诉讼后仍不能获得工伤保险待遇，法院出具中止执行文书的，可以申请先行支付，即穷尽司法救济手段仍不能获得工伤保险待遇赔付。

（一）穷尽司法救济手段的认定

司法是保护公民权利的最后屏障，但司法救济亦有穷尽之时，穷尽司法救济手段是指权利受侵害者用尽法律规定的救济程序后仍然得不到有效救济，对“穷尽司法救济手段”可以根据三个方面进行判断：第一，通过司法程序获得终局性裁判，即法院通过审理作出生效裁判，但这种终局属于暂时性终局，当案件出现新情况时，亦有可能再次进入审理阶段；第二，穷尽司法救济手段是一种实体性判断，不包括因形式要件不具备而不受理的情形，换言之，生效裁判来源于案件的实体审理；第三，同时存在几种司法救济手段时，并不需要经过所有的救济手段，而是通过法律规定的主要司法救济手段。对此略有争议，一种观点持横向理解，认为需要经过所有的救济手段方为穷尽，即横轴上并向存在的各种司法救济手段都需达到终局性裁判；另一种观点持纵向理解，认为一种主要的司法救济手段得到终局性裁判即为穷尽，即纵轴上对一种司法救济手段走到终点。对此，笔者支持纵向理解，笔者认为个别案件中由于法律领域及程序的交叉，权利受侵害人可采取的司法救济途径多且杂，若过分要求其通过所有司法救济手段都得到终局性裁判，不仅造成司法资源的浪费，还会由于耗费大量时间可能导致其他救济途径时效经过。

工伤保险待遇赔付的纵向司法救济手段为“民事诉讼（仲裁）确定赔付金额→执行”，穷尽司法手段的结果在于执行不能，包括执行中止及执行终结，《社会保险基金先行支付暂行办法》第六条第二款第三项规定的“法院出具中止执行文书的”，对此应作扩大解释，该条文的目的在于保障工伤职工的权益，保证其能够获得工伤保险待遇赔付，执行终结是比执行中止程度更重的执行不能，既然对于执行不能程度较轻的执行中止，可以申请先行支付，那么在无其他司法文件对此进行解释的情况下，对于执行不能程度较重的执行终结，应参照适用该规定，才能保障工伤职工的权益。

（二）不能获得工伤保险待遇赔付的认定时间节点

2016 年 7 月 20 日，严某德向长寿区人社局申请先行支付工伤待遇，2016 年 8 月 22 日，长寿区人社局作出《关于工伤保险基金不予先行支付的通知》，虽然其系以“重庆飞旭页岩砖厂未依法参加工伤保险”为由作出，但该通知因适用法律错误被撤销，应适用《社会保险基金先行支付暂行办法》第六条第二款第三项规定，若长寿区人社局作出是否予以先行支付决定时适用法律正确，那么保险经办机构对“工伤职工不能获得工伤保险待遇”进行认定时应以何时为标准？本案各时间节点如表 1 所示：

表 1　严某德案各时间段案件事实变化轨迹

2016. 6. 22	长寿区人民法院作出《执行裁定书》，裁定终结该案执行程序
2016. 7. 20	严某德向长寿区人社局申请先行支付工伤
2016. 8. 22	长寿区人社局作出《关于工伤保险基金不予先行支付的通知》

续表

2016. 11. 7	严某德与重庆飞旭页岩砖厂达成和解协议，重庆飞旭页岩砖厂同意支付部分工伤保险待遇
2018. 9. 21	法院判决撤销长寿区人社局作出的《关于工伤保险基金不予先行支付的通知》
2018. 10. 11	长寿区人社局作出长社不先支书（2018）002 号《不予先行支付决定书》

对此，理论界有三种观点：其一，事实成立说，应以法律文书确定工伤职工不能从用人单位处获得工伤保险待遇始即可认定，即 2016 年 6 月 22 日后都可认定；其二，申请说，应以工伤职工向保险经办机构申请先行支付时的状态认定，即以 2016 年 7 月 20 日为认定节点；其三，应以保险经办机构作出决定时的状态认定，即以 2016 年 8 月 22 日为认定节点。

行政机关应根据确实、充分的客观事实作出具体行政行为，确定的事实是行政机关作出行政行为的基础。工伤职工能否从用人单位处获得工伤保险待遇是一种可变化的状态，而非确定的事实，只有将状态固定在某一个时间节点，才是一个确定的事实，基于这种状态的可变化性，为保证行政行为的准确性，应以行政行为作出时的时间节点固定事实。因此，保险经办机构应以作出决定时的状态认定工伤职工是否能从用人单位处获得工伤保险待遇。同时，法院对行政机关作出的行政行为进行审查，亦应以行政行为作出时的事实进行认定，不能据以行政行为作出后事实的改变确定行政行为违法，行政机关亦不能因为事实的改变认为自身作出的错误行政行为变得正确。

若保险经办机构作出了先行支付决定后，用人单位向工伤职工支付工伤保险待遇，应如何处理？此时分为两种情况：其一，保险经办机构作出了先行支付决定，尚未向工伤职工支付工伤保险待遇，用人单位向工伤职工支付工伤保险待遇。此种情形，保险经办机构虽作出了先行支付决定，但由于用人单位向工伤职工支付工伤保险待遇，保险经办机构据以作出先行支付决定的事实发生变化，其可基于此自行撤销先行支付决定。其二，保险经办机构作出了先行支付决定，且已向工伤职工支付工伤保险待遇，用人单位向工伤职工支付工伤保险待遇。保险经办机构的先行支付是一种替代性义务，在其向工伤职工先行支付工伤保险待遇后，工伤保险机构获得向用人单位追偿的权利，用人单位的义务由向工伤职工支付工伤保险待遇转化为向工伤保险机构偿还其代为支付的工伤保险待遇，此时，工伤职工获得用人单位支付的工伤保险待遇，属于不当得利，保险经办机构可要求工伤职工不当得利返还。

三、工伤职工自行放弃的工伤保险待遇赔付不能申请先行支付

本案中，严某德为获得工伤保险待遇赔付，在执行程序中与用人单位重庆飞旭页岩砖厂达成和解协议“只要周某木（重庆飞旭页岩砖厂法定代表人）按约定付清四万元款项，则视为重庆飞旭页岩砖厂已经履行完毕该两案的法律义务”，并且严某德出具承诺书“自愿放弃剩余债权，但同时保留向相关部门申请先行支付权利”。若其就放弃的部分工伤保险金申请工伤保险基金先行支付的，不予支持。

（一）自行放弃的工伤保险待遇赔付不属于穷尽司法救济手段不能获得

如前文所述，工伤保险待遇赔付的穷尽司法救济手段而不得包括执行中止及执行终结，本案中因严某德与用人单位重庆飞旭页岩砖厂在执行程序中达成和解协议，且在重庆飞旭页岩砖厂实际支付和解协议所约定的工伤保险待遇赔付后，本案已出具《结案通知书》，虽然严某德所获得的工伤保险待遇赔付与《仲裁裁决书》所裁决的工伤保险待遇赔付金额有所差额，但差额源于严某德自行放弃，而非执行不能，并不属于穷尽司法救济手段不能获得。

（二）工伤职工自行放弃工伤保险待遇赔付导致保险经办机构追偿不能

保险经办机构的先行支付是一种替代性义务，即保险经办机构在按照规定先行支付后，取得要求用人单位偿还的权利，用人单位向工伤职工进行工伤保险待遇赔付的义务则转化成了向保险经办机构偿还的义务，工伤职工放弃部分赔付金额，用人单位的该部分赔付义务相应灭失，无法转化成偿还义务，将使保险经办机构无法取得要求用人单位偿还的权利。其次，工伤职工向保险经办机构申请先行支付的权利是其要求用人单位赔付工伤保险待遇的从权利，从权利的状态与主权利相一致，主权利消灭，从权利随之消灭，工伤职工自行放弃工伤保险待遇赔付，其获得工伤保险待遇赔付的权利消灭，向保险经办机构申请先行支付的权利一并消灭。

（三）工伤职工自行放弃工伤保险待遇赔付则自行承担不能获赔之风险

工伤职工无法从用人单位处获得工伤保险待遇赔付系暂时性状态，并非确定之结果，工伤职工可通过自行和解、保险经办先行支付后代为追偿等方式改变不能获赔之状态，换言之，工伤职工当前承担无法从用人单位处获得工伤保险待遇赔付的风险，而保险经办先行支付后代为追偿则是将该风险转移至由保险经办机构承担。工伤职工放弃部分赔付金额，则放弃赔付金额部分不能偿付的风险已由工伤职工承担，转变为不能赔付之确定结果，该部分风险消失，对于不存在的风险，保险经办机构无须代为承担。

四、本案的思考与启示：先行支付类案件裁判规范

我国当前对于先行支付类案件审理的统一法律适用，采取的是由人力资源和社会保障部发布的《社会保险基金先行支付暂行办法》，该办法对可申请先行支付工伤保险待遇的情形进行了列举，但对于工伤职工与用人单位自行达成赔偿协议的相关情形并未作出规定，因此，可以在正式出台《社会保险基金先行支付办法》时对该问题作出规定，《社会保险基金先行支付办法》中具体条文建议如下：

第×条　职工与用人单位达成赔偿协议，赔偿金额不足工伤保险赔付待遇，职工明确表示放弃差额部分的，不得申请先行支付工伤保险待遇。社会保险经办机构作出先行支付决定后，职工与用人单位达成赔偿协议，尚未向职工支付工伤保险待遇的，社会保险经办机构可自行撤销先行支付决定，已向职工支付工伤保险待遇的，社会保险经办机构可向职工追偿。

（作者单位：重庆市第一中级人民法院）

因工受伤就医途中再次发生非主要责任的外力伤害宜一并认定为工伤

董莉萍　　邓　斌　　刘　杨

【裁判要旨】

职工因工受伤后在送医途中因外力介入再次受伤，如职工本人对该次伤害结果不承担主要责任，工伤认定主管部门认为该职工两次受伤均因工作原因引起，属于连续性伤害，一并在一个工伤认定程序中确认为工伤的，人民法院应予支持。

【案情】

原告：重庆诚业建筑工程有限公司（以下简称诚业公司）。

被告：重庆市渝北区人力资源和社会保障局（以下简称渝北区人社局）。

第三人：张某中。

原告诚业公司与相关单位签订合同，承建重庆中央公园附近某地块建设项目，该建设项目在原重庆市渝北区社会保险局参加了建设施工项目工伤保险。后诚业公司与第三人张某中签订协议，约定张某中在诚业公司承建前述施工项目中从事钢筋作业。2018 年 11 月 8 日 20 时许，张某中在项目工地钢筋加工房内使用弯箍机时被机器夹伤右手。随后，张某中乘坐工友张某洪驾驶的摩托车去往医院救治。在送医途中，张某洪驾驶的摩托车与谭某平驾驶的小型客车碰撞，发生交通事故，致张某中受伤。经交警部门认定，谭某平、张某洪负同等责任，张某中无责任。

2018 年 11 月 30 日，诚业公司向被告渝北区人社局申请工伤认定并提交相关材料。后渝北区人社局作出渝北人社伤险认字〔2019〕257 号《认定工伤决定书》，认定张某中右手所受伤害为工伤。因张某中认为其在就医途中发生交通事故所受伤害应当一并认定为工伤，渝北区人社局撤销前述工伤认定书，并于2019年9月20日作出渝北人社伤险认字〔2019〕2026号《认定工伤决定书》，认定张某中在诚业公司承建项目钢筋加工房中使用弯箍机时被机械夹伤及在送往医院治疗途中发生交通事故再次受伤，受伤部位为右手、左侧额部、左侧眼眶、头部、多处软组织、右侧腓骨，受伤后在重庆市渝北区人民医院、重庆市第四人民医院治疗，诊断为右手皮肤裂伤、左侧额部硬膜外血肿、左侧额骨及左侧眼眶骨折、头皮血肿、多处软组织擦挫伤、颅骨骨折（额骨左侧、眶上壁）、枕骨髁撕脱骨折（右侧）、右侧腓骨头骨折的事实，渝北区人社局认为张某中于2018年11月8日受到的伤害，符合《工伤保险条例》第十四条第一项之规定，属于工伤认定范围，予以认定为工伤。

【审判】

重庆市渝北区人民法院经审理认为，被告渝北区人社局作为重庆市渝北区人民政府社会保险行政部门，具有作出本案被诉认定工伤决定的法定职权，主体适格。

第三人张某中系原告公司职工，在原告承建的涉案项目钢筋加工房使用弯箍机时被机械夹伤右手，该伤害属于在工作时间和工作场所内，因工作原因受到的事故伤害，符合《工伤保险条例》第十四条第一项应当认定为工伤之情形。

对于第三人在就医途中所发生的交通事故伤害是否符合《工伤保险条例》第十四条第一项规定问题，法院认为，工伤职工的医疗救治权属于工伤保险体系下的基本权利，保障该权利的合理实现是社会保险行政部门、用人单位等部门在工伤保险立法精神及制度框架下应尽的义务。工伤职工因行使医疗救治权发生交通事故受伤，将其纳入工伤认定范围，符合《工伤保险条例》关于保障因工作遭受事故伤害或者患职业病的职工获得医疗救治和经济补偿，促进工伤预防和职业康复，分散用人单位的工伤风险之立法宗旨。其次，职工因工作原因受伤后在行使其医疗救治权过程中发生交通事故再次受伤，因再次受伤与首次受伤具有连续性和强关联性，没有脱离与工作相关的实质。故第三人因履行工作职责产生，在工作时间及合理区域内受到交通事故的再次伤害，将再次受伤与首次受伤一并以《工伤保险条例》第十四条第一项之规定认定为工伤，具有合理性。渝北区人社局依据原告诚业公司工伤认定申请，作出的被诉工伤认定决定程序合法，适用法律法规正确，原告的起诉理由不能成立。

据此，重庆市渝北区人民法院判决驳回原告诚业公司的诉讼请求。

宣判后，双方当事人均未上诉。

【评析】

《工伤保险条例》第一条明确了工伤保险的立法目的是保障因工作遭受事故伤害或者患职业病的职工获得医疗救治和经济补偿，促进工伤预防和职业康复，分散用人单位的工伤风险。

该条文明确了工伤保险所负有的功能性定位，即预防、救助和康复，以此最大限度保障劳动者在工作或与工作相关活动中遭受事故伤害后能获得医疗救治、经济补偿和职业康复的权利。在司法实践中，应当结合立法本意，特别是工伤保险制度的功能性要素分析，对具体案件情况加以梳理判断，正确理解适用。

对于本案第三人张某中先后两次受伤应当如何认定的问题，主要有两种观点。第一种观点认为，前伤属于“在工作时间和工作场所内，因工作原因受到事故伤害”，符合《工伤保险条例》第十四条第一项的规定，属于工伤认定范围。而后伤系交通事故所致，与履行工作职责没有关联性，故不应认定为工伤。第二种观点认为，虽然张某中第二次所受伤害是由交通事故所致，但该伤情系在发生工伤事故后送医救治过程中遭遇交通事故，该次受伤的间接原因仍是履行工作职责，因此前后伤之间存在关联性，将后伤认定为工伤考虑更符合《工伤保险条例》的立法目的。同时基于方便当事人、缩短认定程序的考虑，在一个工伤认定程序中进行确认更为便宜。

笔者同意第二种观点，理由分述如下：

一、医疗救治权属于工伤保险体系下的职工基本权利

工伤职工的医疗救治权属于工伤保险制度的基本功能之一，是劳动者的基本权利保障。

一方面，劳动者因公受伤后及时送医治疗是对其职工权益的基本保障，

能够有效避免伤情扩大，一定程度上减轻用工单位负担。另一方面，及早送医治疗对劳动者治疗出院后劳动能力恢复、继续参加生产劳动具有重要意义。从制度领域而言，医疗救治是构筑“预防、康复、补偿”工伤保险体系的重要一环，是社会保险行政部门、用人单位、医保医院等单位在工伤保险立法精神及制度框架下应尽的义务，具体而言，社会保险行政部门应当通过制度构建和规范执行确保劳动者和用人单位的权益；用人单位基于其劳动合同中规定的相关义务应当保障劳动者的基本权益，同时通过医院治疗明确其应当承担的份额；医保医院则应当针对伤者具体病情进行诊断治疗并如实出具相关证明。

因此，将因工受伤后及时救助有利于医疗救治权的全面落实，契合《工伤保险条例》保障劳动者权益的立法精神。

二、前后伤的连续性和关联性是认定工伤的重要依据

工作原因、工作场所和工作时间是工伤性质判断的三大要素，其中又以工作原因最为核心。结合工伤保险制度原旨，实践中一般从以下四个方面把握和判断是否认定为工伤：一是职工受伤与工作之间是否具有因果关系；二是是否具备因工或者由工作引起的与工作有关的关系；三是工作原因与个人原因的关系；四是工作原因与职业利益的关系。本案涉及前述第二种情形。一般来说，由工作原因直接引起的伤害认定为工伤并无争议，但间接因工作原因引起的伤害就应当从间接原因与履行工作职责两者间的关系来考量。

受伤后的治疗方式属于社会经验判断的范畴。前后伤的连续性就是指劳动者因工受伤后立即送医治疗，途中因第三方介入引发二次受伤。在是否立即就医的判断上，应当结合劳动者受伤部位、伤势情况、工作种类等因素进行综合考量。如本案情况，劳动者在部分重体力劳动、机械化操作的工作场所，因工作原因受伤一般伤情较为紧急，延误送医可能导致伤势加重、不利于后期恢复。故该种情况下，因工作原因受伤后送医治疗是职工和用工单位的必然选择。因送医治疗的根本原因是劳动者在履行工作职责时受伤引起，未脱离与工作相关的基本联系。因此，在劳动者送医途中由于非就医方原因发生事故而致工伤职工再次受伤的，应当认定第二次伤情与因工伤就医具有连续性和关联性，属于工作时间和自然延伸的合理区域，将二次受伤纳入工伤认定范围，符合工伤保险的立法目的，具有合理性。

三、类案中应注意审查二次伤害外力介入因素

如本案中，送医途中所发生的交通事故经交警部门认定，就医方对事故发生负同等责任，伤者张某中不负责任。故可以认定前后两次受伤均因工作原因引起，一并认定为工伤。但在类案办理过程中，对送医途中因外力介入造成受伤劳动者二次伤害的，应当注意对不同情形的介入因素综合考虑，作出是否合并认定为工伤的判断。

笔者认为，应当从伤者工伤伤情缓急程度、引发二次伤情的事故责任认定以及事故伤情与工伤伤情对比情况等方面综合考虑。对劳动者工伤伤情较为严重的，应当适度认可伤者、驾驶人员、同行人员、工作单位的就医迫切需求，在非因就医方故意或者重大过失造成较为严重的事故前提下，应当适度放宽相应认定标准。同样，在交警部门作出事故责任认定或者人民法院、相关调解组织对责任划分作出终局认定，特别是就医方对事故发生负有全部或者主要责任的情况下，则应当考虑事故伤情与工伤伤情间的差异程度。如工伤伤情较为严重、工伤与送医时间紧密衔接，且工伤伤情与事故伤情的伤重程度基本一致的，可以认定前后伤情间的关联性，一并处理；如工伤伤情明显较轻或者劳动者在工伤发生一段时间后方才送医治疗的，则可以通过民事侵权诉讼的途径加以解决，以此体现工伤保险制度的具体针对性。

此外，笔者认为，对于类似案件在针对本案前后伤的认定程序问题，即是否应当在一个工伤认定程序中将两次伤害合并确认。笔者认为，虽然引发两次伤害的直接原因不一，但因两伤之间具有关联性和连续性，通过一次工伤认定程序进行确认，不存在事实认定和法律适用上的障碍。同时，因伤者、用人单位和工伤认定主管部门均相同，通过一次工伤认定程序一并办结可以简化事后伤残认定和工伤保险赔付的程序，更有利于及时确定各主体间权责关系、保护受伤劳动者权益。

（作者单位：重庆市渝北区人民法院）

宅基地的权利必须依照法定程序依法取得

秦绪栋

【裁判要旨】

根据《村民委员会组织法》第八条第二款、第二十四条的规定，宅基地的使用系村民自治决定范畴。村民委员会依照法律规定，管理本村属于村农民集体所有的土地和其他财产，引导村民合理利用自然资源，保护和改善生态环境。宅基地的使用方案需经村民会议讨论决定方可办理。

根据《土地管理法》的相关规定，村民享有申请宅基地的权利，但这并不意味着可以马上行使相关权利。法律权利的实现必须按照法律规定并通过法定的程序进行，而且要受到经济发展水平和各种客观因素的限制。在符合条件的人数众多而宅基地有限的情况下，村委会有权制定规则确定宅基地的分配顺序。只要规则不违反法律规定，村民就应当按照规则行使自己的权利。

【案情】

原告：章某凤。

被告：苏州市吴江区盛泽镇人民政府（以下简称盛泽镇政府）。

第三人：苏州市吴江区盛泽镇前跃村村民委员会（以下简称前跃村委会）。

1999 年，章某凤全家因苏嘉杭高速公路（前跃村过境段）建设，拆迁并翻建至本村组东边，由镇村统一安排规划新建住宅区。2008 年 6 月 2 日，章某凤所在户以“高速公路拆迁户建造新区”为由申请建房。6 月 3 日，所在村审定意见为：同意建造。2010 年 1 月 30 日，涉案房屋进行验收。2018 年 7 月 15 日，章某凤所在户申请分户，章某凤一个人单独申请分出一户。2019 年 7 月 11 日，吴江区农村建房建设管理办公室出具复核意见：符合分户条件。

2018年11月6日，原告章某凤向前跃村委会申请预拆迁，同日前跃村委会同意预拆迁，上报审批。镇规划部门、镇国土分局均无审核意见。镇政府下设的动迁部门对其预拆迁申请不予受理。原告不服，向本院提起行政诉讼。

原告章某凤诉称，其系盛泽镇前跃村三组村民，1999年拆迁后在本村组安置建房，因政策原因一直未办理宅基地证和房产证，错过了享受一户一宅的政策。2018年11月底，原告经村委会与被告动迁办联系，却被告知缺少相关部门的审批而暂缓。2019年7月，原告的分户申请通过，同月将预拆迁材料送被告相关部门遭到拒绝。因此请求依法判令被告受理原告在2018年11月提出的预拆迁申请并及时给予安置等后续相关手续，依法判令因被告不履行、拖延履行法定职责承担原告的赔偿责任。

被告盛泽镇政府辩称，从《吴江市农村住房分户申请表》中可以看出，区农村住房建设管理办公室审核意见签署的落款时间为2019年7月11日。根据苏州市吴江区盛泽镇人民政府盛政发〔2016〕57号《关于印发〈农村居民房屋预拆迁补偿安置办法（暂行）〉的通知》和苏州市盛泽镇政府盛政发〔2016〕57号《关于修订〈盛泽镇农村居民房屋预拆迁补偿安置办法（暂行）的通知〉》第二条第四款“符合上述条件的重点村、特色村、有条件建设的一般村的申请户，以行政村为单位，每个行政村每年安排预拆迁户5户，其中3户优先安排危房户，如申请户大于安排指标数时，以抽签形式确定，申请受理截止日期为每年的7月1日前，村委会负责申请的受理、初审并确定申请户后报镇动迁办实施”的规定，章某凤不属于本次拆迁安置对象，因此被告不予受理原告的材料并无过错。因此，请求法院依法驳回原告的诉讼请求。

第三人前跃村委会述称同意被告的答辩意见，请求法院依法裁判。

【审判】

苏州市吴江区人民法院经审理认为：1. 根据盛政发〔2016〕57号《关于修订〈盛泽镇农村居民房屋预拆迁补偿安置办法（暂行）的通知〉》第二条的规定，对于申请预拆迁的，应当在每年的7月1日前向村委会申请。本案中，原告虽早在2018年11月2日填写了吴江区农村住房分户申请表，但直到2019年7月11日才获得吴江区农村住房建设管理办公室符合分户条件的意见。被告对原告的申请不予受理并不违反该文件的规定。2. 关于原告提出其可优先获得的问题。原告认为涉案文件对一般预拆迁农户来说有合法性的，但是对原告来说不合法。因为结合原告的历史原因及《土地管理法》"一户一宅、户有所居"及《物权法》（现为《民法典》物权编）等相关条例规定，原告农村户口应享受的合法权益，应立即享有，不存在被告文件所说的排队等相关不合法情形。被告和第三人认为原告也是普通的农村居民，因此也受同一个法律和文件的普遍约束，不存在特殊的原因；文件中讲到的排队安置的情形是政府部门根据自身的安置条件所作出的一个安排。本院认为，本案中，在土地资源有限而申请者众多的情况下，政府通过设定限额和抽签的程序也是为了维护大多数人的合法权益，原告认为自己不受文件规定的申请时间和抽签的约束、应当优先获得的理由，本院不予支持。综上，原告要求被告履行法定职责的诉讼请求不能成立，判决驳回原告要求判令被告受理原告在 2018 年 11 月提出的预拆迁申请并及时给予安置等后续相关手续，判令因被告不履行、拖延履行法定职责而承担赔偿责任的诉讼请求。

判决后，章某凤不服，向苏州市中级人民法院提起上诉。在二审审理过程中，章某凤申请撤回上诉，苏州市中级人民法院经审查依法裁定准予其撤回上诉。本案已经发生法律效力。

【评析】

本案中，各方对案件的基本事实都没有异议。争议的主要焦点在于申请预拆迁的规则问题。由于预拆迁适用的规则是宅基地申请规则，因此争议的焦点就变成了符合分配宅基地条件的村民按照何种规则取得宅基地问题。一种观点认为，根据《土地管理法》的规定，农村村民一户能拥有一处宅基地，符合条件就应该分配宅基地，政府必须创造条件来保证村民充分享有宅基地的权利；另一种观点认为，享有权利和获得权利是不同的法律概念。符合条件即享有申请宅基地的资格，但并不意味着可以马上获得相关利益，在符合条件的人数众多而宅基地有限的情况下，基层自治组织有权制定规则确定宅基地的分配顺序。只要规则不违反法律规定，村民应当按照规则行使自己的权利。

笔者同意第二种观点，理由如下：

一、享有权利和实现权利是不同的法律概念，不能混为一谈

农村宅基地设立的最初功能是社会保障功能，但随着城镇化的不断推进，宅基地最早的社会保障功能逐渐开始弱化，而财产性功能得到逐步加强。宅基地的使用权是农户重要的用益物权，可以无偿取得、无限期使用，已经在事实上成为农民最重要的财产。宅基地问题成为农村、农民问题的重要敏感节点。根据《土地管理法》的相关规定，原告享有申请宅基地的权利。但享有申请宅基地的权利并不意味着可以马上得到相关权利。法律权利的实现必须按照法律规定并通过法定的程序，而且要受到经济发展水平和各种客观因素的限制。法律确认公民的权利是一回事，公民享受权利是另一回事，法律所确认的公民权利，要经过公民作出或不作出某行为来实现，要依法行使权利。它要求不得以非法手段谋取权利；不得超越合法权利的范围；要采用合法方式，按照法定程序行使宅基地权利。在村里已经明确了宅基地申请规则并被大多数人所遵循时，原告也应按照此规则进行申请。

二、支持基层自治组织依法行使法律赋予的权利能最大限度保护当事人的合法权益

村民自治是我国宪法确认的一项基本制度。在国家法治和现代化建设过程中，乡村社会也不是一个孤岛。人民法院在审理类似案件中要慎重处理国家法律和政策、法律与乡村规则之间的关系，在两者之间寻找平衡。在宅基地有限而申请人数众多的情况下，必然无法使所有人都能马上获得宅基地。这也使得基层自治组织必须制定相关规则，尽量保证公平公正公开。实践中，很多地方确定规则通过摇号或者抽签方式，也有的地方按照申请先后顺序，还有的地方按照是否是危房等标准来对宅基地分配顺序进行安排。本案中，基层自治组织制定并经镇级政府确认，每年拿出五块宅基地，其中两块优先安排被鉴定为危房的农户，另外三块通过抽签来确认宅基地归属，这样既能保障大多数人的合法权利，又能使最需要的人优先得到，从而体现公平和效率的统一；如果有人以规则不公平为由要求优先分配必然打破已经形成的利益格局，也不利于社会稳定。

三、对已经长期适用并被广泛认可的行政规范性文件不能轻易否认其合法性

我国现行《行政诉讼法》第五十三条、第六十四条首次正式创设了行政诉讼中依申请审查行政规范性文件的制度，且对审查结果作出了规定，即如果法院经审查认为行政规范性文件的内容有不合法的，不能以此作为判定行政行为合法的凭据，并要向制定机关提出司法建议。在司法实践中，对于已经长期适用，并被民众广泛认可的行政规范性文件，只要其内容不与上位法规定相抵触、违法增加相对人义务或者减损相对人合法权益的，如果仅存在制定或者发布程序瑕疵，一般应尊重行政机关的专业判断，而不能径行认定规范性文件违法，避免对已经形成的社会秩序造成混乱。对于当事人不申请行政规范性文件合法性审查，法院是否要主动审查问题，我们认为法院在审理行政案件中，如果行政机关适用的规范性文件严重违反法律，对当事人的合法权益造成严重影响，法院应当在对行政行为合法性进行判断的同时向制定机关发送司法建议，促使其积极整改，体现行政诉讼规范和监督行政机关依法行政的功能。案件中，村委会根据镇政府制定的规范性文件确立宅基地分配原则，要求原告按照规定的时间和规定的程序进行申报，并要求原告接受根据该规范性文件确定的分配程序进行排队，而不因其信访和诉讼使其优先获得并不违反法律的规定，对行政机关依照此规定做出的处理决定法院应当予以尊重。

四、不能鼓励当事人通过行政诉讼达到行政诉讼案件之外的目的

公民在行使宪法和法律规定的权利时，必须履行宪法和法律规定的义务，不得损害国家的、社会的、集体的利益和其他公民的合法的自由和权利，应当按照法律规定的方式和程序进行，接受法律及其内在价值的合理规制。行政诉讼是有效解决官民之间的行政纠纷以及公民权利同国家权力之间的冲突的重要工具。作为现代社会不可缺少、其他诉讼不可替代的纠纷解决方式，它发挥着社会减压阀和平衡器的重要作用。原告明知村里规则是按照抽签来确定宅基地顺序的，但认为自己可以通过行政诉讼迫使政府允许其个人优先获得宅基地，其起诉明显目的不当、有悖诚信，因而失去了权利行使的正当性，属于典型的滥用诉权行为，不应得到法律的支持。

（作者单位：江苏省苏州市吴江区人民法院）

履责之诉中裁判基准时及裁判方式的规则厘定

张 璐 甄 硕

【裁判要旨】

1. 关于诉讼类型，撤销之诉和履责之诉的主要区别在于原告的实质诉讼目标，若原告的利益无法通过撤销减损其权益的行政行为而得以实现，还要求行政机关进一步按照其要求履行特定的行政职责，才能实现其诉讼目标，此时，诉讼的类型就可以认定为履责之诉。

2. 关于裁判基准时，对于履责之诉而言，若行政机关针对原告的履责申请作出的答复行为并非终局性的处理结果，其后续的履责事实及法律状态可能会发生进一步的变化，从诉讼经济角度出发，为了实质性解决争议，避免原告重复提出履责申请，法院不宜以答复作出之时作为裁判基准时，而应以法庭辩论结束之时作为裁判基准时。

3. 关于判决方式，对于履责之诉而言，为有效羁束诉讼标的，其可能采取撤销判决、确认违法判决、履责判决等判决方式，其中，确认违法判决是作为履行判决和答复判决的补充性判决，在履行职责已无实际意义时，以确认违法的方式确认不履行法定职责或者拖延履行法定职责的违法性。

【案情】

原告：付某。

被告：被告北京市规划和自然资源委员会（以下简称市规自委）。

第三人：北京星华蓝光置业有限公司（以下简称星华公司）。

原告付某诉称，其不认可市规自委作出的《举报告知书》，认为市规自委未告知付某其调查处理结果，且付某提出的是举报不是信访，市规自委没有作出合法的答复；此外，市规自委作出的答复超过了法定时限。请求法院撤销市规自委作出的《举报告知书》，并要求市规自委对付某的投诉重新作出答复。

被告市规自委辩称，其依法履职，未侵犯付某的合法权益，且《举报告知书》认定事实清楚，适用法律正确，程序合法，其不存在怠于履职的行为。请求驳回付某的诉讼请求。

第三人星华公司述称，付某不具有原告主体资格，其要求市规自委再次作出答复缺乏依据。且涉案项目于2017年交付业主时，已取得竣工验收，交付时的内部结构与规划验收情况一致。请求驳回付某的诉讼请求。

法院经审理查明，2016年8月2日，涉案项目取得了《建设工程规划许可证》。2016年12月10日，付某与星华公司签订了《商品房预售合同》，购买一套房屋，用途为商务办公。同日，付某签署了《室内装修质量保证书》，并在《装修配置标准》上签字捺印。2017年5月17日，涉案项目取得了《规划核验合格书》。后涉案项目取得了《竣工验收备案表》。2017年6月15日，星华公司向业主发送了《交房通知书》。2017年6月23日，付某签署了《物业移交确认单》。另外，付某签署了《装修改造委托书》，约定装修费用为0元。在本院审理过程中，市规自委作出《立案审批表》，认为星华公司涉嫌违反规划改变使用用途，并予以立案调查。2019年12月12日，房山规自委收到《查处申请书》，2019年12月25日，市规自委作出《举报告知单》。后市规自委作出《延期告知书》。2020年3月20日，市规自委作出《举报告知书》。付某不服，向本院提起本案行政诉讼。

【审判】

北京市通州区人民法院经审理认为，关于本案的诉讼类型，根据《行政诉讼法适用解释》第六十八条第一款的规定，明确了撤销之诉和履责之诉的主要区别，并不在于原告诉讼请求的表述，而在于原告的实质诉讼目标，若原告的利益无法通过撤销行政行为而实现，除撤销行政行为外，还要求行政机关进一步按照其要求履行特定的行政职责，才能实现诉讼目标。此时，诉讼的类型为履责之诉，故法院要结合原告的诉讼目标综合判断诉讼类型。本案中，虽然付某的诉讼请求表现为撤销之诉，但从诉请内容及诉讼目的上看，其系要求市规自委查处涉案违法行为，故实质上是履责之诉，需要对市规自委是否对涉案查处事项及时全面地履责进行审查。

关于本案的裁判基准时，判断市规自委是否已及时、充分地履责涉及履责之诉裁判基准时的认定，即行政诉讼中应以何时之事实及法律状态来判断诉的理由具备性问题，若行政机关针对原告的履责申请作出的答复行为并非终局性的处理结果，后续的履责事实及法律状态可能会发生进一步的变化。从诉讼经济角度看，为实质性解决争议，避免原告重复提出履责申请，法院不宜以答复作出之时作为裁判基准时，而应以法庭辩论结束之时作为裁判基准时，全面审查行政机关履责是否到位。本案中，市规自委作出的《举报告知书》仅是对调查情况的过程性告知，不具有终局性，截至本案庭审辩论结束之时，市规自委未提交证据证实对涉案项目擅自改变规划用途的行为展开了进一步的调查处理工作，显属拖延履责。

关于本案的判决方式。对于履责之诉而言，为有效羁束诉讼标的，判决的形式包括撤销判决、确认违法判决、履责判决等，其中，确认违法判决系履行判决和答复判决的补充判决，在履行职责已无实际意义时，以确认违法的方式确认不履责或者拖延履责违法。本案诉讼过程中，市规自委已对涉案违法行为予以立案，进一步主动履行了调查处理职责。因付某明确表示不愿意撤诉，故本院应依法判决确认市规自委拖延履责的行为违法。另外，市规自委对涉案查处事项立案后，应按照法定期限作出最终处理决定，若付某对最终处理决定不服，可另行起诉解决。

【评析】

履责之诉是指公民、法人或者其他组织请求行政机关履行特定行政职责而提起的行政诉讼，其外在表现形式具有一定迷惑性，通常包含撤销某项拒绝性或者告知性答复的请求，故易与撤销之诉相混淆，付某诉市规自委不履行查处商改住职责一案即为此种情况。因履责之诉与撤销之诉的裁判规则不同，故法院在司法审查时须先判断诉讼类型，再对裁判基准时、裁判方式等方面综合考量，以厘定出最优裁判思路。

一、辨析：履责之诉与撤销之诉的类型化区分

履责之诉与撤销之诉系行政诉讼的两大主要诉讼类型，两者在诉讼请求、

诉讼目的、诉讼标的上存在本质上的区别。

（一）诉讼请求：主导性区分标准

案件的诉讼类型应在启动司法审查时得以确定，具体确定的路径主要诉诸诉讼请求的司法审查。对诉讼请求进行审查时，需要先明确履责之诉与撤销之诉的诉讼请求表现形式（详见图 1）。

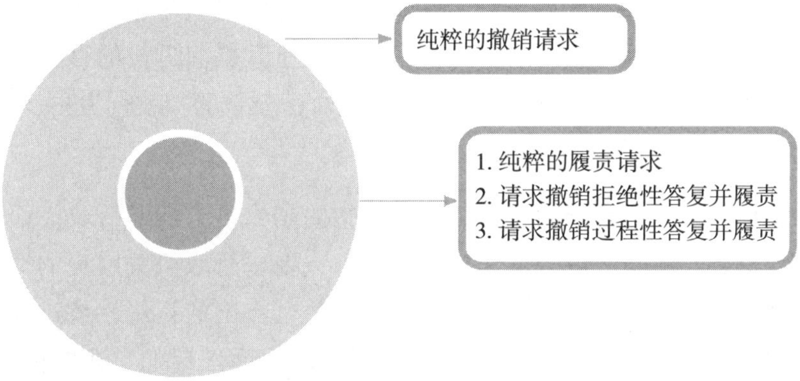

图 1 履责之诉与撤销之诉的诉讼请求表现形式

撤销之诉的诉讼请求表现形式单一，均为纯粹的撤销请求，即当事人要求撤销行政机关的具体行政行为而提起的诉讼。而履责之诉的诉讼请求表现形式多样，分为以下三种：第一，纯粹的履责请求，即针对行政机关纯粹的消极不作为状态而提起的诉讼，行政机关在行政程序中对当事人的履责申请未作出过任何处理或告知。第二，请求撤销拒绝性答复并履责，即针对明确不履责提起的诉讼，行政机关在行政程序中明确拒绝了当事人的履责申请。第三，请求撤销过程性答复并履责，即针对不完全履责提起的诉讼，行政机关仅履行了过程性告知，但未实质性处理当事人的履责事项。履责之诉的第一种表现形式系不作为型履责之诉，第二、三种表现形式系作为型履责之诉，其中，作为型履责之诉易与撤销之诉相混同。

从诉讼请求上分析，履责之诉与撤销之诉的最终落脚点不同，前者的落脚点为要求行政机关对其履责申请予以处理，即要求行政机关实施某项行为；后者的落脚点为要求行政机关撤销其已作出的行政行为，即要求行政机关撤销某项行为。

（二）诉讼目的：内因性区分标准

诉讼目的是当事人提起行政诉讼欲达到的效果，系行政诉讼的内在成因。诉讼目的主要表现为救济权利、监督行政和解决纠纷三个层面。履责之诉和撤销之诉的界分，可以从当事人提起行政诉讼的内在目的上辨析。

履责之诉旨在要求行政机关为当事人提供有效的权利保护，侧重于解决纠纷。撤销之诉旨在事后审查行政处分的合法性，侧重于救济权利。从诉讼目的上看，履责之诉与撤销之诉的根本区别在于其提起诉讼的目的是要求行政机关履责，还是要求行政机关撤销侵害其合法权益的行政行为①。

（三）诉讼标的：辅助性区分标准

诉讼标的系司法审查的核心和焦点，指的是当事人提起行政诉讼所指向的行为或对象。履责之诉的诉讼标的为当事人要求行政机关履责的请求能否成立，此乃司法审查的核心，同时，行政机关已作出的拒绝性或过程性答复当然也属于司法审查范围，但其并非履责之诉的诉讼标的。在撤销之诉中，诉讼标的是当事人请求撤销被诉行政行为，司法审查的核心即为被诉行政行为的合法性。

小结：在付某诉市规自委不履行查处商改住职责一案中，在诉讼请求的表达上，付某采取的是请求撤销过程性答复并履责的模式，即要求撤销市规自委作出的过程性告知书，并对其投诉举报事项进行处理。在诉讼目的的区分上，付某明确表示其诉讼目的为要求市规自委对涉案商改住违法行为进行查处，实质性解决行政纠纷。在诉讼标的的认定上，本案的诉讼标的为付某请求市规自委履行查处商改住的请求能否成立，虽然市规自委作出的过程性答复属于案件的审查范围，但并非诉讼标的。通过对诉讼请求、诉讼目的及诉讼标的进行分析，可以看出本案系履责之诉，而非撤销之诉，本案的审查对象应为市规自委对涉案查处事项是否及时全面地履行了法定职责。

二、考量："处分时"与"判决时"的定性之争

判断行政机关的履责是否及时、全面，应先确定裁判的时间节点，即案件的裁判基准时，目前，对于裁判基准时的确定主要有"处分时"和"判决时"两种观点。"处分时"即将行政行为作出之时作为裁判基准时，"判决

---

① 陈依卓宁、王震：《法律适用·司法案例》，载《法律适用·司法案例》2018年第4期。

时”即将法庭辩论终结之时作为裁判基准时。对于履责之诉裁判基准时的选取，目前立法尚无规定，但从诉讼经济及权利保护原则[①]上看，履责之诉应将“判决时”作为裁判基准时。

（一）诉讼经济原则

诉讼经济原则旨在正确、快速并简捷地处理行政争议。对于履责之诉而言，即应当尽可能地一次性解决行政纠纷，以便节省人力、物力和财力。基于该原则，履责之诉应以“判决时”作为裁判基准时。

第一，履责之诉不必然具有适用“处分时”的前提条件。将“处分时”作为裁判基准时，首先须有行政行为的作出。但在不作为型履责案件中，并无作出的行政行为，故无法确定“处分”时点，若选取“处分时”作为裁判基准时，易将行政诉讼复杂化，而以“判决时”作为裁判基准时可避免上述难题，便于法院审理和当事人举证。第二，以“处分时”作为裁判基准时不符合履责之诉的诉讼目的。履责之诉侧重于实质性解决行政纠纷，若采取“处分时”作为裁判基准时，司法审查侧重于对行政行为作出时的事实、证据和法律依据进行评价，对行政行为作出后新出现的事实和理由不再考虑和审查，人为地将一个纠纷拆成两个程序处理，无法做到全面审查行政机关的履责样态。而以“判决时”作为裁判基准时，可将法庭辩论终结前的所有情形纳入司法考量范畴，更好地保障当事人的实体权益，减少后续纠纷的产生，契合诉讼经济原则的理念与内在精神。

（二）权利保护原则

当事人提起履责之诉，主要是通过要求行政机关履责来保障自身的合法权益，故裁判基准时的选定应将权利保护原则纳入考量范围，基于此，履责之诉也应将“判决时”作为裁判基准时。

第一，权利保护是行政诉讼的首要目的。在行政诉讼目的体系中，权利保护与监督行政存在主次之分，其首要目的在于保护当事人的权利。以“判决时”作为裁判基准时，将法庭辩论终结时的事实和状态进行全面审查，有利于更好地保护当事人的合法权益，若以“处分时”作为裁判基准时，忽略了对行政处分嗣后违法情形的认定，无法实现有效保护当事人权利的目的。

---

① 梁君瑜：《行政诉讼裁判基准时之考量因素与确定原则》，载《河南财经大学学报》2016 年第 5 期。

第二，权利保护符合行政诉讼的立法宗旨。《行政诉讼法》第一条规定的立法宗旨为解决行政争议，保护公民、法人和其他组织的合法权益。以“判决时”作为裁判基准时，符合履责之诉及时、全面解决行政争议并保护当事人合法权益的内在要求。反之，以“处分时”作为裁判基准时缺乏全面性，不利于保护当事人的根本利益。

小结：在付某诉市规自委不履行查处商改住职责一案中，首先，市规自委未对付某提出的履责事项作出终局性答复，若以“处分时”作为裁判基准时，则无法确定本案的裁判基准时点，人为地加大了案件的审理难度。其次，在本案审理过程中，市规自委针对涉案商改住行为又进行了立案查处，若以“处分时”作为裁判基准时，无法对市规自委的后续行为进行评价，导致司法裁判与实际情况相冲突。以“判决时”作为裁判基准时，有利于全面审查市规自委的履责是否到位，实现诉讼经济和权利保护原则的统一。

三、填平：“补充裁判”与“彻底裁判”的选择路径

根据《行政诉讼法》第七十二条的规定，履责之诉具有“彻底裁判”的特点[①]。只有在裁判时机成熟的情况下，法院才能作出履责判决，否则，法院只能采取“补充裁判”，以填平“彻底裁判”无法实施造成的空缺。

（一）“彻底裁判”裁判时机的认定

履责之诉裁判时机的成熟与否主要看其事实和法律条件的成就情况，只有同时具备事实和法律的前提条件，“彻底裁判”的裁判时机才算成熟。事实条件的成熟，要求履责事项的请求权基础、职权、违法行为等基本事实均已界定清晰。法律条件的成熟，要求行政机关作出的履责行为有明确的法律规定，且不涉及自由裁量情形，否则，容易造成“审判权”代“行政权”的情形。

可见，虽然履责之诉具有“彻底裁判”的特点，但审判的行使应采取谨慎态度。若不同时具备事实和法律条件，则宜采用“补充裁判”的方式进行处理。

（二）“补充裁判”选择适用的情形

“补充裁判”主要有两种裁判方式：第一，答复判决，即要求行政机关在一定期限内对当事人提出的履责事项作出答复，此方式在审判实务中适用最多。第二，确认违法判决，即要求行政机关履责或作出答复已无实际意义

---

① 参见中华人民共和国最高人民法院（2018）最高法行申 5484 号行政裁定书。

的情形下，可选取此判决方式。虽然上述两种方式均属于履责判决的补充形式，但两者的适用也有前后之分，只有答复判决不具有适用意义时，才能适用确认违法判决，换言之，确认违法判决系履责判决和答复判决的补充性判决（详见图2）。

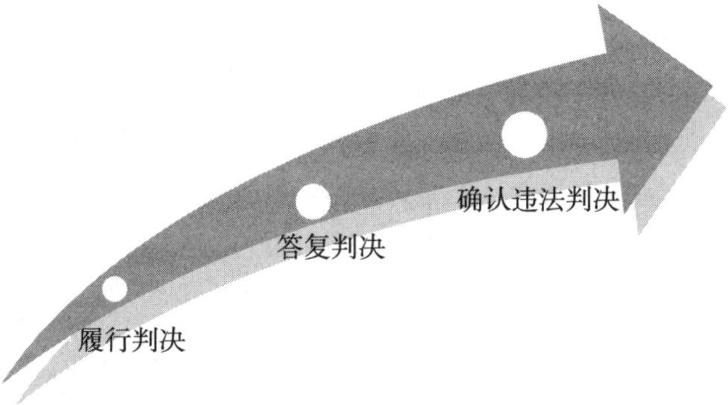

图2　履责之诉裁判方式的选择路径

界定“判决履行和答复没有实际意义”须结合《行政诉讼法》第七十四条第二款的规定，将其分为三种情形：第一，不履责行为违法，但不具有要求行政机关继续履责的内容；第二，行政机关改变了行政行为或进一步履行了法定职责，但原告仍要求确认行政机关不履责违法；第三，行政机关不履行或者拖延履行法定职责。

小结：在付某诉市规自委不履行查处商改住职责一案中，首先，本案尚不具备进行“彻底裁判”的时机。因行政机关对被查处人是否存在商改住的违法行为、违法行为的程度及影响等事宜未进行完全调查，故尚不具备实施“彻底裁判”的事实和法律条件。其次，在本案审理期间，市规自委对被查处人的涉嫌违法商改住行为予以立案调查，存在进一步履责情形，因此，本案宜采取确认违法的判决形式。

本文从诉讼类型的辨析、对裁判基准时的考量以及裁判方式的综合选择等方面，探究了履责之诉的裁判规则，厘定了履责之诉与撤销之诉的区别，以明晰该类案件的审理思路，希望对今后的类案处理有所裨益。

（作者单位：北京市通州区人民法院）

法院无权通过判决直接确定土地所有权的归属

杨 英

【裁判要旨】

农民集体所有的土地，由土地所有者向土地所在地的县级人民政府土地行政主管部门提出土地登记申请，由县级人民政府登记造册，核发集体土地所有权证书，确认所有权。人民法院对确认土地、矿藏等所有权或者使用权的决定不服的予以受理。人民法院不能直接确认土地所有权或者使用权，只能对公民、法人或其他组织对人民政府确认土地所有权或者使用权的行政行为不服的行政案件进行合法性审查。

【案情】

上诉人（一审原告）：同仁市隆务镇维哇村村民小组。

被上诉人（一审被告）：同仁市自然资源局。

原审第三人：同仁市隆务镇隆务村村民委员会。

一审原告同仁市隆务镇唯哇村村民小组与第三人同仁市隆务镇隆务村村民委员会因土地征收补偿款的归属发生争议，进而对土地权属发生争议，同仁市隆务镇唯哇村村民小组于2019年11月11日向同仁市（县）人民政府提交土地确权申请，同仁市政府于2020年1月10日转给同仁市自然资源局，同仁市自然资源局于2020年5月6日作出《关于隆务镇隆务村（维哇社）土地权属事宜的答复》“经县政府批准你村土地确权申请书收悉，现就有关事宜答复如下：经核实，该地块在2012年集体土地所有权确权时，不属于隆务村农民集体，属于隆务村村民集体使用的国有土地，而唯哇社（村）为隆务村所属村民小组，其国有土地使用权按隆务村村民委员相关规定执行”。

2020 年 6 月 22 日一审原告同仁市隆务镇唯哇村村民小组向市政府提出行政复议申请。市政府审查认为，同仁市自然资源局作出的系行政告知行为，意在告知申请人案涉土地现状而非行政确权行为，因此不属于行政复议法第六条规定的行政复议范围。根据《行政复议法》第十七条的规定，决定不予受理。2020 年 10 月 13 日一审原告向同仁市人民法院提出起诉，请求：1. 依法撤销原同仁县自然资源局《关于隆务镇隆务村（维哇社）土地权属事宜的答复》，并依法确认同仁至西卜沙高速公路建设征用的土地以及黄南州水电开发有限责任公司建设维哇水电站所征用土地属原告村农民集体；2. 判令第三人返还同仁至西卜沙高速公路建设征用的土地补偿款 609600 元、黄南州水电开发有限责任公司建设维哇水电站征用土地的用电补偿款 47119 元，总计 656719 元。

一审被告同仁市自然资源局辩称：1. 同仁市自然资源局作为本案被告不适格，本案涉及的土地权属争议裁决主体应当是同仁市（县）人民政府；2. 这类案件应复议后才能到法院，原告的启动方案不对；3. 被告的答复属于行政告知行为，客观真实，合法有据。

第三人同仁市隆务镇隆务村村民委员会述称：第一，本案不属于行政诉讼审理范围，土地权属必须以县级以上人民政府确权和处理为前置程序；第二，同仁市自然资源局作出的答复不具有行政撤销，该答复未对原告产生行政法上的权利义务关系，且物权或债权请求权不属于行政诉讼案件的受理范围；第三，原告主体不适格，涉案土地承包经营权依法应属同仁市隆务镇隆务村村民委员会所有。

【审判】

一审法院认为，根据《土地管理法》第十四条第一款和第二款的规定，土地所有权和使用权争议，由当事人协商解决；协商不成的，由人民政府处理。单位之间的争议，由乡级以上人民政府或者县级以上的人民政府处理。《土地权属争议调查处理办法》第四条规定，县级以上国土资源行政主管部门负责土地权属争议案件（以下简称争议案件）的调查和调解工作；对需要依法作出处理决定的，拟定处理意见，报同级人民政府作出处理决定。《确定土地所有权和使用权的若干规定》第二条规定：土地所有权和使用权由县级以上人民政府确定，土地管理部门具体承办。土地权属争议，由土地管理部门提出处理意见，报人民政府下达处理决定或报人民政府批准后由土地管理部门下达处理决定。被告同仁市自然资源局承办同仁市（县）人民政府转办的原告同仁市隆务镇唯哇村村民小组申请的土地权属争议，应当依法对涉案土地权属情况进行调查，并组织当事人协商，协商不成时应拟定处理方案报同仁市（县）人民政府，由同仁市（县）政府下达处理决定或报同仁市（县）人民政府批准后由同仁市自然资源局下达处理决定。被告同仁市自然资源局以自己的名义作出《关于隆务镇隆务村（维哇社）土地权属事宜的答复》告知土地现状。该行政行为背离申请人诉请解决土地争议的实质，没有回应原告的诉请进行行政确权，程序上没有调解、报批，主体也非同仁市（县）人民政府。从程序到实体有严重且明显的法律缺陷，违反了保障公民权利、依法行政、程序正当的行政法基本原则，属无效的具体行政行为。现原告对被告同仁市自然资源局的具体行政行为不服而诉至法院，同仁市（县）人民政府复议结果为不予受理，依照《行政诉讼法适用解释》第一百三十三条“但以复议申请不符合受理条件为由驳回的除外”的规定，作出原行政行为的机关为被告。因此，被告同仁市自然资源局辩称不是适格被告的辩论意见不予采纳。第三人同仁市隆务镇隆务村村民委员会关于原告主体不适格的辩论意见已有生效行政裁定书确定，故不予采纳。原告诉求依法确认同仁至西卜沙高速公路建设征用的土地以及黄南州水电开发有限责任公司建设维哇水电站所征用土地属原告村农民集体。《土地管理法》明确规定，土地所有权及使用权的确权由人民政府行使。《行政诉讼法》规定人民法院对确认土地所有权或者使用权的决定不服的予以受理。因此该项诉求与法律规定不符，不予支持。原告诉求判令第三人返还同仁至西卜沙高速公路建设征用的土地补偿款 609600 元、黄南州水电开发有限责任公司建设唯哇水电站征用土地的用电补偿款 47119 元，总计 656719 元。本案诉争为被告同仁市自然资源局行政行为的合法性，该行政行为系土地确权事项的派生行为，与原告诉求所涉征收土地及补偿非同一事实；与法条规定的基于同一事实合并审理的原则不符，不予支持。第三人关于债权请求权不属于行政诉讼案件的受理范围辩论意见予以采纳。依照《行政诉讼法》第七十五条、第六十三条第一款、第十二条第一款第四项、第六十一条第一款、《土地管理法》第十四条、《土地权属争议调查处理办法》第四条和《确定土地所有权和使用权的若干规定》第二条的规定，判决：一、被告同仁市自然资源局作出的《关于隆务镇隆务村（维哇社）土地权属事宜的答复》无效；二、驳回原告同仁市隆务镇唯哇村村民小组其他诉讼请求。

上诉人同仁市隆务镇维哇村村民小组不服，提起上诉，认为：同仁市自然资源局所作的行政行为主要证据不足，人民法院有权撤销并判令其重新作出行政行为；上诉人有充足的证据能够证明其对案涉土地拥有所有权、上诉人要求确认案涉土地所有权为其的诉请也符合法律规定，人民法院应当依法审理并作出确权裁判；对于案涉土地的确权直接影响到相关土地补偿款、用电补偿款的归属问题，上诉人根据上述法律规定一并主张案涉土地补偿款、用电补偿款符合法律规定，人民法院应一并审理并裁判。被上诉人同仁市自然资源局辩称，一审法院认定事实清楚，证据确实充分，法律适用准确，上诉人的上诉理由不能成立，请求二审法院驳回上诉人的上诉请求，维持一审判决。

法院二审认为，被上诉人同仁市自然资源局承办同仁市（县）人民政府转办的同仁市隆务镇唯哇村村民小组申请的土地权属争议，应当依法对涉案土地权属情况进行调查，并组织当事人协商，协商不成时应拟定处理方案报同仁市（县）人民政府，由同仁市（县）政府下达处理决定或报同仁市（县）人民政府批准后由同仁市自然资源局下达处理决定。同仁市自然资源局以自己的名义作出《关于隆务镇隆务村（维哇社）土地权属事宜的答复》告知土地现状。该行政行为背离申请人诉请解决土地争议的实质，没有回应原告的诉请进行行政确权。程序上没有调解、报批。主体也非同仁市（县）人民政府。从程序到实体有严重且明显的法律缺陷，违反了保障公民权利、依法行政、程序正当的行政法基本原则，属无效的具体行政行为。一审法院依照《行政诉讼法》第七十五条、第六十三条第一款及《土地管理法》等规定，判决被上诉人同仁市自然资源局作出的《关于隆务镇隆务村（维哇社）土地权属事宜的答复》无效，符合《行政诉讼法适用解释》第九十四条第一款“公民、法人或者其他组织起诉请求撤销行政行为，人民法院经审查认为行政行为无效的，应当作出确认无效的判决”的规定。故上诉人关于一审判决未撤销同仁市自然资源局《关于隆务镇隆务村（维哇社）土地权属事宜的答复》系适用法律错误的上诉理由不能成立。《土地管理法实施条例》[①] 第四条第一款规定："农民集体所有的土地，由土地所有者向土地所在地的县级人民政府土地行政主管部门提出土地登记申请，由县级人民政府登记造册，核发集体土地所有权证书，确认所有权。"《青海省实施〈中华人民共和国土地管理法〉办法》第七条第一款规定："农民集体所有的土地、单位和个人依法使用的国有土地、依法用于非农业建设的农民集体所有的土地，由土地所有者或者使用者向土地所在地的县级以上人民政府土地行政主管部门提出土地登记申请，由本级人民政府登记造册，核发证书，确认所有权或者使用权。"因此，有权确认土地所有权或者使用权的主体为人民政府。《行政诉讼法》第十二条第一款第四项规定人民法院对确认土地、矿藏等所有权或者使用权的决定不服的予以受理。人民法院不能直接确认土地所有权或者使用权，只能对公民、法人或其他组织对人民政府确认土地所有权或者使用权的行政行为不服的行政案件进行合法性审查。故一审法院判决不予支持该项诉求并无不当，上诉人关于一审判决未审理确认案涉土地所有权系适用法律错误的上诉理由不能成立。本案诉争为被上诉人同仁市自然资源局行政行为的合法性，同仁市自然资源局作出的《关于隆务镇隆务村（维哇社）土地权属事宜的答复》属告知行为，而非裁决行为，且与原审原告要求判令第三人返还同仁至西卜沙高速公路建设征用的土地补偿款 609600 元、黄南州水电开发有限责任公司建设维哇水电站征用土地的用电补偿款 47119 元，总计 656719 元的诉求并非基于同一事实，不属于《行政诉讼法》第六十一条第一款"在涉及行政许可、登记、征收、征用和行政机关对民事争议所作的裁决的行政诉讼中，当事人申请一并解决相关民事争议的，人民法院可以一并审理"的情形。维哇村和维哇村村民委员会土地补偿款分配之间的争议，也并不是同仁市自然资源局作出答复的派生行为，不应当合并审理。故一审法院该项判决正确，上诉人关于一审判决对其主张土地补偿款、用电补偿款总计 656719 元的诉求不予支持系适用法律错误的上诉理由不能成立。因此，作出终审判决：驳回上诉，维持原判。

---

① 本案审理时适用的是 2014 年修订版本。

【评析】

本案是一宗确认土地所有权的案件，审理中主要涉及以下几个问题：

一、人民政府的职能部门不得以自己的名义对土地权属争议作出处理决定

根据《土地管理法》第十四条第一款规定：土地所有权和使用权争议，由当事人协商解决；协商不成的，由人民政府处理。根据《确定土地所有权和使用权的若干规定》第二条第一款规定：土地所有权和使用权由县级以上人民政府确定，土地管理部门具体承办。《青海省实施〈中华人民共和国土地管理法〉办法》第七条第一款规定：农民集体所有的土地，单位和个人依法使用的国有土地，依法用于非农业建设的农民集体所有的土地，由土地所有者或使用者向土地所在地的县级以上人民政府土地行政主管部门提出土地登记申请，由本级人民政府登记造册，核发证书，确认所有权或使用权。从以上规定我们都不难看出，有权确认土地所有权或者使用权的主体为人民政府。本案中，同仁市自然资源局作为人民政府的职能部门，可就案件的事实进行调查，并拿出初步处理意见，报经所属人民政府批准后以人民政府的名义发布处理决定，但不能以自己的名义作出处理决定。土地权属争议的处理决定权是法律赋予人民政府的职权。

二、政府对土地权属争议案件的调解和裁决

人民政府土地管理部门受理土地争议案，一般采取调解和裁决两种方式来进行调处。土地管理部门对受理的土地权属争议案件，应当在查清事实、分清责任的基础上先行调解。调解未达成协议的，或者调解书送达前一方或者双方反悔的，土地管理部门应当及时提出处理意见，报人民政府作出处理规定。具体到本案中，同仁市自然资源局承办同仁市（县）人民政府转办的同仁市隆务镇唯哇村村民小组申请的土地权属争议，应当按照《土地权属争议调查处理办法》第四条的规定，依法对涉案土地权属情况进行调查，并组织当事人协商、调解，协商不成时应拟定处理方案报同仁市（县）人民政府，由同仁市政府下达处理决定或报同仁市（县）人民政府批准后由同仁市自然资源局下达处理决定。同仁市自然资源局直接以自己的名义作出《关于隆务镇隆务村（维哇社）土地权属事宜的答复》，告知土地现状，该行政行为完全背离了申请人诉请解决土地争议的实质，没有回应原告的诉请进行行政确权，程序上没有调解、报批，主体也非市人民政府。从程序到实体有严重且明显的法律缺陷。故一审法院认定这一行政行为无效。

三、法院无权通过判决直接确定土地所有权的归属

根据《行政诉讼法》第十二条第一款第四项规定，人民法院对确认土地、矿藏等所有权或者使用权的决定不服的予以受理。也就是说，土地所有权和使用权争议，应当先由政府处理。当事人对人民政府的处理决定不服的，才可以向人民法院提起行政诉讼。我国法律、法规均明确规定，确定集体土地所有权，授予县级人民政府行使，而未授予审判机关。因此，法院的司法权，不能代替行政权，法院不能直接通过判决来确定土地所有权的归属。因此，一审法院对一审原告诉求依法确认同仁至西卜沙高速公路建设征用的土地以及黄南州水电开发有限责任公司建设维哇水电站所征用土地属原告村农民集体的诉求不予支持是完全正确的。

（作者单位：青海省黄南州中级人民法院）

调查研究

关于不动产登记类行政案件的调研报告

——基于本院建院以来行政审判的实证考察

北京市第三中级人民法院行政庭课题组*

不动产登记行政诉讼案件是行政法律问题与民事法律问题的交叉领域，属于疑难复杂案件，并且该类案件在行政诉讼案件数量中占比较大。此类案件牵涉标的物利益大、跨越民事行政两个领域、利益相关方众多且呈现出纠纷长期性的特点，往往容易“牵一发而动全身”而导致关联诉讼频发，对法院矛盾化解、维护稳定、涉诉信访等各项工作提出了更高的要求。为妥善处理此类案件，达到有效维护相对人合法权益和稳步推进区域经济社会建设的双赢效果，三中院行政庭通过汇总建院以来此类案件的审理经验，对不动产登记行政案件进行了统计分析，对审判实践中发现的问题和难点进行梳理归纳，并提出可行性对策和建议。

一、回顾梳理：涉不动产登记案件的基本概况

（一）案件审理情况

2013 年 8 月至 2020 年 12 月，三中院共审结不动产登记类行政诉讼案件 336 件，收案量呈逐年递增态势，其中，一审案件共 6 件，占比 1.79%；二审案件共 330 件，占比 98.21%。根据《行政诉讼法》有关管辖的规定，不动产

---

* 课题组成员：王文涛、陈金涛、宋凯、李露希。

登记类行政诉讼案件一般由基层人民法院一审。我院审结的 6 件一审案件，4 件涉外，2 件涉港，依据《行政诉讼法适用解释》第五条的规定，涉外或者涉及港澳台的案件，属于本辖区内重大、复杂的案件，由中级人民法院一审。此外，涉及不动产登记行为引发的行政赔偿案件共 11 件，均未判决赔偿。

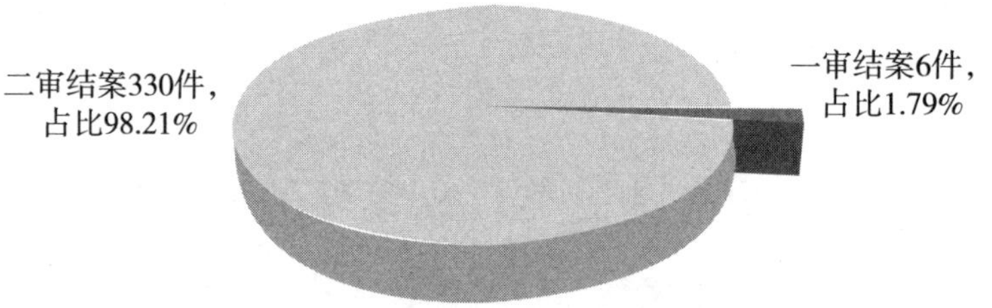

图 1　2013 年 8 月—2020 年 12 月三中院不动产登记类行政诉讼案件结案数量

从被诉行政行为看，主要体现在三大类，其中，不服不动产登记行为的 287 件，占比 85.42%；要求履行不动产登记职责的 29 件，占比 8.63%；不服撤销不动产登记行为的 20 件，占比 5.95%。

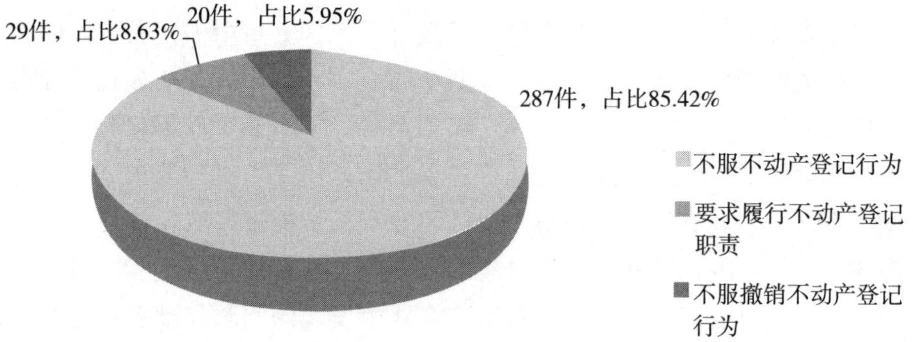

图 2　不动产登记类行政诉讼案件中的被诉行政行为

从案件类型看，涉及房屋权属登记的案件 271 件，占比 80.65%；涉及农村宅基地、集体土地使用权证的案件 19 件，占比 5.65%；涉及国有土地使用权证的案件 10 件，占比 2.98%；涉及房屋及土地使用权抵押登记的案件 36 件，占比 10.71%。

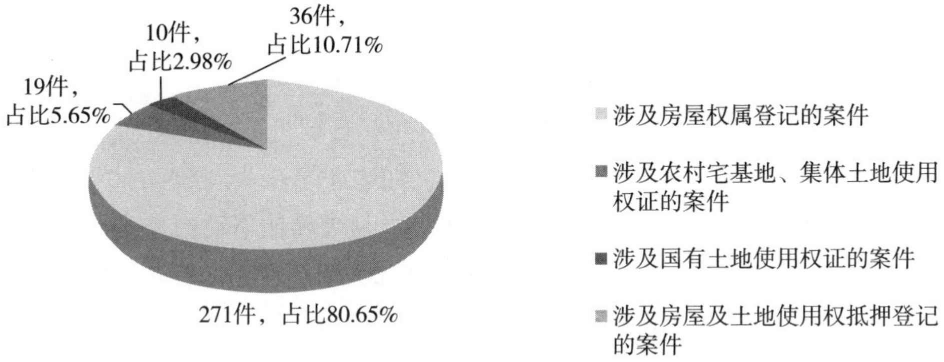

图 3　不动产登记类行政诉讼案件的案件类型

（二）审理结果

从裁判方式看，一审案件中，以裁定结案的 6 件，占比 100.0%，其中驳回起诉 4 件，准许撤诉 2 件。二审案件中，以裁定结案的 233 件，占比 70.61%，其中驳回上诉的 214 件，准许撤诉的 9 件（撤回上诉的 5 件，同时撤回起诉的 4 件），发回重审的 3 件，撤销一审判决改判裁定驳回起诉的 2 件，撤销一审裁定指令继续审理的 5 件；以判决结案的 97 件，占比 29.39%，判决驳回上诉，维持一审判决的 95 件，改判的 2 件（撤销一审判决确认违法的 1 件，撤销一审判决驳回诉讼请求的 1 件）。

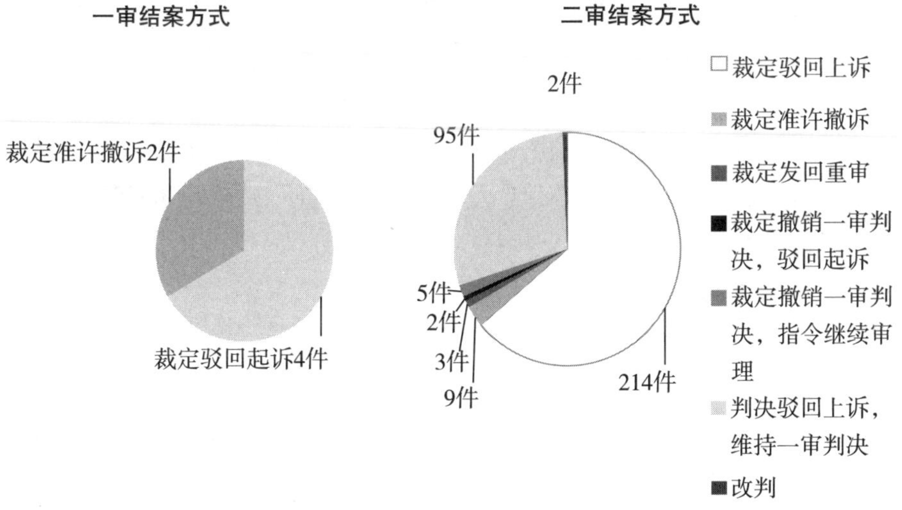

图 4　一审、二审结案情况统计

（三）案件特点

1. 行政机关败诉率较高

上述336件不动产登记类行政诉讼案件中，行政机关败诉50件，败诉率为14.88%，明显高于同期其他类型行政案件的败诉率。从处理结果看，判决撤销不动产登记行为的40件，占比11.90%，判决确认不动产登记行为违法的10件，占比2.98%。仔细查找败诉原因不难发现，因不动产登记的基础民事法律关系发生变化的最多，共29件，占比58.0%，因职权、法律适用及程序问题导致败诉的案件较少。

2. 与民事争议关联密切

上述336件不动产登记类行政诉讼案件绝大部分都基于一定的民事权利义务争议而产生，如房屋买卖合同纠纷、赠与合同纠纷、继承权纠纷、土地使用权转让纠纷等。许多当事人在提起行政诉讼之前或之中就诉争房屋另行提出民事诉讼，行政争议和民事争议常相互渗透，处置结果也互为因果、彼此影响。经过民事案件的审理，如果民事法律关系发生变化，不动产登记的基础事实不复存在，不动产登记行为也应作出相应变化。在上述50件行政机关败诉案件中，由于民事法律关系发生变化，导致不动产登记被确认违法或撤销的共29件，占比58%。

3. 伪造申请材料、隐瞒真实情况现象居多

伪造及隐瞒的手段多样，如隐瞒房屋存在共有人的情况，伪造授权委托书，继承公证书，赠与公证书，骗取或者窃取房产证、身份证找人冒充房屋所有权人出售或抵押房屋等。由于房屋登记工作量大、效率要求高，材料本身真实性辨识难度大，加之以往无法对人、证是否一致作出准确判断，导致上述手段能够完成登记行为。

4. 涉及利益多

因不动产登记行为大部分基于一定民事关系产生，争议发生时，容易涉及多方利益。有的案件是原物权人在居住使用过程中对突然发现的抵押权人提出诉讼挑战；有的是新设立的抵押权人或所有权人对原所有权人提出诉讼挑战。在行政争议中，若不动产权属登记发生变更，第三人上诉案件情况较多。在上述336件案件中，第三人上诉的共16件，占比达4.76%。涉诉第三人基本为不动产登记现有权利人，在一审中，不动产登记被撤销，影响了第

三人对于不动产权利的主张，遂提起上诉。

5. 裁定驳回起诉占比较大

除进入实体审理及以撤诉方式结案外，大多数案件的裁判结果为裁定驳回起诉。上述336件不动产登记类行政诉讼案件中，程序上裁定驳回起诉的案件239件，占此类案件总数的71.13%。其中，因超过起诉期限裁定驳回的57件；因不属于行政诉讼受案范围裁定驳回的11件；因与被诉行政行为不存在利害关系裁定驳回的30件；因不动产登记行为对当事人的权利义务不产生实际影响而裁定驳回的19件。

6. 案件服判息诉率低

此类不动产登记类行政诉讼案件中，虽然作为被告的行政机关败诉率明显高于同期其他类型行政案件，但作为登记机关的常常是无责败诉且此类案件尚无赔偿的情况，其并不过于关注败诉与否。实质的矛盾争议点在于原告与第三人之间，在经过一、二审后，二者之间利益冲突较大，往往陷入零和博弈之间，因对自身诉讼利益关注度极高，实质败诉一方寄希望于通过再次诉讼推翻已生效裁判达到诉讼目的，采取重信重访、越级访、多头信访等方法，或者采取在法院门口打标语、写大字报、闹庭等过激手段，不断给法院施压，甚至可能引发群体性事件，给法院维稳工作带来了极大压力，也容易造成不良社会影响。

二、疑难探查：不动产登记行政案件审理中发现的难点问题

不动产登记案件往往表现为一系列案件，涉及民事法律关系的认定、行政登记行为合法性的审查，跨越了行政、民事两大诉讼，个别案件甚至因伪造虚假材料或诈骗而涉及刑事诉讼，不同性质诉讼之间诉讼标的不同，证据规则和举证责任分配不同，甚至诉讼费收取标准办法也不同，在一个案件中进行审理，理论和实践上都存在障碍。虽然2017年修正的《行政诉讼法》新增了一并解决民事争议的规定，试图实质性化解争议，一揽子解决矛盾，但因不同法官对各诉讼之间的衔接问题可能存在不同的认识，一并解决争议的配套措施并不齐全，导致在案件审理中可能出现不一致的情形，容易引发当事人的质疑和不满。

（一）不动产登记行政案件审理中存在的核心问题

一并解决争议的难度与高效结案考评体系的矛盾导致审理总体思路不统

一。不动产登记行政案件往往牵涉房产等当事人切身重大利益，法律关系复杂，审理难度大，法律风险高，主体众多，大多已历经长期多次诉讼，利益对立和矛盾对抗性增强，审理中往往难以实现各方利益平衡，判决后只要一方或一人利益得不到满足，关联案件都无法案结事了，可能产生后续的上诉、申诉、涉诉信访等问题，直接影响承办法官的考评指标。而在现行的考评体系下，鼓励快结案、多结案、多化解、少信访，加之《行政诉讼法》第六十一条第一款的表述是“可以一并审理”，“可以”赋予了法院对行政诉讼与民事诉讼是否符合一并审理的条件的审查权与最终决定权，在此情况下，不少法官会“本能”地排斥甚至反对一并解决争议，将“可以”完全理解并运用成了“可以不”。在统计案件中，因民事争议未解决，以不具备法定起诉条件裁驳的案件有 12 件，占比达 3.57%。由人组成的审判组织在知识和经验上必然具有局限性，行政审判庭的法官在民事领域难免缺乏知识储备和经验积累，故对于涉及复杂的民事问题影响行政诉讼案件审理进度的不动产登记类案件，因其诉讼审理的低效率，不少人会倾向于反对一并解决的路径：行政诉讼和民事诉讼分属于不同的诉讼制度，针对民事问题应该由专业的民事法官判断。此外，由于诉讼制度不同也确实导致了理论和实践障碍，针对不动产是否构成善意取得的问题需要审理双方民事主体之间的合同等基础民事法律关系，行政诉讼中对不动产行政登记行为的审查对象是当事人与行政机关的行政法律关系，二者的诉讼标的不同，行政诉讼和民事诉讼的证据规则和举证责任分配不同。在一个案件中进行审理，理论和实践上都存在障碍。在王某诉市规自委房屋权属登记一案中，因一审法院认定民事法律关系错误而被改判。在《行政诉讼法》第六十一条第一款规定在实践中亦没有得到广泛贯彻应用的情况下，对此类案件的审理总体思路很难统一。

（二）不动产登记行政案件审理中存在的几个难点

1. 是否应当在行政审理中对善意取得作出认定认识不一

《最高人民法院关于审理房屋登记案件若干问题的规定》（以下简称《规定》）第十一条第三款规定，被诉房屋登记行为违法，但判决撤销将给公共利益造成重大损失或者房屋已为第三人善意取得的，判决确认被诉行为违法，不撤销登记行为。房屋是否已为第三人善意取得，应该在行政诉讼中直接认定，还是需要另行启动民事诉讼程序予以认定，《规定》并未予以明确，司法实践过程中都存在分歧。第一种观点认为善意取得应在行政案件中直接认定：如果在房屋登记行政案件审理时，不考虑第三人是否为善意取得，简单判决撤销登记行为，《民法典》规定的善意取得制度就失去了意义。2014 年修正《行政诉讼法》，在立法目的增加了“解决行政争议”，旨在强化通过行政诉讼化解行政纠纷的作用，在行政诉讼中直接认定善意取得有利于争议的实质性化解，这也是《行政诉讼法》第六十一条第一款规定的具体贯彻执行。如在刘某诉北京市住房和城乡建设委员会行政登记一案审理中，法院对于是否属于善意取得的事实进行了判断。第二种观点认为房屋买卖是否构成善意取得属于民事争议，基于民事诉讼解决民事争议的专业性考虑，应当引导当事人先行通过民事诉讼途径解决。在代某诉北京市规划和自然资源委员会房屋行政登记行为一案中，法院认定涉案房屋转移登记的基础为房屋买卖合同法律关系，该事项系基于民事纠纷而产生的民事争议，对于房屋买卖合同的法律效力及是否为善意第三人等事项应先行通过民事诉讼途径解决。第三种观点认为，善意取得在两种情况下可以不予认定：一种是案件的裁判方式已经确定，即第三人是否构成善意取得不影响案件的裁判结果。许多房屋登记案件中，同一房屋多次转移登记，根据《规定》第十一条第二款的规定，被诉房屋登记行为违法，但该行为已被登记机构改变的，判决确认被诉行为违法。按照该规定，如果被诉登记行为已经发生改变，就应该判决确认被诉行为违法。但同一房屋多次转移登记的案件，往往会涉及第三人善意取得的问题，在已经能够确定不能适用撤销判决而应适用确认违法判决的情况下，则不需要判断房屋是否已为第三人善意取得，也避免了引发新的争议或者判断不准确的情况出现。在冯某诉北京市规划和国土资源管理委员会房屋所有权行政登记一案中，法院认定《分割协议》现已被法院生效判决确认无效，故被诉房屋登记行为的事实基础已不存在，从而直接对转移登记行为的合法性进行了判断。另一种是现有证据材料无法判断的情况。民事案件与行政案件的审理对象、思路、证据规则和举证责任的分配大有不同，如果出现当事人无法找到等情况，案件审理的难度会更大，为了避免出现差错，损害当事人合法权益，对于案件事实无法查明的情况，可以不予判断。

2. 不动产存有抵押权的情形下转移登记错误的行政判决方式认识不一

法院经过审理确认不动产因欺诈、虚假材料等而导致登记错误，在不动产上设定有抵押权的情况下应该适用何种判决方式，司法实践中有不同的处理：有的认为裁判方式应考虑抵押权人的利益和抵押权能否实现的问题，如果构成善意取得时，依据《规定》第十一条第三款的规定，应该适用确认违法判决；有的则认为基于抵押权系附着在不动产上的特性，无须考虑抵押权是否构成善意取得，且抵押登记与房屋所有权转移登记是两个不同的登记行为，抵押登记的事实基础是抵押合同，对于抵押登记，当事人可以在房屋转移登记行为的诉讼之后，另行起诉，应直接采用撤销判决。

3. 不动产登记行为被法院判决撤销之后，原权利人是否需要重新申请登记认识不一

不动产登记行为法院判决撤销之后，原权利人是否需要重新申请登记，其权利能否当然恢复，司法实践中又有两种观点。有的认为不动产登记被撤销之后，标的物处于“无主物”的状态，需要重新申请登记。原权利人需要重新提交相关申请材料，才能重新将房屋登记在自己名下。如果原权利人提交申请材料后，不动产登记机关由于某种原因不予登记，此时应允许原权利人提起履责诉讼，要求不动产登记机关履行房屋登记的法定职责，人民法院应按照一个新的履责案件予以审理。有的则认为不动产登记被撤销之后，自然予以恢复到原权利人名下，行政机关是否予以登记是一个实操层面的问题，行政撤销判决的效力及于行政机关的恢复登记行为，原权利人无须另行提起履责诉讼，行政机关恢复登记是对行政撤销判决的执行。

4. 网签行为在认定房屋权利或利害关系上的性质认识不一

《北京市建设委员会关于全面推行存量房买卖合同网上签约有关问题的通知》规定：自 2008 年 10 月 15 日起，已取得房屋所有权证的存量房进行买卖的，当事人申请转移登记前均需进行存量房买卖合同网上签约。对于网签行为，是否属于行政诉讼受案范围，如果属于，应当沿用何种审理思路，实践中也不统一。第一种观点认为，网签行为、撤销网签行为均具有可诉性。网签是在未办理买卖合同备案登记时的预备案，是一种行政机构的管理行为，网签的效力一定程度上代表了政府的公信力，网签行为包括撤销网签行为，可以对房屋是否可以再次出售状态产生影响，对买家期待权益产生影响，因此应当可诉。第二种观点则认为，网签行为、撤销网签行为是房屋登记行政主管部门将有关信息予以公示的行为，是为规范存量房交易市场、保障交易安全提供的一项服务举措，网签服务与房屋买卖当事人不产生行政法律上的利害关系，不是交易双方签订的买卖合同生效要件之一，不属于可诉的行政

行为。第三种观点认为，网签行为不可诉，理由同第二种观点，撤销网签行为可诉。因为撤销网签行为直接剥夺了当事人继续进行房屋买卖、获得房屋所有权转移登记的机会，因此应该给予当事人诉权。

三、根源剖析：不动产登记行政案件审理困境的缘由

（一）涉及不动产登记行政法源规范与民事规范存在博弈

制定于2014年修正的《行政诉讼法》之后的原《最高人民法院关于适用〈中华人民共和国物权法〉若干问题的解释（一）》（以下简称《物权法司法解释（一）》）第一条为涉及不动产登记的争议提供了非行政一并解决的路径。不动产登记行政案件审理的小马带不动争议实质化解的大车。有学者也指出，“参加者越是试图引进新的争点，对原诉所造成的潜在损害和迟延便越大”。实践中当事人倾向于选择更为便捷、对起诉期限要求并不严苛的路径：①提起民事诉讼→②符合《物权法司法解释（一）》第一条对基础关系争议的，人民法院受理，做出确权民事判决→③当事人以民事判决为依据，要求行政登记机关进行更正登记。

自2021年1月1日起实施的《最高人民法院关于适用〈中华人民共和国民法典〉物权编的解释（一）》第一条坚持了原物权法司法解释的指导思想，该条规定，因不动产物权的归属，以及作为不动产物权登记基础的买卖、赠与、抵押等产生争议，当事人提起民事诉讼的，应当依法受理。当事人已经在行政诉讼中申请一并解决上述民事争议，且人民法院一并审理的除外。

上述司法解释实质上赋予了当事人选择权，由当事人选择先民后行还是一并解决。但《行政诉讼法适用解释》第一百三十九条规定了人民法院可以一并审理的情形，其中第一款第四项规定了“其他不宜一并审理民事争议的情形”作为兜底。“可以”二字赋予了行政法官对是否符合一并审查条件的审查权与启动的最终决定权，实践中存在被滥用的风险。据学者统计，与《行政诉讼法》第六十一条的适用有直接关联的85件案件中，有9件案件法院认为不宜一并审理，但均未在裁判文书中作出任何理由说明。本报告统计情况与上述情况一致，行政法官对不动产登记行政案件审理存在畏难情绪，态度较为慎重、实践探索较少。审理中常常仅将行政法源规范作为审理依据：目前，《规定》是唯一指导涉及不动产登记行政案件的司法解释，但该解释

制定于现行《行政诉讼法》之前，对于现行《行政诉讼法》规定的“一并解决相关民事争议”的原则没有预见，对于相关民事争议是否包含善意取得的认定，现并没有进一步的司法解释予以明确。“先行后民”“先民后行”还是一并审理（又可以分为行政附带民事诉讼和民事附带行政诉讼）以及同时并行审理，登记基础性证据材料存疑时是否必须进行笔迹鉴定等情形存在争议时，实践中有时参考另外一个司法解释——《关于审理公司登记行政案件若干问题的座谈会纪要》，但该解释主要适用于工商登记类案件，能否直接适用指导不动产登记审理实践存在争议。

（二）行政裁判结果与不动产登记机关行政管理流程衔接不畅

司法裁判结果与不动产登记实际效果之间衔接缺乏更具体的操作细则。在实际案件中，当事人所诉争的权益往往包含数个民事争议，涉及多个不动产登记行为。当事人为最大限度地维护自身权益考虑，在要求撤销某一项登记行为的同时，对于该不动产相关的其他权利必然有所主张。而囿于司法审判自身的谦抑性，行政审判针对被诉不动产登记行为的裁判效果不能当然作用于其他行政行为。如不动产转移登记经行政诉讼撤销后，不动产在转移后设立了的抵押登记，司法裁判无法径行对后续抵押登记的合法性进行审查，不动产登记机关也无法将本身带有抵押权的该不动产的所有权直接恢复登记到原所有人名下。所以，即便原所有权人拿到了生效判决，不动产登记机构也因缺乏对于该种情况如何操作的具体规定，无法恢复不动产登记的合法权利外观。所造成的实际效果往往是当事人在得到行政诉讼裁判结果时，依然难以保障相关权利。

（三）涉及不动产登记行政案件公私双重属性与审判队伍既有经验积累存在差异

涉及不动产登记行政案件，兼具公、私双重属性，审理难度大，虽然名为行政案件，但实质争议仍然在于民事。《行政诉讼法》增加了“一并解决行政争议”的规定，导致该类案件存在两种重合的维度：一是行政机关与相对人之间的行政法上的权利义务关系；二是各方当事人达成意思表示一致的民事上的权利义务关系。不动产登记行政案件具备明显的公法属性，这一“行政性”使得对登记行为的司法审查核心应该置于行政诉讼的框架下，司法应对行政机关是否有不动产登记的职权、不动产登记行为是否具有相应的事实基础、是否遵循了法定程序、行政裁量是否适度等问题依据行政法律法规进行审查。而作为不动产登记行政案件的基础性争议事实的民事争议，则具有鲜明的“契约性”，要受到相关民事法律法规之制约，程序纷繁复杂，适用分歧多。司法对民事买卖、抵押合同是否存在可变更、可撤销之情形，协议效力，违约责任等问题，必须结合民事法律规范综合判断后得出结论。双重属性决定了司法审查的双重维度，要求法官能够在不同问题的审理上灵活运用行政和民事法律规范，掌握权衡的艺术，为该类案件的审理增加了难度。2020 年《民法典》及一系列司法解释的颁布实施，将原有的民事法律规范整体推倒翻新，为行政法官学习审理涉及民事争议的不动产登记案件提出了更高的挑战。

(四) 法律规定在司法实践运行中的社会耗散

有学者在分析法律在一个城市工商所的现实运作中提及，国家法律并没有按照其原初样态完好无损地落实到社会基层，层层传递必然会有成本，在执行的组织科层中出现了传递上的亏欠，法律权力末梢的基层执法机关与执法者在与执法对象的斗争中出现了法律的损耗，此即法律的社会耗散。与之类似，法官尤其是一审法官在理解适用法律、司法解释规定中，也存在耗散现象。在以案件数指标为考核核心工作时，一线法官普遍产生某种路径信赖——主动选择最简便、最顺手的方式，出现“目标代换”——“以指标为导向的执法会造成执法者的官僚人格以及在行政逻辑上的目标替代”。

同时，行政法官在面对不动产登记案件中存在有待解决的民事争议时，也不得不考量案件处理后续的信访因素。民事争议的一并解决必然意味着法官对于全部诉争民事利益进行分配，在目前的司法实践中，会导致行政法官处于同时面临行政诉讼与民事诉讼双重涉诉信访风险的叠加环境。当法官考核体系中缺乏对一并解决民事争议进行额外的肯定性评价的前提下，法官面临着案件处理效率与信访风险防控的双重压力，缺乏在行政案件中一并解决民事争议的现实动力。

立法价值考量、业绩价值考量与法官个人价值考量的博弈后果，就是在对《行政诉讼法》规定的“一并解决民事争议”理解适用时，法官态度消极，想尽理由拒绝一并解决，不动产登记行政案件的争议审理必然更多地回归了“民行分家”的现实样态，背离了立法初衷。

四、路径构建：优化审理不动产登记行政案件的司法对策

司法是维护社会公平正义的最后一道防线，而法院的职责与使命决定了法院不得拒绝审判。为充分发挥职能，妥善处理相关案件，不断延伸审判职能，积极营造安全稳定的社会环境和公正高效的法治环境，本次调研在总结现有审判实践经验的基础上，提出如下建议：

（一）完善不动产登记案件行政法律统一适用机制

一并审查行民争议制度是实质性化解纠纷的理念、诉的合并理论的充分体现。在经济价值与伦理价值上，追求以最小的诉讼成本获得最大的诉讼效益，增进诉讼主体对程序救济权的主观体验与获得感。不动产登记行政案件是行民一并审查制度的核心与重点。在不动产登记类行政案件审理中，应当注意以下几点原则：

第一，审慎合理行使对启动一并审查程序的否决性裁量权。审慎适用《行政诉讼法适用解释》第一百三十九条第一款第四项关于“其他不宜一并审理民事争议的情形”的规定，合理行使行政法官裁量权：除当事人申请以外，行政诉讼审判组织要合理使用审查权和裁量权，在充分地、审慎地考量必要性的基础上决定是否启动一并审理程序，既要避免行政审判庭审理缺乏实质性关联关系的民事争议，又要避免一并提出提起民事诉讼的一方对已有的行政程序造成过度的迟延或通过一并审理制度实现规避管辖等不正当目的；最终决定不同意一并审理的，要增加裁判文书的说理性。

第二，注重实质性化解行政争议。《行政诉讼法》第一条增加“解决行政争议”的立法目的，旨在避免程序空转，尽快定分止争、案结事了。在内设机构所属机构追认内设机构作出行为效力的（2018）最高法行申 6130 案件中，最高人民法院即彰显了“解决行政争议”这一追求与倾向。行政庭法官的知识应当融会贯通，应站在老百姓的角度，考虑如何实质化解争议而不是机械地适用相关法律法规和司法解释，以最终问题的解决为目的，在遵循立法本意的基础上灵活适用法律。在网签行为相关的案件审理中，根据网签的作用进行判断，审查相对人是否与限购政策下购房资格的确认密切相关、是否关乎商业贷款的按揭和住房公积金的领取、是否与过户紧密关联，衡量其是否产生了稳定的预期，形成了信赖利益，侧重于认可而不是排斥网签主体

对登记行为的诉讼主体资格。

第三，把握好利益衡量原则与信赖利益原则，妥善处理好各方利益冲突。司法中公共利益衡量主要标准就是损害结果，综合比较公开可能对个人利益造成的损害结果以及公开所获得的公共利益，按比例原则决断。不动产登记行政案件中的善意取得，其本质是利益权衡问题，在衡量是否使相对人产生了稳定的预期、形成了信赖利益，是否存在公共利益、特定条件下是否应优先保护原权利人抑或善意受让人的利益。为兼顾各方利益，应秉持以下原则：一是重点考量民事法律关系的稳定性，尤其是在多手转卖、抵押情形时更应如此；二是比对裁判方式背后蕴含的各种法律价值的基础上，法官根据具体案件情况作出选择。

第四，考量好两个关键风险点。根据《民法典》及其司法解释的相关规定，即便存在基础登记错误，也不影响善意取得权利的确定性，即以拟制方式使善意受让人从错误登记中获得正确的权利。结合民事与行政相关规范，要注意：一是“一事不再理”的原则能否跨越民事与行政领域，即行政法官对于善意取得的认定是否会影响权利人提出民事诉讼请求，妥善解决民事与行政认定可能出现的矛盾情形；二是虽然大多数情形下善意取得较容易判断，但在少数情形下仍无法妥当适用法律规则直接进行判断的，要注意防止错误判断的风险。

（二）审慎推进探索不动产登记行政案件争议一并审查机制

一并审理行政民事争议制度是实质性化解纠纷的理念、诉的合并理论的充分体现，其目的在于充分实现简化诉讼程序，便利当事人诉讼，提高审判效率，防止相互推诿、相互等待，以实现最大化地化解矛盾。但是在现实运行中的不动产登记案件中，行政争议常常是作为民事争议的附属问题出现的，启动一并审理程序的必要性需要基于个案进行具体的考量，这种必要性仅存在于行政登记与民事争议之间存在实质性关联——涉及登记的行政诉讼结论可以对相关民事争议的处理结果产生实质性影响的情况中。

适度探索建立民事诉讼有限审查行政行为制度或民事行政法官共组合议庭合并审理制度。《行政诉讼法》修正时之所以规定了行政诉讼中“一并解决民事争议”的一个考量，就是行政审判庭案件量相对较少，一并交由行政审判阻力与压力小。然而近年实践证明，行政审判庭的人均工作量与民事法官并没有多大差别，一并交由行政审判反而降低了当事人救济的效率。

以善意取得的认定为难点的不动产登记类行政案件，涉及标的大，矛盾冲突尖锐，对行政法官来说是一个挑战，需要具有一定的民事审判工作经验。涉及不动产登记行政案件的核心争议仍然在于基础民事争议的厘清，不动产登记行为不再被认为是一种行政确权，而是一种记载行为，不动产登记的基础法律关系属于当事人意思自治的范畴，登记行为起公示作用。一方面，行政法官在民行一并审查中法官要注意行政审判的权力边界，侧重于审理满足成熟条件的案件（即各方当事人都能高度参与行政诉讼程序、积极行使诉讼权利、法官能合理分配举证责任、查明案件事实），实质性化解纠纷；另一方面，为实质性解决争议，避免循环诉讼，在民法解释已经明确相关行政争议建立在为证权登记的基础上的且不能满足成熟条件的案件，由民事法官优先对基础的民事法律关系进行认定，更适当有效，或适当探索由民事一并审查或者民事行政法官共组合议庭审查的模式。

（三）打通不动产行政登记案件处理中的联通机制

审判是人民法院的第一要务。针对不动产登记行政案件中的疑难问题，及时开展专题调研，明确裁判标准，推动类案裁判尺度统一，保证案件审判质量，是法院的核心任务。自 2013 年 8 月建院以来，我院高度重视统一法律适用工作，积极探索类案裁判尺度统一的方式和路径，形成了类案审判指引、类案强制检索、专业法官会议、专项课题研究四项配套工作机制。

第一，探索建立类案自动索引系统，对于可能涉及民事争议的不动产行政登记案件，争取在立案审查时发现关联诉讼，以便及时与相关法院进行沟通与交流，共同做好突发情况处置预案，注重程序规范性、统一性，谨慎对待诉讼程序中的每个环节，避免因沟通不畅导致应对不及；对于民事、行政争议可能存在相互等候的情况要及时研判、通报，及时相互配合通报进程，在审理中实现快审快结。

第二，完善诉前释明与诉后引导机制。尊重当事人对自己权利救济途径的选择权，不越权主动适用或反对当事人选择“一并解决民事争议”制度。诉前诉中主动靠前，向当事人释明民事、行政两种救济路径的优缺点与效率，提示两种救济路径相关申请期限等程序性事项。行政审理中坚持以对行政行为合法性审查思路的同时，要为当事人的纠纷留出后续解决途径，主动判后答疑。此类案件判决率极高，除无责败诉的被告外，必然有实质败诉一方，判决后要主动向当事人解释裁判思路、宣讲政策法律等，增进当事人对法院关联性裁判结果的理解，避免造成不稳定因素的扩散，将个案对其他潜在诉讼主体的影响降至最低。

第三，建立报告会商制度。对案件审判中遇到的不一致情形，特别是处理结果、法律适用等方面的问题，及时请示共同的上级法院。对于善意取得成立与否，判决方式采取确认违法还是撤销登记，要形成辖区统一的标准。

第四，积极组织相关的研讨会，针对司法实践容易出现思路不统一、裁判标准不统一、疑难问题理解不统一的问题进行研判，群策群力，搭建理论与实践沟通的桥梁，大力促进业务发展、信息交流，在大局中谋划行政审判，为推动首都高质量发展贡献司法智慧与力量。对审理实践中的难点，积极向上级法院献计献策，推动法律或者司法解释对于行政诉讼程序制度（特别是行政诉讼证据制度）的进一步充实和完善。

（四）完善行政机关不动产登记审核程序，避免与化解纠纷源头

规范不动产登记机关依法行政，从源头预防和化解行政争议。一方面，创新调解联动机制，促进规划、建设、城市管理等部门之间的互联互通，避免在不动产登记过程出现制度上的真空环节。另一方面，加强整合与司法机关、调解机关、仲裁机关的制度对接，制定相关操作流程规范，对不动产登记流程中的各个节点进行归类，针对不同类型的登记行为，制定与之相适应的变更条件，与生效裁决结果、司法建议之间构建有效的衔接机制，化解“有判无决”“有撤无改”的矛盾，实现不动产登记外观与民事权利归属相一致的效果。

与不动产登记机构加强沟通，促进其做好充分的风险提示和法律指引，在流程中完善源头警示工作。通过类型化的梳理，有针对性地对当事人进行清晰的风险提示，引导当事人对于易发纠纷进行谨慎审查，从制度构建层面减少伪造文件、冒名顶替等情况的发生。在具体操作层面，加强与公安、公证机构、中介机构等信息平台的联网更新，对于较为频发的冒名、借名、伪造等行为，从技术层面予以把关。与此同时，完善规范文本、规范流程等规制方式，引导当事人以规范方式提出申请材料，避免因流程不规范导致的漏洞环节。

（五）完善绩效考评机制，对典型案件、疑难案件审理予以政策倾斜

在案件受理环节，明确不动产登记案由类型，汇总具有典型意义的案件用以形成相应类型案件的一般审理思路。创新跨领域案件审理考核机制，鼓励相关审判领域的法官共同组成合议庭、法官会议，做好行政审判、民事审判、行政赔偿等不同审判领域的衔接。按照审判实际，适时组成不动产登记案件跨领域专业审判团队、审判小组，通过司法实践经验的积累培养专业人才，提高案件审理水平。

针对性调整不动产登记行政案件的考核考评机制。对于司法领域发现的新类型、跨领域等难度大、涉及利益重大、影响面广或者具有示范意义的案件，在不放松审判效率的同时，着重考察案件的规范意义和社会效果。对于具有典型意义及涉及多领域的疑难案件，在考核评价过程中增加考评权重，对于突出的业务人才与业务专家予以表彰奖励，从制度层面予以适当的政策倾斜。与此同时，积极推动涉法、涉诉信访回归到法治轨道解决，充分打消行政法官在审理行政案件过程中一次性解决民事争议时的涉访顾虑。从制度设计上鼓励案件审理环节争议的实质性、一次性化解。

结语

不动产登记的基础法律关系属于当事人意思自治的范畴，其中的典型案件如善意取得问题涉及行政与民事的交叉领域。个案的情况十分复杂，行政案件裁判者不应机械适用法律，而是应该探究立法原旨，尽可能全面、严谨地分析案情、适用法律，以实质性化解争议、维护老百姓合法权益为根本出发点和落脚点，努力让人民群众在每一个司法案件中感受到公平正义。

（作者单位：北京市第三中级人民法院）

黑龙江省高级人民法院
关于近五年行政抗诉案件的分析报告

黑龙江省高级人民法院行政庭课题组

为全面了解行政抗诉案件审判情况，深入审判研究实践中遇到的新问题、新情况，统一法检两家司法适用标准，推动行政争议实质性化解，黑龙江省高级人民法院（以下简称省法院）行政庭对2016—2020年受理、审结的行政抗诉案件进行了梳理统计和分析研判。具体情况如下：

一、案件总体情况

2016—2020年，省法院行政庭共受理行政抗诉案件53件，年均10.6件。具体来看，2016年8件、2017年11件、2018年7件、2019年16件、2020年11件。其中，2019年有赵某伦等12人诉大庆市萨尔图区城市管理局行政强制及行政赔偿系列抗诉案件12件，2020年有哈尔滨九发房地产综合开发有限公司诉哈尔滨市自然资源和规划局房屋行政登记系列抗诉案件4件。

（一）案件再审结果维持率高、改判和调撤率低

在省法院行政庭已经受理的53件案件中，已经审结51件，其中，指令再审的5件，提级再审的46件。经再审的案件中，维持原审裁判的41件，维持率为80.39%。另有当事人撤回再审的1件，调解结案的1件，调撤率为3.92%。基于行政诉讼案件本身的特点，大多数的案件已经二审，有的已经再审审查，原审确实存在错误的可能性相对较低，同时，案件涉及的矛盾相对较大，在抗诉再审过程中，双方达成和解的可能性也相对较低，因而，行政抗诉案件具有维持率高、改判和调撤率低的特点。

（二）案件涉及领域和类型较为集中

从案件涉及的行政管理领域来看，主要有城建（含房屋拆迁、征收）、

公安、土地、房屋登记、社保、市场、交通运输、卫生等领域，其中，居于前三位的是城建（含房屋拆迁、征收）、公安和土地，分别为17件、10件和7件，共34件，约占总数的66.67%。从案件涉及的行政行为类型来看，主要有行政强制、行政登记、行政处罚、行政确认、行政赔偿[①]、行政处理等行为，其中，居于前三位的是行政强制、行政登记和行政处罚，分别为12件、10件、7件，共29件，约占总数的56.86%。综合来看，涉及房屋拆迁及征收补偿，土地、房屋权属登记及处理等案件较为集中，上述两类案件分别为17件、13件，约占总数的58.82%。

（三）检察机关抗诉理由多样且集中

《行政诉讼法》第九十一条规定了人民法院应当再审的八种情形。检察机关提起抗诉的理由涉及六种情形，其中，认为原判决、裁定适用法律、法规确有错误的29件；原判决、裁定认定事实的主要证据不足的6件；不予立案或者驳回起诉确有错误的3件；违反法律规定的诉讼程序，可能影响公正审判的3件；有新的证据，足以推翻原判决、裁定的2件；原判决、裁定遗漏诉讼请求的1件。另有同时认为原判决、裁定认定事实的主要证据不足，且适用法律、法规确有错误的3件，同时认为不予立案或者驳回起诉确有错误且原裁定适用法律、法规确有错误的2件；同时认为原判决、裁定适用法律、法规确有错误且违反法律规定的诉讼程序，可能影响公正审判的1件。由此可见，检察机关提起抗诉理由多样，但主要理由是原判决、裁定适用法律、法规确有错误，共有35件，约占总数的68.63%[②]。

二、具体案件分析

2016—2020年审结的51件抗诉案件中，支持检察机关抗诉的有10件[③]，具体到各年份依次为2016年2件、2017年2件、2018年1件、2020年5件。其中，支持检察机关的抗诉，发回重审的3件，予以改判的7件，支持率约为19.61%。经再审不支持检察机关抗诉的41件，约占总数的80.39%，不支

① 此处行政赔偿是指单独提起行政赔偿诉讼的案件（共5件）。若涉及附带提起赔偿诉讼的，案件总数将达到20件。

② 计算基数包含不能确定抗诉理由的1件。

③ 此处是指法院经再审支持检察机关抗诉意见并进行改判或者发回重审的案件。支持部分抗诉意见，但并未进行改判或者发回重审的不在此处统计范围之内。

持率相对较高。

（一）支持检察机关抗诉的案件分析

支持检察机关抗诉的案件中，有 3 件对检察机关的抗诉意见予以支持，进而作出发回重审或者予以改判。剩余 6 件[①]，法院虽然支持了检察机关的抗诉，但并非意味着对检察机关的抗诉意见予以支持。

1. 有的案件法院虽支持检察机关抗诉，但并非基于检察机关的抗诉意见

例如，在哈尔滨九发房地产综合开发有限公司诉哈尔滨市自然资源和规划局房屋行政登记系列 4 个抗诉案件中［（2020）黑行再 15 号–18 号］，抗诉意见认为原审裁判认定的事实主要证据不足，并补充提交了相关证据材料。法院再审认为，原告并非被诉行政登记行为的相对人，其与被诉行为亦无法律上的利害关系，不具有原告主体资格，原审立案并进入实体审理属法律法规适用错误，遂判决撤销原审生效裁判，并非基于抗诉意见所认为的主要证据不足。

又如，在杨某文诉海林市住房和城乡建设局房屋拆迁行政裁决案件中［（2017）黑行再 4 号］，经再审，法院并非基于抗诉意见所认为的原审适用法律、法规错误这一理由，而是原审存在事实不清的问题。法院认为，被诉拆迁裁决是否存在漏项、第三人是否有权代理原告进行协商以及是否经领导集体讨论决定等问题未能查清，而非裁决程序违法的问题，遂判决撤销生效判决，发回重审。

2. 有的案件法院虽支持检察机关抗诉，但并非意味着对抗诉意见均予以支持

例如，在常某富等与肇东市宋站镇人民政府土地行政处理案［（2016）黑 12 行再 5 号］中，经再审，法院支持了检察机关的抗诉，但只是认为检察机关的抗诉意见部分有理。抗诉意见认为，被告对村委会的土地变更登记行为是否合法作出处理，不应适用《土地管理法》第十六条，同时，被告亦无权适用《农村土地承包法》第五十四条的规定，原审支持被诉行为属于适用法律、法规错误。法院经审理认为，被告作为涉案土地证的监发机关，有权适用《土地管理法》第十六条对诉争的土地使用权纠纷作出行政处理决定，

---

① 另有 1 个案件的裁判文书未能体现是否支持了检察机关的抗诉意见，只能体现支持了检察机关的抗诉，因此此处统计为 6 件。

但适用《农村土地承包法》第五十四条的规定错误，遂在撤销生效判决的同时，一并撤销被诉行政处理决定，责令被告重新作出行政行为。

（二）不支持检察机关抗诉的案件分析

法院不支持检察机关抗诉的原因主要在于法检两家对于法律法规的理解、适用，证据采信、事实认定以及被诉行为性质认定方面存在一定分歧。其中，抗诉意见对法律法规的理解适用不到位是检察机关抗诉得不到支持的主要原因。在检察机关以原判决、裁定适用法律、法规确有错误为由提起抗诉的35个案件中，不支持检察机关抗诉意见的有30件，约占不支持检察机关抗诉意见总数（41件）的73.17%。

1. 抗诉意见对某些法律法规的理解不到位

对于法律法规的正确理解是适用法律的前提。在不支持检察机关抗诉的案件中，有的案件是因为抗诉意见对某些法律法规的理解不到位。

例如，在岳某诉哈尔滨市自然资源和规划局房屋注销登记案［（2018）黑01行再2号］和李某泉诉哈尔滨市交通运输局行政赔偿案［（2019）黑行再8号］中，涉及对行政赔偿构成要件中因果关系和损失的理解。在（2018）黑01行再2号案中，原告在购买新房时，因被告违法将其旧房所有权予以注销，致其无法通过出卖旧房的方式购买新房而只能采取其他方式筹措款项，未能享受相应折扣，进而造成损失。抗诉意见认为，被告注销登记的行为与原告损失之间存在因果关系，被告应当承担赔偿责任。法院再审认为，被告注销登记的行为并未导致涉案房屋产生实际损害，原告主张的损失并非被告行为所产生的必然后果，二者不存在因果关系。在（2019）黑行再8号案中，原告诉请被告赔偿因车辆被违法（已被确认为违法）超期扣押所产生的租车费用。抗诉意见认为，租车费用是原告的直接损失，其中合理的部分应当予以支持。法院再审认为，原告租车费用并非因扣押车辆造成的直接损失，不属于行政赔偿范围。在行政赔偿案件中，损失应当属于直接损失，一般是行政机关违法行为直接作用的标的物的毁损、灭失或者人身自由的丧失，间接损失一般不属于行政赔偿的范围。另外，对于因果关系的认定，应当在正确确定损害后果的前提下，考虑在一般情形下，违法行为是否必然导致损害后果的发生，不能只依据违法行为和损害后果存在简单条件关系即认为存在因果关系。

又如，在杨某学等9人和于某中诉黑龙江省国土资源厅驻农垦总局国土资源局建三江分局土地行政登记两个案件［（2018）黑行再5号-6号］中，涉及新旧行政诉讼法衔接的理解。上述两个案件于2015年5月1日之前立案受理，法院依据当时生效的旧行政诉讼法，未列作出维持决定的复议机关为共同被告。抗诉意见认为，一审法院没有追加共同被告，违反法律规定的诉讼程序，可能影响公正审判。法院再审认为，根据与新行政诉讼法同时生效的《行政诉讼法适用解释》第二十六条的规定，依照修改前的行政诉讼法已经完成的程序事项，仍然有效。原审依照旧行政诉讼法的规定，对原告的起诉审查立案，属于已经完成的程序性事项，即使行政诉讼法修改后，案件仍在审理程序中，亦不能否定已经完成程序事项的效力。故原审未追加复议机关为共同被告并无不当。对于上述两个案件，最高人民法院已经考虑到新旧法律适用的问题，故而在配套司法解释中对涉及的程序问题作出规定，对于已经完成的程序性事项在新法实施后继续有效。

再如，在曲某霞诉绥化市人力资源和社会保障局等工伤行政确认案［（2020）黑行再21号］中，涉及工伤认定中视同工伤的理解。原告在工作时间和工作岗位身感不适，在未直接到医院进行救治的情况下，离开工作岗位，回家休息，后因病情加重，经医院抢救无效死亡。抗诉意见认为，上述情形应视同工伤，原审对《工伤保险条例》第十五条第一款第一项的限缩解释，有悖于工伤保险条例中保障劳动者权益的立法目的。法院再审认为，中华人民共和国人力资源和社会保障部法规司于2016年5月20日发给原国务院法制办公室的函中明确："《工伤保险条例》第十五条第一项视同工亡理解与适用，应当严格按照工作时间、工作岗位、突发疾病、径直送医院抢救等四要件并重，具有同时性、连贯性来掌握。如虽在工作时间、工作岗位发病或自感不适，但未送医院抢救而是回家休息，48小时内死亡的，不应视同工亡。"据此，法院认为，原审判决驳回曲某霞的诉讼请求并无不当。视同工伤属于因工伤亡之外的扩大保护，因此对视同工伤的判定应当严格掌握，不宜对视同条件随意扩大解释，不合理扩大视同工伤的保护范围。对因突发疾病视同工伤的认定上，应当从严适用工作时间、工作岗位、疾病突发和48小时内死亡四个重要条件，尤其是疾病发生的时间和地点是否属于日常的工作时间和工作岗位，或者特殊情形下合理延伸的工作时间和工作岗位。

2. 抗诉意见对某些法律法规的适用不正确

行政案件中法律法规层级多、领域广，适用起来较为复杂。在不支持检察机关抗诉的案件中，有的案件是由于抗诉意见所适用的法律法规已经或实际被废止；有的案件中相关规定虽然已被废止，但是应当坚持从旧原则，适用已经废止的规定。

例如，在张某、王某东诉齐齐哈尔市泰来县人民政府房屋征收补偿决定案［（2017）黑行再8号］中，检察机关依照省住房和城乡建设厅《关于下发〈国有土地上房屋征收与补偿国有土地上房屋征收与补偿条例〉相关实施规定的通知》（黑建房〔2011〕11号）第三条的规定，认为被告在召开选定房地产价格评估机构的会议时，只有拆迁部门、社区工作人员及被征收人代表参加，没有监察机关、公证机关和上级征收部门人员参与监督，违反上述有关规定，遂提起抗诉。经函询省住房和城乡建设厅，检察机关所依据的规定，因省政府下发《黑龙江省人民政府办公厅转发省住房城乡建设厅关于贯彻〈国有土地上房屋征收与补偿国有土地上房屋征收与补偿条例〉实施意见（暂行）的通知》（黑政办发〔2011〕52号）而废止。因此，法院再审认为检察机关的抗诉意见不能成立。

又如，在高某学诉抚远市人力资源和社会保障局劳动行政处理决定案［（2018）黑行再3号］中，检察机关依据《行政诉讼法执行解释》第六十七条第二款的规定，认为原告对一审认定的事实有争议，二审应当开庭审理。原审未经调查和询问当事人，亦未开庭审理，程序严重违法，影响了案件的公正审判。法院再审认为，新行政诉讼法对二审审理方式作出规定，其已经对根据旧行政诉讼法作出的上述司法解释作出改变，上述司法解释的有关规定与新行政诉讼法不一致的，实际上已经自动废止。因此，原告在二审中并未提出新的事实、证据及理由，二审法院未开庭审理不违反法律规定。

再如，在依安县海东广告有限公司等诉依安县住房和城乡建设局拆迁行政裁决案［（2020）黑行再6号］中，抗诉意见认为，原审判决适用已经废止的《齐齐哈尔市城市房屋拆迁管理条例》作为本案裁判依据属于适用法律法规确有错误。法院经再审认为，虽然审理时《齐齐哈尔市城市房屋拆迁管理条例》已经实施，但原告申请的锅炉及房屋的补偿问题发生在《齐齐哈尔市城市房屋拆迁管理条例》实施之前，涉及具体实体补偿安置问题应适用拆迁安置时生效的《齐齐哈尔市城市建设动迁管理细则》的相关规定。对于法律法规的适用，一般坚持实体从旧的原则，在涉及具体补偿问题的，应当适用补偿发生之时的相关规定。否则，随着法律的修订，相关补偿关系将长期处在不确定之中。

3. 抗诉意见对某些证据采信事实认定有偏颇

例如，在王某顺诉齐齐哈尔市泰来县人民政府房屋征收补偿案［（2017）黑行再 2 号］中，抗诉意见认为，被告对棚户区改造项目的回迁进行易地安置不符合规划要求，主要基于被告未提供证据证明在原址偏南易地安置是按照规划要求进行的，同时承认在原址偏南位置没有规划和手续。法院再审认为，棚户区改造地段房屋产权调换确定为就近安置（原址偏南）是被告基于城市建设规划需要，本着有利于居住和方便生活的原则，根据《泰来县城镇国有土地上房屋征收与补偿办法》相关规定并经县长办公会研究确定，符合国民经济和社会发展规划、城乡规划和棚户区改造专项规划、土地利用总体规则。关于在原址偏南安置进行建设的详细规划手续，需要在土地摘牌净地以后才能作出。规划虽然具有权威性，但并非一经制定就不能作出任何改变。根据社会经济发展的需要，相关规划可以依照有关程序作出改变，详细规划也应当不断完善。由此可知，对于安置项目是否符合规划的认定，应当基于动态的观点，综合作出认定。

又如，在于某琴因诉双鸭山市人力资源和社会保障局工伤不予受理案［（2018）黑行再 12 号］中，抗诉意见认为，原告自 2003 年开始多次向人社部门提出工伤认定的请求，均未得到书面答复，原审仅以 2005 年的一份申请作为首次提出工伤认定的时间，与事实相悖。法院再审认为，原告虽多次提出的申请，但并非可明确为申请工伤认定，故不能认为其于 2003 年已经提出工伤认定申请。当事人向行政机关提出有关申请应当符合相关规定要求，提供相关材料和证明。当事人不按要求提出的，行政机关有权拒绝受理。同时需要指出的是，本案涉及的事故伤害发生于 1984 年，当时并未实施有关工伤保险的法律法规，其相关诉求只能按照政策予以处理。

4. 抗诉意见对某些被诉行为性质认定有偏差

被诉行为的性质决定了原告的起诉是否应当予以受理并进入实体审理。在不支持检察机关抗诉的案件中，有的案件被诉行为不应当予以受理，而抗诉意见认为应当予以受理；有的案件被诉行为应当予以受理，而抗诉意见认为不应当予以受理。

例如，在接某君诉桦川县公安局行政赔偿案［（2016）黑行再8号］中，抗诉意见认为，被诉不予国家赔偿决定属于行政诉讼受案范围，原审驳回起诉不当。法院再审认为，检察机关的抗诉意见不能成立，遂对原审裁定予以维持。被诉不予国家赔偿决定是原告申请被告对其违法实施刑事侦查行为进行赔偿而作出的。因刑事侦查行为不属于行政诉讼的受案范围，基于其所作出的不予赔偿的决定亦不属于行政诉讼的受案范围。若法院对后者予以受理，则不可避免地对前者进行审查，从而有违法律法规规定。

又如，在鸡西市胜利水暖锅炉厂诉鸡西市房屋征收办公室等房屋拆迁案［（2016）黑10行再9号］中，抗诉意见认为，被告受人民法院的委托保管被拆迁房屋中的物品，致物品丢失，不属于具体行政行为。原审判决将该行为认定为具体行政行为并确认违法错误。法院再审认为，被告保管被拆迁房屋中的物品，应认定为协助法院执行的行为，当事人认为该行为造成其损失的，具有可诉性。行政机关的协助执行行为虽不是行使行政管理职权的行为，但其是行政机关必须履行的法定协助义务。根据《最高人民法院关于行政机关根据法院的协助执行通知书实施的行政行为是否属于人民法院行政诉讼受案范围的批复》（法释〔2004〕6号，2019年7月8日废止）和《行政诉讼法适用解释》的相关规定，行政机关根据人民法院的生效裁判、协助执行通知书作出的执行行为不属于行政诉讼的受案范围，但行政机关扩大执行范围或者采取违法方式实施的除外。

（三）对涉及特殊事件抗诉的案件分析

行政诉讼担负着保护公民、法人和其他组织合法权益和监督行政机关依法行使职权的职责，能否作为行政诉讼案件予以受理，取决于法律法规的规定，更受到相关政策的影响。检察机关提起抗诉的案件中，有一些涉及劳动教养、政策调整范围等较为特殊的案件。

例如，王某权诉伊春市公安局友好公安分局治安行政处罚及行政赔偿案［（2018）黑行再11号］，涉及劳动教养的问题。又如，前述于某琴因诉双鸭山市人力资源和社会保障局工伤不予受理案［（2018）黑行再12号］，涉及政策调整范围问题。

三、有关意见建议

为提高行政抗诉案件审判质效，避免审判程序空转，切实有效纠正错误裁判，实质性化解行政争议，提出以下几点意见建议：

（一）建立法检定期沟通协调机制

检察机关提起抗诉是对法院生效裁判予以监督的重要方式。为加强互相沟通，方便有关事项的协调，建议建立法检两家定期沟通协调机制。指定专人负责法检两家有关问题的联络和沟通。通过召开座谈会、协调会等方式，定期对行政抗诉申请审查、行政抗诉案件审理中存在的问题进行通报，共同研究解决行政争议解决中存在的新问题、新情况，实现法检良性互动，共同维护公民、法人和其他组织的合法权益，推动行政机关依法行政，为建设法治黑龙江保驾护航。

（二）共同提升自身综合业务素质

为减少法检两家对有关问题认识和理解的分歧，建议建立共同学习、共同培训的机制，共同提升自身综合业务素质。加强对有关法律法规，特别是涉及房屋拆迁及征收补偿，土地、房屋权属登记及处理等领域的法规规范的学习，理解相关规范的要旨，对被诉行为正确定性，切实提高法律适用能力。加强对部门行政领域的学习，深入研究专业性问题，统一法检两家对证据采信、事实认定的标准。

（三）加大协调实质化解行政争议

解决行政争议是法检两家参与社会治理的重要目标。为促进行政争议实质性化解，建议加大协调力度，综合多方资源，运用多元手段，对案件进行分析、研判和处理。对涉及行政赔偿、行政裁量的案件，加大调解力度，实现案结事了。对涉及特殊事件的案件，加强协调，争取将争议化解在诉讼程序之外。邀请行政机关、行业协会等积极参与行政争议的实质化解之中，共同构建多元社会治理格局。

（作者单位：黑龙江省高级人民法院）

工伤认定类案审理调研报告*

上海铁路运输法院课题组**

【摘要】 工伤认定是社会保障行政管理中涉诉较多的行政行为，关系基本民生。随着用工形式的灵活化、多样化，工伤认定领域新情况新问题不断出现，司法裁判面临较大挑战。为回应群众的司法需求，统一裁判尺度，满足法官办理工伤类案的需要，编撰该工伤认定类案办案要件指南。指南围绕工伤认定类案总体情况概述、立案阶段的审查、审理阶段的审查、一般裁判指引、实质性解决争议经验总结五个方面，明确并细化了涉不予受理工伤认定申请、认定工伤决定、不予认定工伤决定案件的基本审理思路，并针对工伤认定案件协调化解率低的实践困局，建构工伤类案行政争议实质性解决工作机制，加强类案协调化解的具体指引。同时指南还结合审判实践疑难复杂问题，厘定了职工社会保险缴纳单位与实际用人单位不一致情形下工伤认定地域管辖的判断思路、明晰了"上下班途中"的判断标准、确定了涉及排除认定工伤案件的审查要点等，对规范社会保险行政部门的执法行为、促进劳动者及用人单位合法权益维护的平衡，完善适用统一机制具有重要价值和意义。

【关键词】 工伤认定　起诉审查　审理规则　裁判指引　实质解决行政争议

第一部分　工伤认定类案总体情况概述

工伤认定系社会保险行政部门对职工受到的伤害是否符合认定工伤或者视同工伤的条件作出确认的行政行为，是伤亡或患职业病职工获得工伤保险

---

* 系2020年上海法院类案办案要件指南专项课题部分调研成果，目前该课题文稿已发表于《上海法院类案办案要件指南（第4册）》，人民法院出版社2021年版。

** 课题组成员：李健、邱莉、崔胜东、沈丹、孙焕焕、李晓、张吉人、林俊华。

待遇的前提和基础。1951 年 2 月颁布的《劳动保险条例》最早提出了“因工负伤职工的治疗和补偿”。改革开放后，原劳动部结合经济社会发展新特点以及工伤保险改革试点的要求，于 1996 年 8 月颁行《企业职工工伤保险试行办法》（以下简称《试行办法》），首次明确认定及排除工伤的范围，为社会保险行政部门实际操作提供了具体指引。为进一步适应市场经济发展需要，2003 年 4 月，国务院颁布《工伤保险条例》（以下简称 2003 年《工伤保险条例》），进一步明确“保护职工权益”的立法宗旨，拓宽工伤保险的覆盖范围，厘定工伤认定的基本标准，区分认定工伤与视同工伤的不同情形，解决《试行办法》将认定、视同工伤混同的问题。为贯彻 2003 年《工伤保险条例》的精神，上海市于 2004 年 6 月 27 日颁布《上海市工伤保险实施办法》，结合本市实际，进一步细化工伤认定的要求，并在全市建立工伤保险体系，促进城市经济社会可持续发展。嗣后，为解决非机动车事故伤害未被纳入上下班途中认定工伤范围有失公平，且不分区上下班途中事故责任增加工伤保险成本等问题，国务院对 2003 年《工伤保险条例》进行了修订，并于 2010 年 12 月 20 日发布修订后的《工伤保险条例》①，从责任划分角度排除了在交通事故中负主要责任和全部责任的职工可享受工伤待遇的情形，且明确上下班途中事故伤害包括基于职工搭乘不同种类交通工具引起的机动车、非机动车道路交通事故、城市轨道交通事故、客运轮渡事故、火车事故等。鉴于《工伤保险条例》的修订，为因应社会发展新特点，对《上海市工伤保险实施办法》于 2012 年进行了修订。

工伤保险制度自实施以来，在改善企业用工环境、预防工伤事故与职业病伤害，救治和保护受伤或患职业病职工及死亡职工近亲属、帮助伤病职工恢复劳动能力，降低用人单位经营风险、保障社会经济稳定发展等方面发挥了重要作用。但社会转型时期用工关系以及用工形式的变化，也给工伤保险制度的实施带来了新的挑战，社会保险行政部门在处理工伤纠纷时常常面临职工权益保护、用人单位责任分担及社会保险基金分配等多方利益交织、协调的情况。该类纠纷涉诉后，人民法院亦面临促进国家经济发展与维护社会秩序稳定的价值判断。为依法公平、公正、高效办理工伤认定案件，有效衡平多重价值，特组织撰写了工伤认定类案办案指南。本指南以《工伤保险条

① 本指南如无特别说明，所述之《工伤保险条例》均指 2010 年修订后的规定。

例》《上海市工伤保险实施办法》的规定为依据，对工伤认定类案审判经验以及疑难法律问题进行总结梳理与系统研究，以规范工伤认定执法标准、促进工伤认定适法统一。

一、工伤认定类案的基本情况

（一）工伤认定行政案件数量基本呈增长与回落交替态势

2016 年 1 月—2020 年 12 月，上海法院共受理工伤认定一审行政案件 662 件，平均每年收案 132.4 件。各年度工伤认定行政案件收案数量分别为：148 件、128 件、161 件、119 件、106 件，分别占全市一审行政案件的比重为 2.2%、1.7%、2.9%、2.3%、2.2%。

（二）被诉行政行为以认定或不予认定工伤决定为主

因 662 件案件中有部分裁定准予撤诉案件的裁判文书未注明工伤行政行为的具体类型，故仅以裁定不予立案、并案处理、驳回起诉以及判决方式结案的 555 起案件作为统计样本分析被诉行政行为的类型。其中，并案处理一般是指社会保险行政部门作出认定工伤决定后，受伤职工不服认定工伤决定认定的受伤部位，用人单位不服认定工伤的结果，双方分别就认定工伤决定提起诉讼，法院均立案后裁定并案处理，受伤职工、用人单位均作为案件原告参与诉讼，故合并审理。在 555 起案件中，起诉认定工伤决定的有 325 件，占比 58.6%；起诉不予认定工伤决定的案件数量次之，共 181 件，占比 32.6%；不服上述两项决定提起诉讼的占比共 91.2%。另有起诉不予受理工伤申请决定的 42 件、诉请履行法定职责的 3 件、不服工伤行政复议决定的 2 件、起诉补正材料通知及工伤申请受理决定的各 1 件。

（三）案件争议集中在三工因素、上下班途中的判断等方面

因裁定准予撤诉案件未具体标注案件主要争议，裁定不予立案、并案处理、驳回起诉的案件未对主要争议作出实体判断，故该部分主要对以判决方式结案的 526 起案件进行统计分析，梳理工伤认定案件原被告的主要争议，部分案件还涉及多个争议点。“工作时间、工作场所、工作原因”三工因素引发争议的案件数量最多，共 210 件；原被告对“上下班途中”的判断产生分歧的案件 118 件；因“工伤认定受理条件”（含申请时限、社会保险行政

部门地域管辖范围的认定以及提交工伤申请材料是否符合要求的判断等）产生争议的52件；原被告对“职工是否符合履行工作职责受到暴力伤害”问题解读不一的案件共51件；涉及“工作时间、工作岗位突发疾病48小时抢救无效死亡”判断的49件；“因工外出”引发争议的32件；案件涉及“病与伤”的把握的共9件；“预备或收尾工作”判断引发争议的共7件；涉及是否属于“职业病”判断的案件为6件；另有少数因“排除认定工伤”、工伤认定时限中止、重复申请、更正工伤认定文书引发争议的案件。

（四）判决结案方式在工伤认定行政案件中占比较高

从2016年1月—2020年12月上海法院受理的662起一审工伤认定行政案件的结案方式上来看，法院处理该类争议的裁判结果以判决为主，判决结案数共526件，占结案总数的79.5%，其中判决驳回诉讼请求519件、判决撤销7件（含撤销工伤行政行为并责令重新作出的2件）。其余为裁定方式结案，其中裁定撤诉结案数为107件，占结案总数的16.2%；裁定不予立案的1件、裁定驳回起诉的27件、另有1件因受伤职工及用人单位均不服认定工伤决定分别提起诉讼，被法院裁定并案处理，从程序上对当事人的起诉进行处理的案件合计占比为4.4%。上述案件中，社会保险行政部门共败诉7件，败诉率为1.1%。社会保险行政部门败诉的原因主要集中在工伤事实认定不清、认定或不予认定工伤的主要证据不足、错列工伤申请主体程序违法等方面。

二、工伤认定类案的基本特点

（一）在工伤认定类案统一归口下，案件具体情况复杂多样

基于企业用工形式的多元性、工伤表现形式的多样性、涉及法律关系的复杂性，工伤认定行政案件情况呈现出复杂多样的特征，即便是同一类型案件，因个案情况的差异，也会导致工伤认定结果的不同。

1. 从用工形式来看，由于经济社会发展，企业用工形式呈现多元趋势，除传统的全日制用工形式外，非全日制用工、劳务派遣、外包、建立劳务关系等新型用工形式的兴起满足了企业充分利用人力资源、提高管理效率的经营目的。但用工形式的多元化同样产生了工作时间和工作场所难以界定的问题，影响了司法审判对劳动关系以及工作时间、工作场所、工作原因三工因素等工伤事实问题的判断。

2. 从工伤的表现形式来看，有在工作时间、工作场所因工作原因受伤，从事预备性或收尾性工作受伤，履行工作职责受到暴力伤害，因工外出受伤，上下班途中发生交通事故致伤等多种情形。除事故导致受伤外，还有因工作环境引发的职业病以及工作时间、岗位突发疾病死亡视同工伤等情形。

3. 从法律关系来看，工伤认定案件既涉及职工、用人单位、社会保险行政部门之间的行政法律关系，又涉及职工与用人单位之间的劳动法律关系，部分案件还涉及与第三方的劳动争议，案件情况比较复杂。例如劳务派遣、个人挂靠、违法发包情形存在多方主体，需要在审理中根据不同法律关系甄别和确定工伤保险责任的承担主体。

（二）争议焦点集中于工伤的事实判断及法律适用，工伤程序引发争议较少

从上文对被诉行政行为类型的分析可以看出，因超过工伤申请期限、不属于社会保险行政部门管辖范围、提交工伤申请材料不全等导致工伤申请未获受理、工伤行政复议行为引发的争议占比仅为8.3%，而当事人不服认定或不予认定工伤决定起诉的占比91.2%。工伤认定行政案件中各方当事人的争议主要集中在伤亡职工是否符合认定工伤或者视同工伤的条件、是否存在排除认定工伤的情形等事实判断以及法律适用方面，其中“工作时间、工作场所、工作原因”三工因素的判断、“上下班途中”的认定、“工伤认定受理条件”的界定、“履行工作职责受到暴力伤害”的确定、“工作时间、工作岗位突发疾病48小时抢救无效死亡”的判断最易引发争议；因工伤认定受理程序及工伤认定行政复议行为引发争议的相对较少。

（三）案件裁判结果以判决方式为主，经调解撤诉案件数量较少

从上文工伤认定行政案件结案方式分析部分可知，绝大部分案件均进入了实体审理阶段，由法院对工伤认定行政行为进行实体审查后作出判决。另外，662起工伤认定行政案件中以调解、撤诉结案的共107件，占比仅为16.2%。调撤率不高的原因主要在于职工、企业对是否认定、视同、排除工伤的事实认定及法律适用分歧较大，双方之间利益对立明显，较难调和。且职工被认定工伤会增加企业的运营成本，此种情况在职工未缴纳社会保险，工伤赔付费用由企业负担的情况下尤为突出，故企业一方往往不配合法院的协调化解工作。

（四）案件上诉率较高，用人单位作为上诉人的案件居多

2016 年 1 月—2020 年 12 月上海法院审理的工伤认定行政案件中，不服一审裁判提起上诉的 371 件，上诉率达 66.8%。上诉案件中，企业、个体工商户等用人单位作为上诉人的 222 件，职工或近亲属作为上诉人的 148 件，用人单位、职工均作为上诉人的 1 件，对一审裁判结果不服提起上诉的以用人单位居多，这与用人单位作为原告起诉的案件居多有较大关系。该类案件上诉率高与上文提到的工伤认定行政案件调解撤诉率低存在一定关联，另外，认定工伤增加单位的运营成本也是导致该种情况的原因之一。

三、工伤认定类案的审理理念和审查难点

（一）审理理念

工伤认定行政案件除坚持行政行为合法性审查原则以外，结合该类案件的特点，还应在审理中贯彻下列审理理念：

1. 救助补偿伤亡职工，保障职工切身权益

《工伤保险条例》第一条开宗明义，明确了条例的立法宗旨，即为保障因工作遭受事故伤害或患职业病的职工获得医疗救助和经济补偿，促进工伤预防和职业康复，分散用人单位的工伤风险。除在立法宗旨中明确保护职工合法权益外，工伤保险法律规定在劳动关系认定、举证责任的设计上也倾向于职工利益保护。因此，法院在审理工伤认定案件时，应恪守和遵循《工伤保险条例》的立法目的和精神，将救治补偿伤亡职工、帮助受伤或患职业病职工尽快恢复劳动能力作为审理的基本准则。这一审理理念在工伤认定行政案件中多有体现，尤其在一些疑难复杂或是否认定工伤存在争议空间时，很多裁判文书中均运用了此精神并进而认定了工伤。

2. 衡平用人单位权益，分散单位工伤风险

分散用人单位的工伤风险亦是《工伤保险条例》的立法目的之一。法院在审理工伤认定案件时，既要考虑因工伤亡职工的保护和救济，同时也要兼顾用人单位的合法权益，避免无限制扩张解释工伤保险法律规定的保护范围，增加企业的运营成本与经营风险。尤其是在《工伤保险条例》第十五条第一款第一项视同认定工伤规定的理解和把握上，视同工伤规定未强调因工死亡，且对突发疾病的类型未作限制，已经是在因工伤亡之外对职工的扩大保护，

因此，对视同工伤应严格把握，不宜过度扩大解释视同工伤法律规定，加重企业的经营成本。

3. 维护工伤基金运作，促进经济社会发展

工伤保险基金作为保护职工权益的托底社会保障，在职工发生工伤事故或患职业病等情形下，为职工、近亲属提供救助和补偿，有利于妥善处理因事故或职业病导致的职工劳动能力损害或家庭抚恤问题，维护社会稳定，促进生产秩序恢复。为了保障工伤保险基金的正常运行，法院需对工伤保险行政部门就认定工伤与否基于的事实以及工伤保险法律作出的解释进行严格审查，针对明显不符合工伤认定条件以及存在排除工伤认定情形的，依法支持不予认定工伤决定，促使工伤保险基金真正发挥救助补偿因工伤亡或视同工伤的职工、近亲属的作用和价值，避免无原则扩大认定工伤的情形，有效维护工伤保险基金的正常运作。

（二）审查难点

工伤认定行政案件涉及企业用工形式的多元性、工伤表现形式的多样性、涉及法律关系的复杂性，导致法院在查明工伤认定事实和适用法律方面面临很大挑战。工伤认定案件查明事实、适用法律的难点主要集中在以下几个方面：

1. 关于是否符合受理工伤申请的条件

根据《工伤保险条例》的规定，申请工伤需满足时限、材料及管辖要求，无正当理由超过工伤申请期限、申请材料不齐或者不属于社会保险行政部门的管辖范围，均会导致社会保险行政部门不予受理工伤申请。工伤申请期限是否适用时效中止、中断的规定？如何认定超过工伤申请期限的正当事由？申请材料不齐全的，社会保险行政部门的补正告知义务及于何种程度？申请人逾期未补正，社会保险行政部门视为其放弃申请情形下，补正告知是否具有可诉性？如何判断职工工伤认定管辖地？该些问题在起诉补正材料通知、不予受理工伤申请决定的案件中时常引发争议。

2. 关于认定工伤的事实判断与法律适用

《工伤保险条例》第十四条规定了认定工伤的七种情形，关于工作时间、地点、原因“三工”问题、预备或收尾工作、履行工作职责受到暴力伤害、职业病、因工外出、上下班途中、非本人主要责任、交通事故等的判断，直接关系着职工能否认定工伤，是法院审理工伤认定案件的重点和难点所在。尤其是

在工作时间、工作地点、工作原因等“三工”因素的判断上，由于社会转型时期企业用工形式、内容的多元化以及用工场所的分散化导致职工工作时空的界限相对模糊，关于职工因工外出、加班以及灵活工作制工作时间的确定，对工作相关区域的认定，就餐期间、工作间隙、单位组织活动中受伤是否系工作原因所致，以及事故与伤害因果关系的判断等问题，执法司法实践往往存在多种认知。

3. 关于视同工伤的认定

《工伤保险条例》第十五条规定了三种视同认定工伤的情形，其中在工作时间、工作岗位突发疾病死亡或在 48 小时之内抢救无效死亡的判断问题最易引发争议。工作时间、工作岗位、48 小时死亡内涵和外延的判断，事关职工、单位、工伤保险基金多方权益，如何进行权益衡平，把握宽严相当的认定标准，一直是困扰司法实践的难题。尤其是职工工作地与住所地混同、在家加班期间突发疾病死亡、用人单位为规避工伤风险通过医学手段将职工死亡时间拖延至 48 小时后、职工亲属在临近 48 小时放弃救治等特殊情形能否视同工伤问题，更加考验裁判者的专业能力和价值判断。

4. 排除认定工伤的判断

《工伤保险条例》第十六条规定了故意犯罪、醉酒、吸毒、自残、自杀几种排除认定工伤的事由，关于排除认定工伤事由的认定以及审查排除认定工伤事由应遵循何种审理思路，亦属于工伤认定案件的审理难点。

另外，工伤认定案件中职工或近亲属对于事故伤害过程的陈述以及用人单位的态度对工伤认定结果也有一定影响，在当事人拒绝配合的情况下如何查明案件事实亦属该类案件审理中的难题。

本指南第三部分“审理阶段的审查”结合审判实际对上述审理难点问题进行了梳理分析，并归纳出工伤类案审理的基本要点，这里不再赘述。

第二部分　立案阶段的审查

一、原告资格审查

（一）原告范围

【审查要点】

工伤认定行政行为的相对人以及与工伤认定行政行为有利害关系的公民、

法人或其他组织，具备原告主体资格。工伤认定行政行为的相对人一般包括受伤或患职业病职工或者死亡职工的近亲属、用人单位以及劳务派遣用工关系的派遣单位。存在挂靠或者违法发包的情况下，承担工伤保险责任的被挂靠人、发包单位也具有原告主体资格。

【注意事项】

1. 针对补正材料通知起诉的（仅限社会保险行政部门后续未作出行政决定情形）以及对不予受理工伤申请决定、认定或不予认定工伤决定不服起诉的，原告应当是补正材料通知或行政决定的相对人。工伤认定案件与其他案件相比，在行政行为相对人的确定上有其特殊性。工伤认定行政行为的相对人除启动工伤认定申请程序的当事人外，因工伤认定结果与职工、承担工伤保险责任的用人单位、被挂靠人、发包人具有高度关联性，故职工、工伤保险责任承担主体均属于行政行为的相对人。在职工死亡的情况下，近亲属作为工伤认定行政行为的相对人。

2. 认为社会保险行政部门不履行处理工伤认定申请职责提起诉讼的，原告为提出工伤认定申请的申请人。

3. 在受伤或患职业病职工、近亲属与用人单位均对工伤认定行政行为不服起诉且法院均予立案的情况下，属因同一行政行为引发的共同诉讼，应作为共同原告并案审理。

【规范指引】

《行政诉讼法》第二十五条第一款、第二十七条

（二）原告在起诉时的证明义务

【审查要点】

当事人提起工伤行政诉讼时，一般应当提交以下材料证明其诉权：

1. 社会保险行政部门认为工伤申请材料不齐全，要求申请人补正，申请人逾期不补正，社会保险行政部门视为申请人放弃工伤申请情形下，申请人不服社会保险行政部门作出的补正行为，应当提交社会保险行政部门所作出的补正工伤申请材料通知。

2. 不服社会保险行政部门作出的不予受理工伤申请决定、认定工伤决定、不予认定工伤决定等工伤认定行政行为的，应当提交社会保险行政部门所作的相应工伤行政决定。

3. 认为社会保险行政部门不履行法定职责的，应当向法院提交工伤认定申请、邮寄凭证，或者社会保险行政部门的受理凭证等材料证明提出过工伤认定申请。

4. 职工的近亲属提起行政诉讼的，应当提交与职工的亲属关系以及职工死亡证明。

5. 单位作为原告起诉的，若认为不存在劳务派遣、挂靠、违法发包以及用工事实的，可以提交证据进行说明。

6. 经过复议的，应当提交行政复议决定。

【规范指引】

《行政诉讼法》第四十九条第三项

二、被告适格审查

（一）未经复议的被告资格审查

【审查要点】

工伤认定行政案件一般以在工伤行政决定上落款的行政机关为被告。以不履行法定职责为由提起诉讼的，应以工伤认定申请所指向的行政机关为被告。

【规范指引】

《行政诉讼法》第二十六条第一款

（二）经过复议的被告资格审查

【审查要点】

工伤认定行政行为由区社会保险行政部门作出，故复议机关应为区政府、市社会保险行政部门。值得注意的是，上海市行政复议体制改革后，自 2021 年 7 月 1 日起，上级社会保险行政部门不再承担复议职责，故以后复议机关为区政府。复议机关维持原行政行为的，以工伤认定行政行为作出机关与复议机关为共同被告；复议机关改变原行政行为，即对工伤认定行政行为作出撤销决定、确认违法（以程序违法为由确认违法的除外）或无效决定、变更决定、履行决定的，仅以复议机关为被告。

【注意事项】

1. 申请人认为社会保险行政部门未履行工伤认定法定职责向复议机关

申请行政复议，复议机关依照《行政复议法实施条例》第四十八条第一款第一项的规定，驳回复议申请的，应将复议机关列为共同被告；复议机关依照《行政复议法实施条例》第四十八条第一款第二项的规定，认定复议申请不符合受理条件而驳回复议申请的，可以复议机关为被告，诉请复议机关受理复议申请或撤销驳回复议申请决定，亦可以原行政行为作出机关为被告，诉请撤销工伤认定行政行为或履行工伤认定职责，但二者只能择其一。

2. 复议机关受理复议申请后，在规定的期限内未作出复议决定，可以复议机关为被告，诉请复议机关履行复议职责或确认复议机关不作为违法，亦可以原行为作出机关为被告，诉请撤销工伤认定行政行为或履行工伤认定职责，但二者只能择其一。

3. 复议机关改变原行政行为是指改变原行政行为的处理结果，复议机关改变原行政行为的主要事实、适用法律，但未改变原行政行为处理结果的，视为复议维持原行政行为，当事人不服起诉的，以原行政行为作出机关与复议机关为共同被告。复议机关以程序违法为由作出确认原行政行为违法的行政复议决定的，不属于复议机关改变原行政行为单独起诉的情形，应以原行政行为作出机关与复议机关作为共同被告起诉。

4. 复议机关应作为共同被告情形下，当事人拒绝将复议机关列为共同被告的，法院可依职权追加。

【规范指引】

《行政诉讼法》第二十六条第二款、第三款

《行政诉讼法适用解释》第二十二条、第一百三十四条

三、第三人的审查

【审查要点】

受伤职工、死亡职工的近亲属作为原告起诉的情况下，职工所在单位作为案件第三人参加诉讼；用人单位作为原告起诉的，受伤职工、死亡职工的近亲属作为第三人。

【注意事项】

1. 用人单位作为原告起诉，死亡职工的近亲属应作为第三人参加诉讼，

对于死亡职工近亲属人数较多，且是否认定工伤直接关系死亡职工供养亲属的抚恤问题，实践中对死亡职工近亲属的追加范围存在不同处理意见。一种意见认为，应追加启动工伤认定程序的申请人或其他近亲属代表作为第三人参加诉讼；另一种意见则认为，职工被认定为工伤后会涉及丧葬补助金、供养亲属抚恤金、一次性工亡补助金等待遇领取问题，应追加所有近亲属为第三人参加诉讼。鉴于工伤认定行政案件的审查核心在于工伤认定行政行为的合法性，除死亡职工近亲属之间存在明显冲突或有不同意见外，结合近亲属参与工伤认定程序的情况，追加申请人、近亲属代表作为第三人参诉即可。至于后续涉及的工伤保险待遇问题应在工伤保障待遇的支付程序中处理。

2. 存在劳务派遣、挂靠人聘用的职工伤亡、违法发包职工伤亡等特殊情形的，劳务派遣单位、用工单位、被挂靠单位和挂靠人、违法发包的发包方和承包方、职工工作的数个单位，与工伤认定行政案件的审理具有利害关系，作为第三人参加诉讼。

3. 当事人起诉时未列明第三人的，法院可在审理中追加。

【规范指引】

《行政诉讼法》第二十九条第一款

四、诉讼请求审查

提起行政诉讼应有明确的诉讼请求，工伤认定行政诉讼中当事人提出如下诉讼请求，可予以立案：

（一）未经复议案件的诉讼请求

【审查要点】

1. 申请人逾期不补正，社会保险行政部门视为申请人放弃工伤申请且未出具其他行政决定的情形下，申请人认为其提交材料齐全，社会保险行政部门作出的补正通知行为违法，要求撤销补正通知并受理其工伤认定申请或履行工伤认定职责的。

2. 申请人认为社会保险行政部门作出的不予受理工伤认定申请决定违法，要求撤销、确认违法或者履行工伤认定职责的。

3. 受伤或患职业病职工、死亡职工的近亲属认为社会保险行政部门作出的认定工伤决定认定的受伤部位、受伤过程错误，要求变更、撤销认定工伤决定的。

4. 用人单位认为社会保险行政部门作出的认定工伤决定侵犯其合法权益，要求撤销、确认违法的。

5. 受伤或患职业病职工、死亡职工的近亲属认为社会保险行政部门作出的不予认定工伤决定侵犯其合法权益，要求撤销、确认违法或履行工伤认定职责的。

【规范指引】

《行政诉讼法》第四十九条第三项

《行政诉讼法适用解释》第六十八条

（二）经复议案件的诉讼请求

【审查要点】

1. 复议机关维持原行政行为的（包括作出维持决定、实体上驳回复议申请或复议请求决定），在起诉提起前述针对原行政行为诉讼请求的同时，一并请求撤销复议决定、确认复议决定违法。

2. 认为复议机关改变原行政行为的，即复议机关作出撤销决定、确认违法（以程序违法为由确认违法的除外）或无效决定、变更决定、履行决定违法，请求撤销行政复议决定、确认复议决定违法。

3. 认为复议机关作出的（程序上）不予受理决定违法的，请求撤销、确认上述决定违法。

4. 认为复议机关逾期未作出复议决定的，请求复议机关履行行政复议法定职责。

【规范指引】

《行政诉讼法》第四十九条第三项

《行政诉讼法适用解释》第六十八条

（三）一并审查规范性文件的诉讼请求

【审查要点】

原告认为社会保险行政部门作出的工伤认定行政行为违法，在起诉行政行为的同时，可以一并请求对该行为所依据的规范性文件进行合法性审查。

【规范指引】

《行政诉讼法》第四十九条第三项、第五十三条

《行政诉讼法适用解释》第六十八条

五、管辖审查

【审查要点】

根据《行政诉讼法》第十八条第一款规定，未经复议的案件由作出工伤认定行政行为的社会保险行政部门所在地的人民法院管辖，经过复议的案件可以由作出工伤认定行政行为的社会保险行政部门或复议机关所在地的人民法院管辖。上海市行政复议体制改革后，复议机关是作出行政行为的社会保险行政部门同级人民政府，故一般而言复议机关所在地和社会保险行政部门所在地一致，管辖法院也一致。

【注意事项】

除遵循《行政诉讼法》关于地域管辖的规定外，还需要根据《上海市高级人民法院关于调整基层法院知识产权案件、行政案件和未成年人刑事案件集中管辖的公告》确定具体的基层管辖法院。具体而言，上海铁路运输法院管辖原由徐汇区、长宁区、虹口区、普陀区人民法院管辖的第一审行政案件；浦东新区人民法院管辖原由闵行区、黄浦区、崇明区、宝山区人民法院管辖的第一审行政案件；闵行区人民法院管辖原由静安区、松江区、奉贤区、金山区、青浦区管辖第一审行政案件；静安区人民法院管辖原由浦东新区、杨浦区、嘉定区人民法院管辖的第一审行政案件。

六、起诉期限审查

【审查要点】

工伤行政决定告知当事人起诉期限的，当事人不服该决定提起诉讼的，应自收到该决定之日起六个月内起诉；工伤行政决定未告知当事人起诉期限的，从知道或应当知道起诉期限之日起计算，但从知道或应当知道行政行为内容之日起最长不得超过一年。向社会保险行政部门提出工伤认定申请后，社会保险行政部门未予处理，当事人起诉要求社会保险行政部门履行法定职责的，应当在法定处理期限届满之日起六个月内提起诉讼。

工伤行政决定未向当事人送达，当事人不知道社会保险行政部门作出的工伤行政决定的内容的，应当从知道或应当知道行政行为内容之日起计算起诉期限，但从工伤行政决定作出之日起最长不得超过五年。

经过行政复议的案件，应当自收到复议决定之日起 15 日内向法院起诉。

人民法院受理工伤认定行政案件后，发现当事人可能超过起诉期限的，应听取原被告意见，判断当事人起诉超过起诉期限有无正当理由，若当事人超过起诉期限且无正当理由的，人民法院应裁定驳回起诉。

【规范指引】

《行政诉讼法》第四十五条、第四十六条、第四十七条第一款

《行政诉讼法适用解释》第六十四条、第六十九条第一款第二项

七、工伤认定案件不予立案情形

（一）一般规定

【审查要点】

工伤认定案件的受理应当符合法定起诉条件，不予受理的一般情形主要包括不符合原告主体资格的、错列被告且拒绝变更的等情形。

【规范指引】

《行政诉讼法》第四十九条

（二）工伤认定案件不予立案的具体情形

【审查要点】

1. 对工伤申请人权利义务不产生实际影响的补正材料通知起诉的，法院不予立案。《行政诉讼法适用解释》第一条第二款第十项规定，对公民、法人或者其他组织权利义务不产生实际影响的行为，不属于行政诉讼受案范围。判断工伤补正材料通知是否可诉的关键在于其是否对申请人的权益产生实际影响，可区分情况处理：（1）申请人已补正，且社会保险行政部门作出工伤行政决定的，当事人直接起诉补正材料通知或起诉工伤行政决定败诉后再起诉补正材料通知的，法院不予立案；（2）社会保险行政部门作出补正材料通知后，申请人逾期不补正材料，社会保险行政部门视为其放弃工伤申请且未出具其他行政文书的，申请人起诉补正材料通知的，由于补正材料通知对申请人的权益产生影响，具有可诉性。

2. 社会保险行政部门受理工伤认定申请后，未作出（不予）认定工伤决定或已作出最终认定结果的情况下，用人单位起诉社会保险行政部门作出的工伤认定申请受理决定的，受理决定系工伤认定中的过程性行为，不具有可诉性。

3. 在行政复议过程中就工伤认定行政行为提起诉讼的，法院不予立案。《行政诉讼法适用解释》第五十七条规定，公民、法人或者其他组织已经申请行政复议，在法定复议期间内又向人民法院提起诉讼的，人民法院裁定不予立案。

4. 构成重复申请不属于行政诉讼受案范围的，法院不予立案。《行政诉讼法适用解释》第一条第二款第四项规定，驳回当事人对行政行为提起申诉的重复处理行为，不属于行政诉讼受案范围。当事人已就事故伤害或职业病提起工伤认定申请，社会保险行政部门已经处理，当事人又基于同一事故，就同一部位申请认定工伤的，社会保险行政部门以构成重复申请为由不予受理工伤认定申请或未予处理，当事人不服向法院起诉的，不属于法院的受案范围。

【注意事项】

申请人提出工伤认定申请，社会保险行政部门处理后，申请人又基于新的事实和理由提出工伤认定申请，如发现新伤要求社会保险行政部门补充或重新认定工伤的，不构成重复申请，申请人就社会保险行政部门作出的不予受理工伤申请决定、不予认定工伤决定起诉或要求社会保险行政部门履行认定工伤法定职责的，应进入实体审理。

第三部分　审理阶段的审查

一、工伤认定行政行为职权审查

【审查要点】

工伤认定职权主要审查被告是否具有作出工伤认定的法定职权。工伤认定案件的被告一般为县级以上地方各级人民政府社会保险行政部门，如上海市各区人力资源和社会保障局，其负责本行政区域内的工伤保险工作，具有受理本行政区域内的工伤认定申请，并根据事实和法律作出是否认定为工伤的行政职权。

判断被告是否有法定职权的另一个方面是地域管辖权。社会保险行政部门负责本行政区域的工伤认定申请。这里的“本行政区域”一般以用人单位注册地为判断标准，即用人单位所在地统筹地区社会保险行政部门对工伤认定申请事项具有管辖权。

【注意事项】

1. 用人单位未为职工缴纳社会保险，应根据具体情况确定受理工伤认定申请的社会保险行政部门。

第一，用人单位的注册地在上海市，职工亦在上海市发生事故伤害的，应由上海市社会保险行政部门予以受理。

第二，用人单位注册地在上海市，生产经营地在外省市，职工在生产经营地发生事故伤害的，职工或者用人单位选择向上海市社会保险行政部门申请工伤认定的，上海市社会保险行政部门原则上应予受理。

第三，用人单位注册在外省市，在上海市生产经营，职工在上海市发生事故伤害的，涉及对《人力资源社会保障部关于执行〈工伤保险条例〉若干问题的意见（二）》第七条第一款的理解，而各省市社会保险行政部门对其的理解和把握存在差异。有的认为，用人单位在外省市开展生产经营且未为职工缴纳社会保险，职工在生产经营地发生事故伤害的，生产经营地的社会保险行政部门应受理工伤认定申请；有的认为，考虑此种情况认定工伤后的理赔等问题，原则上应由用人单位注册地社会保险行政部门受理更为适宜。实践中，应综合考量社会保险制度的地域性，社会保险费缴纳以及工伤保险待遇支付的具体规定，确定由用人单位注册地还是生产经营地的社会保险行政部门受理更为适合。对于用人单位注册在外省市，在上海市生产经营，职工在上海市发生事故伤害的，一般应向其用人单位注册地申请工伤认定，上海市社会保险行政部门可以不予受理。但应考虑各省市社会保险行政部门对于《人力资源社会保障部关于执行〈工伤保险条例〉若干问题的意见（二）》第七条第一款理解把握的差别，若外省市社会保险行政部门已经明确不予受理工伤认定申请的，上海市社会保险行政部门应予受理。

2. 职工的社会保险缴纳单位与实际用人单位不一致，根据社会保险相关法律规定，由用人单位为职工缴纳社会保险，故为职工缴纳社会保险的单位，系工伤保险法律意义上的用人单位。如果职工以缴纳社会保险的单位为用人单位向该单位注册地有管辖权的社会保险行政部门提出工伤认定申请的，原则上应予受理。

【规范指引】

《工伤保险条例》第五条第二款、第十七条

《人力资源社会保障部关于执行〈工伤保险条例〉若干问题的意见（二）》第七条第一款、第三款

二、工伤认定行政行为程序审查

（一）工伤认定申请主体和时限的审查

【审查要点】

工伤认定申请主体分为两类：一是所在用人单位；二是工伤职工或者其近亲属、工会组织。依法由前者即用人单位先申请，申请时限为自事故伤害发生之日或者被诊断、鉴定为职业病之日起 30 日内；遇有特殊情况，经报社会保险行政部门同意，申请时限可以适当延长。若其未按时提出工伤认定申请的，才可由工伤职工或者其近亲属、工会组织提出申请，申请的时限为事故伤害发生之日或者被诊断、鉴定为职业病之日起 1 年内。

【注意事项】

申请时限的起点为事故伤害发生之日或者被诊断、鉴定为职业病之日。这里的事故伤害发生之日应当包括工伤事故导致的伤害结果实际发生之日。用人单位应当在 30 日内提出工伤认定申请，否则在此期间发生符合《工伤保险条例》规定的工伤待遇等有关费用由该用人单位负担，故 30 日的起始点判断较为关键。《工伤保险条例》和《上海市工伤保险实施办法》没有对按照日计算期间的起始时间另作规定，目前部分社会保险行政部门把事故当日作为起算时间，社会矛盾较大。而根据《民法典》的规定，从次日开始计算更为合理。相应地，到期日为最后一日，最后一日遇到法定休假日顺延。这也和目前行政审判的认定一致。《行政诉讼法》第一百零一条规定，关于期间适用《民事诉讼法》的规定。《民事诉讼法》第八十二条也作出了和《民法典》相同的规定。

职工或者其近亲属因非自身原因超过工伤认定申请时限，被耽误的时间不计算在工伤认定申请期限内，具体包括五种情形：（1）不可抗力，指当事人不能预见、不能避免且不能克服的客观事实，既可以是自然原因导致的客

观事实，也可以是社会原因导致的客观事实；（2）人身自由受到限制，主要是指当事人被行政机关或司法机关施以限制人身自由的强制措施、处罚或刑罚，如强制戒毒、强制隔离治疗、拘留、强制检疫、限制人身自由的刑罚等，或者经公安机关确认当事人存在被非法限制人身自由的客观事实；（3）属于用人单位原因，主要是指用人单位故意隐瞒、欺骗当事人造成工伤认定申请超过期限的情形；（4）社会保险行政部门登记制度不完善；（5）当事人对是否存在劳动关系申请仲裁、提起民事诉讼，社会保险行政部门可在当事人提出工伤认定申请时，将仲裁和诉讼的时间在申请期限内扣除。

在依法作出工伤认定决定的期限内，申请人不能提供相关法律文书，也不能提供有权机关正在处理的证据的，社会保险行政部门以申请人证据不足为由，作出不予认定工伤的决定。申请人在社会保险行政部门作出不予认定工伤决定后，再提供有权机关出具的认定当事人为“非本人主要责任”的交通事故或者城市轨道交通、客运轮渡、火车事故伤害的法律文书，并要求进行工伤认定的，在规定的工伤认定申请期限内，社会保险行政部门应当按规定进行处理；超出规定的工伤申请期限后提供相关法律文书的，再次申请工伤认定的，社会保险行政部门应当审查被耽误的期限是否属于职工或者近亲属自身原因导致的，不属于自身原因导致被耽误的期限不应计算在工伤认定申请期限内。

【规范指引】

《工伤保险条例》第十七条

《民法典》第二百零一条、第二百零二条、第二百零三条

《行政诉讼法》第一百零一条

《民事诉讼法》第八十二条

《最高人民法院关于审理工伤保险行政案件若干问题的规定》第七条

《人力资源社会保障部关于执行〈工伤保险条例〉若干问题的意见（二）》第八条

《最高人民法院办公厅关于印发〈行政审判办案指南（一）〉的通知》第二十六条

【典型案例】

1. 李某兰诉山东省聊城市劳动和社会保障局工伤行政复议决定案，最高人民法院行政审判庭编《中国行政审判案例》第2卷第64号案例〔裁判法

院：山东省聊城市中级人民法院；案号：(2005) 聊行终字第41号〕

裁判要旨：职工工伤死亡且无直系亲属时，基于类似情形应作相同处理的基本法律原则，应类推适用《工伤保险条例》(2004年1月1日起施行) 第十七条第二款关于直系亲属有权申请工伤认定的规定，认定此情形下旁系近亲属具有工伤认定申请资格。

2. 杨某峰诉无锡市劳动和社会保障局工伤认定行政纠纷案，《最高人民法院公报》2008年第1期〔裁判法院：江苏省无锡市中级人民法院；案号：(2007) 锡行终字第0132号〕

裁判要旨：根据《工伤保险条例》(2004年1月1日起施行) 第十七条第二款的规定，工伤认定申请时效应当从事故伤害发生之日起算。这里的“事故伤害发生之日”应当包括工伤事故导致的伤害结果实际发生之日。工伤事故发生时伤害结果尚未实际发生，工伤职工在伤害结果实际发生后一年内提出工伤认定申请的，不属于超过工伤认定申请时效的情形。

(二) 工伤认定申请材料的审查

【审查要点】

提起工伤认定申请应当根据《工伤保险条例》第十八条及《上海市工伤保险实施办法》第十八条的规定，提交工伤认定申请表、与用人单位存在劳动关系（包括事实劳动关系）的证明材料、医疗诊断证明或者职业病诊断证明书（或者职业病诊断鉴定书）等必要材料。工伤申请材料不完整的，收到之日起10个工作日内作出一次性补正告知，申请人在30日内补正。申请人逾期未补正的，视为放弃申请；工伤申请材料齐全，且符合受理条件的，收到工伤申请后10个工作日内作出受理通知书；工伤申请不符合受理条件的，社会保险行政部门应向申请人出具不予受理工伤认定申请决定。

【注意事项】

社会保险行政部门认为工伤申请材料不完整，应该一次性补正告知需要的材料，不可要求申请人重复补正。经过一次补正后，符合受理条件的，及时受理；不符合受理条件的，作出不予受理工伤认定申请决定。

如果逾期未补正，但仍然在前述工伤认定申请时限内的，还可以再重新提出工伤认定申请，再次启动申请程序，并提交齐全的申请材料。

【规范指引】

《工伤保险条例》第十八条

《上海市工伤保险实施办法》第十八条、第十九条

（三）调查取证程序及回避的审查

【审查要点】

社会保险行政部门在受理工伤认定申请后，根据审核需要可对事故伤害进行调查核实。调查核实的方式包括询问用人单位、工伤职工以及其他证人等。调查询问时，应该注意程序规范，由至少两名执法人员进行询问，告知被询问人身份以及需要了解的事项，让被询问人阅看笔录，并在笔录上签字。如果被询问人拒绝签字的，应由两名见证人（与案件无关的其他人）予以见证。

用人单位、从业人员或者其近亲属可以根据认定工伤或者视同工伤的不同情形，提交相关行政机关或者司法机关出具的有关证明材料或者法律文书。

社会保险行政部门工作人员与工伤认定申请人有利害关系的，应当回避。该回避适用于从工伤认定申请到作出工伤认定决定的整个过程。

【注意事项】

社会保险行政部门在调查中发现需要进行鉴定的，可以向用人单位、职工进行释明，要求其提供司法鉴定报告。如果双方均不愿意进行司法鉴定或者鉴定机构不予受理的，社会保险行政部门在将各方意见固定下来后，可以向相关专业鉴定部门的专家，如劳动能力鉴定委员会专家进行咨询，并根据专家咨询意见作出工伤认定决定。后续当事人又提交鉴定报告，或者在诉讼中经法院委托作出司法鉴定报告的，根据鉴定结果，与原咨询结果不一致的，法院可以向社会保险行政部门释明，建议其撤销原有决定，并在调查后重新作出工伤认定决定；若与原咨询结果一致，无须改变工伤认定结论的，则可判决驳回原告诉讼请求。

另外，在行政程序中，社会保险行政部门要求用人单位或者工伤职工等在一定期限内提交证据材料，其未及时提交，在诉讼中又提交的，法院可不予采纳。

【规范指引】

《工伤保险条例》第十九条

《上海市工伤保险实施办法》第二十条

【典型案例】

松业石料厂诉荥阳市劳动局工伤认定案，《最高人民法院公报》2005年第8期〔裁判法院：河南省郑州市中级人民法院〕

裁判要旨：根据《最高人民法院关于行政诉讼证据若干问题的规定》第五十九条，劳动保障行政部门受理工作认定申请后，依照法定程序要求用人单位在规定时间内提供相关证据，用人单位无正当理由拒不向行政机关提供证据，事后在行政诉讼程序中向人民法院提供的，人民法院可不予采纳。

（四）作出工伤认定决定法定期限的审查

【审查要点】

社会保险行政部门应当自受理工伤认定申请之日起60日内作出工伤认定的决定，并在作出工伤认定决定之日起10个工作日内将工伤认定决定送达职工或其近亲属以及用人单位。但上述期限并非绝对的，若在审查过程中需要以司法机关或者有关行政主管部门的结论为依据的，时限中止；工伤认定时限中止的原因消除后，应当及时恢复，并告知当事人。

【注意事项】

工伤认定时限中止的原因应是正当法定事由，并且该事由确实存在。待中止原因消除后，应当及时恢复审查。否则，当事人可以对中止审理通知提起诉讼。

另外，社会保险行政部门在工伤认定程序中，具有认定受到伤害的职工与企业之间是否存在劳动关系的职权。职工和企业之间对于劳动关系认定存在争议的，社会保险行政部门可以根据具体情况对劳动关系是否存在进行判断；无法判断的，可向当事人释明，告知其可以通过劳动仲裁（对仲裁不服可以提起民事诉讼）确定劳动关系。若当事人申请仲裁或提起民事诉讼，则中止工伤认定时限。法院受理工伤认定行政案件后，发现原告或者第三人在提起行政诉讼前已经就是否存在劳动关系申请劳动仲裁或者提起民事诉讼的，应当中止行政案件的审理。

【规范指引】

《工伤保险条例》第二十条

《上海市工伤保险实施办法》第二十一条

《最高人民法院关于审理工伤保险行政案件若干问题的规定》第二条

《最高人民法院行政审判庭关于劳动行政部门在工伤认定程序中是否具有劳动关系确认权请示的答复》

【典型案例】

1. 王某德诉乐山市人力资源和社会保障局工伤认定案（最高人民法院审判委员会讨论通过，2016年9月19日发布），最高人民法院指导性案例69号〔裁判法院：四川省乐山市中级人民法院；案号：（2013）乐中行初字第36号〕

裁判要旨：当事人认为行政机关作出的程序性行政行为侵犯其人身权、财产权等合法权益，对其权利义务产生明显的实际影响，且无法通过提起针对相关的实体性行政行为的诉讼获得救济，而对该程序性行政行为提起行政诉讼的，人民法院应当依法受理。

2. 吴江市鑫联旅游用品有限公司诉吴江市劳动和社会保障局劳动、社会保障行政确认案，最高人民法院行政审判庭编《中国行政审判案例》第3卷第114号案例〔裁判法院：江苏省苏州市中级人民法院；案号：（2010）苏中行终字第73号〕

裁判要旨：劳动法律关系存在是认定工伤的前提，但并非所有工伤认定案件都需要劳动关系仲裁，工伤认定部门可以根据具体情况对劳动关系是否存在进行判断，无法判断的再通过仲裁和诉讼程序解决。

（五）举证责任承担

【审查要点】

在工伤认定程序举证责任承担方面，根据行政行为合法性审查要求，被告对其执法程序的合法性负有举证责任。需要提出的是，根据《工伤保险条例》第十九条第二款的规定，职工或者其近亲属认为是工伤，用人单位不认为是工伤的，由用人单位承担举证责任。即用人单位如果不认为构成工伤的，在工伤认定程序中应该提交相应证据。在行政诉讼过程中，仍然由被告对于行政行为合法性承担举证责任。用人单位在工伤认定程序中向被告提交的证据，被告可以在行政诉讼中向法院提交。

社会保险行政部门需要提交的程序性证据，若其不提交或者提交不充分无法证明程序合法的，则可能要承担因程序违法而败诉的不利后果。被告需要提交的程序性证据包括：

一是工伤认定申请材料，包括工伤认定申请表、劳动关系（包括事实劳动关系）的证明材料、医疗诊断证明或者职业病诊断证明书（或者职业病诊断鉴定书）等材料，证明收到申请的时间以及提交材料的齐全情况；

二是经过补正程序的，需要提交补正通知书及送达回证、申请人补正材料及邮寄凭证；

三是不符合受理条件而不予受理的，应提交不予受理决定书及送达回证；

四是符合受理条件的，应提交受理通知书及送达回证；

五是经过中止程序的，应提交中止通知书、恢复审理通知书等，及相应送达回证；

六是作出认定或不予认定工伤决定的，应提交最终作出的认定或不予认定工伤决定书及其送达回证。

【注意事项】

原告认为工伤认定程序违法的，也可以提交证据证明。其提交的证据不成立的，被告仍然要对工伤认定程序的合法性负举证责任。

【规范指引】

《行政诉讼法》第三十四条

《最高人民法院关于行政诉讼证据若干问题的规定》第六条

《工伤保险条例》第十九条第二款

三、工伤认定行政行为事实认定及法律适用审查

（一）不予受理工伤认定申请决定的审查

1. 不属于行政机关职责范围

【审查要点】

若工伤认定申请明显不属于社会保险行政部门的职责权限，被告可直接作出不予受理决定。实践中社会保险行政部门基于保障职工权益的需要受理工伤认定申请并作出工伤行政决定的，法院可予支持。

2. 超过申请期限

【审查要点】

对于行政机关以当事人超过申请期限为由不予受理工伤申请的案件，法

院需要审查当事人是否在规定的工伤申请时限内提出申请，若未在期限内申请，有无正当事由。工伤申请期限虽然不适用中止、中断，但非职工或近亲属自身原因耽误的时间可以扣除。

【典型案例】

邹某贤诉广东省佛山市禅城区劳动和社会保障局工伤认定行政案，2014年最高人民法院工伤保险行政纠纷典型案例〔裁判法院：广东省佛山市中级人民法院；案号：(2010)佛中法行终字第25号〕

裁判要旨：由于不属于职工或者其近亲属自身原因超过工伤认定申请期限的，被耽误的时间不计算在工伤认定申请期限内。

3. 申请材料经补正后仍不齐全

【审查要点】

当事人提出工伤认定申请，应一并提交载明事故发生时间、地点、原因及伤害程度等情况的工伤认定申请表、劳动关系证明、医疗诊断证明或职业病诊断证明等材料。当事人提交材料不齐全，社会保险行政部门应一次性告知补正，经补正仍不符合要求的，不予受理工伤认定申请。

【注意事项】

(1) 关于劳动关系证明的提交

缺乏劳动关系证明是实践中较易引发争议的问题。劳动关系证明是确定工伤保险责任承担主体的重要凭证，当事人若提交了劳动合同，可初步认定职工与用人单位之间的劳动关系，若无劳动合同，也可提交工资支付凭证或记录、缴纳社保费记录、工作证、招聘登记表、考勤记录、其他劳动者的证言、确认存在劳动关系的生效裁判等证明存在劳动关系。

(2) 关于工伤保险责任承担主体

由于劳动用工形态复杂多样，在特殊情况下确定工伤保险责任的承担主体相对复杂。鉴于实践中存在双重或者多重用工的情形，职工在实际用人单位发生伤亡事故，如果符合认定工伤条件应当认定为工伤。根据《劳动和社会保障部关于实施〈工伤保险条例〉若干问题的意见》的规定，部分职工在两个或两个以上用人单位同时就业，各用人单位应分别为职工缴纳工伤保险费，发生工伤后由职工受到伤害时的工作单位承担工伤保险责任。根据不同情形，确定承担工伤保险责任主体的规则如下：

一是关于个人挂靠情形下的工伤责任承担。个人挂靠其他单位对外经营，其聘用的人员因工伤亡的，被挂靠单位为承担工伤保险责任的单位。该规定适用有两个限制条件：一是个人挂靠；二是个人聘用的人员发生工伤事故，对挂靠人本人不适用。

二是关于违法发包情形下工伤责任的承担。用工单位违反法律、法规规定将承包业务转包给不具备用工主体资格的组织或者自然人，该组织或者自然人聘用的职工从事承包业务时因工伤亡的，用工单位为承担工伤保险责任的单位。该条规定同样不适用于不具用工资格的用工主体，仅适用于其聘用的职工，且在符合违法发包情形下才可适用该条款确定工伤保险责任承担主体。

三是下岗、待岗职工又到其他单位工作的责任承担。该单位也应当为职工缴纳工伤保险费；职工在该单位工作时发生工伤的，该单位应依法承担工伤保险责任。

四是指派情形下的工伤认定责任承担。单位指派到其他单位工作的职工因工伤亡的，指派单位为承担工伤保险责任的主体。

五是事实劳动关系。劳务派遣单位应当是依法登记设立的公司。用人单位与未经工商注册登记、不具备劳务派遣经营资质的公司签订用工协议，与该公司部分人员形成事实劳动关系，应由用人单位依法为其缴纳综合保险费，承担工伤保险责任。

六是超过退休年龄的劳动者被聘用后发生事故的工伤认定。根据具体情形判断，第一，从业人员已经开始领取基本养老保险待遇（不含用人单位按项目参保等方式为从业人员缴纳工伤保险费的情况），那么其与单位之间不应认定为劳动关系，在领取基本养老保险待遇后发生事故伤害申请认定工伤的，社会保险行政部门不予受理。第二，从业人员未开始领取基本养老保险待遇。如果从业人员达到法定退休年龄前已与用人单位建立劳动关系，达到法定退休年龄后继续在原用人单位工作，且未办理按月领取城镇职工基本养老保险待遇（包括本市小城镇，但不包括城乡居民）手续的，其在继续工作期间受到事故伤害或患职业病提出工伤认定申请的，社会保险行政部门应当予以受理。第三，从业人员进入用人单位工作时已经超过法定退休年龄，其在用人单位工作期间受到事故伤害或患职业病提出工伤认定申请的，社会保险行政部门不予受理。但该用人单位已按项目参保等方式为从业人员缴纳工伤保险费的，社会保险行政部门应当予以受理。

【规范指引】

《劳动和社会保障部关于实施〈工伤保险条例〉若干问题的意见》第一条

《最高人民法院关于审理工伤保险行政案件若干问题的规定》第三条

《最高人民法院办公厅关于印发〈行政审判办案指南（一）〉的通知》第二十六条

《最高人民法院关于超过法定退休年龄的进城务工农民在工作时间内因公伤亡的，能否认定工伤的答复》

《最高人民法院行政审判庭关于超过法定退休年龄的进城务工农民因工伤亡的，应否适用〈工伤保险条例〉请示的答复》

《最高人民法院关于审理劳动争议案件适用法律问题的解释（一）》第三十二条第一款

《最高人民法院民一庭关于达到或者超过法定退休年龄的劳动者（含农民工）与用人单位之间劳动关系终止的确定标准问题的答复》

【典型案例】

（1）北京国玉大酒店有限公司诉北京市朝阳区劳动和社会保障局工伤认定行政纠纷案，《最高人民法院公报》2008 年第 9 期〔裁判法院：北京市第二中级人民法院；案号：（2007）二中行终字第 697 号〕

裁判要旨：劳动和社会保障部《关于实施〈工伤保险条例〉若干问题的意见》第一条规定："职工在两个或两个以上用人单位同时就业的，各用人单位应当分别为职工缴纳工伤保险费。职工发生工伤，由职工受到伤害时其工作的单位依法承担工伤保险责任。"根据该规定，下岗、待岗职工又到其他单位工作的，该单位也应当为职工缴纳工伤保险费；职工在该单位工作时发生工伤的，该单位应依法承担工伤保险责任。

（2）上海珂帝纸品包装有限责任公司不服上海市人力资源和社会保障局责令补缴外来从业人员综合保险费行政处理决定案，《最高人民法院公报》2013 年第 11 期〔裁判法院：上海市黄浦区人民法院；案号：（2009）黄行初字第 98 号〕

裁判要旨：劳务派遣单位应当是依法登记设立的公司。用人单位与未经工商注册登记、不具备劳务派遣经营资质的公司签订用工协议，与该公司部分人员形成事实劳动关系，应由用人单位依法为其缴纳综合保险费。用人单位与不具备缴费资格的案外人的协议约定不能免除其法定缴费义务。

（3）北京奥德清洁服务有限公司上海分公司诉上海市长宁区人力资源和社会保障局工伤认定案，《最高人民法院公报》2020 年第 1 期〔裁判法院：上海铁路运输法院、上海市第三中级人民法院；一审案号：（2018）沪 7101 行初 969 号、二审案号：（2019）沪 03 行终 101 号〕

裁判要旨：职工应当参加工伤保险，缴纳工伤保险费是用人单位的法定义务，不能由职工和用人单位协商排除用人单位的法定缴纳义务。认定工伤并不以用人单位是否缴纳工伤保险费为前提。用人单位未依法缴纳工伤保险费的，职工在被认定为工伤后可以依法请求用人单位承担相应的工伤保险待遇。

（4）胡某芝诉内蒙古自治区包头市劳动和社会保障局工伤认定案，最高人民法院行政审判庭编《中国行政审判案例》第 2 卷第 69 号案例〔裁判法院：包头市昆都区人民法院；案号：（2008）昆行初字第 19 号〕

裁判要旨：退休返聘人员在工作时间、工作地点因工作原因发生事故可以认定为工伤。人民法院审理行政案件时应当对被告作出具体行政行为所依据的法律规范是否合法有效进行审查，并应当遵循一定的法律适用规则。

（5）张某兵诉上海市松江区人力资源和社会保障局工伤认定行政案，2014 年最高人民法院工伤保险行政纠纷典型案例〔裁判法院：上海市第一中级人民法院；案号：（2009）沪一中行终字第 301 号〕

裁判要旨：用工单位违反法律、法规规定将承包业务转包或者发包给不具备用工主体资格的组织或者自然人，该组织或者自然人聘用的职工因工伤亡的，用工单位为承担工伤保险责任的单位。

4. 不予受理工伤申请决定诉讼的举证要求

【审查要点】

原告对社会保险行政部门作出的不予受理决定不服，除提供满足立案要求的证据外，还应当提供证明不予受理工伤决定合法性的依据和证据。依据包括职权依据、程序依据和实体适用法律依据。证据则包括两类：一类是程序证据，工伤认定申请材料（超过申请期限无正当事由、职工与用人单位无劳动关系、属于重复申请等的证据）及邮寄凭证、不予受理决定及邮寄凭证；另一类是事实认定的证据，包括调查取证的材料、专家意见等，证明不予受理决定实体合法。

【规范指引】

《行政诉讼法》第三十四条

《最高人民法院关于行政诉讼证据若干问题的规定》第六条

（二）认定工伤决定的审查

《工伤保险条例》第十四条规定了七种认定工伤的情形，该条例第十五条规定了三种视同工伤的情形，该部分主要围绕认定或视同工伤情形的审查展开。

1. 认定工伤情形

【审查要点】

认定工伤有七种情形，每种情形的审查要点分列如下：

（1）工作时间、工作场所、工作原因的审查

工作时间是指因工作所需的时间，包括法律规定的工作时间、用人单位规定的工作时间、完成用人单位指定工作的时间、加班加点的工作时间、开展与工作相关的预备性、收尾性工作的时间等；工作场所不仅包括工作区域和岗位范围、接受单位临时指派从事工作的场所，还包括因生活生理需求而自然延伸的合理区域；工作原因指与用人单位各项工作事务和职工本职工作所衍生事务相关的原因，对工作原因的判断应考虑是否受用人单位指派、履行工作职责、与工作职责相关、基于用人单位的正当利益等因素。关于职工所受伤害是否因工作导致，需要结合鉴定机构、医疗机构出具鉴定意见、诊断证明等材料，以及相关工伤实践的具体操作判断职工受到伤害与工作的因果关联。

（2）预备性、收尾性工作的认定

预备性或收尾性工作是以在工作前后的一段合理时间内，从事与工作相关的准备性或收尾工作，包括以开展正常工作为目的导向进入工作场地、准备收拾工具及装备、运输、清理、备料、安全、储存、更衣以及清洗等行为。

（3）因履行工作职责受到暴力伤害的审查

职工受到暴力侵害构成工伤的构成要件为：侵害须发生在工作时间、侵害须发生在工作场所之内、侵害须因员工履行工作职责所致。案件涉及《工伤保险条例》第十四条第三项，在工作时间和工作场所内，因履行工作职责受到暴力等意外伤害认定工伤情形时，第一，应区分两个概念“受到事故伤

害”与“受到暴力等意外伤害”，以与《工伤保险条例》第十四条第一项，在工作时间和工作场所内，因工作原因受到事故伤害的情形相区分。虽然两种伤害一般都是意外发生的，但“受到事故伤害”一般指与工作条件和工作环境密切相关的、非人为故意造成的伤害，而“受到暴力等意外伤害”一般指因他人采取暴力行为直接导致的伤害，后者因加害人故意所引起。第二，根据暴力来源的不同，具体审查确定职工是否因履行工作职责受到暴力等意外伤害。如果暴力来源于公司外部，因单位或者其他员工原因引起，应考虑职工的工作职责，比如保安履行安保职责受到暴力伤害。如果职工因工作引发的争执、推搡甚至打架导致受伤，是否属于因履行工作职责受到暴力伤害，应当考虑纠纷的发生是否由工作原因引起以及受伤职工在纠纷过程中其行为是否与履行工作职责相匹配，有无恶意挑衅、公报私仇等明显的过当行为。

（4）患职业病的审查

职业病的范围及职业病的诊断和鉴定，应根据《职业病防治法》的规定确定和执行。职工或者用人单位主张职工患有职业病申请工伤认定，应当根据《工伤保险条例》第十八条第一款第三项规定，提交医疗诊断证明或者职业病诊断证明书（或者职业病诊断鉴定书）。即申请工伤认定时，职工已明确诊断为职业病，社会保险行政部门受理工伤认定申请后，对依法取得的职业病诊断证明书或者职业病诊断鉴定书，不再进行实质调查核实。

（5）因工外出受伤的审查

职工受用人单位指派或者因工作需要在工作场所以外从事与工作职责有关的活动期间、受用人单位指派外出学习或者开会期间、因工作需要的其他外出活动期间，属于因工外出期间。职工因工外出期间从事与工作或学习、开会无关的个人活动受到伤害的，不予认定工伤。具体应从以下方面审查确定：

第一，从地域范围来区分，一类是离开工作场所，但仍未离开本市行政区域范围；另一类是离开本市行政区域范围。前者职工“因工外出”可以是受用人单位指派，也可以是因工作职责需要自行到工作场所以外；后者职工必须受用人单位指派或者与用人单位之前已有约定，否则一般不应认定为“因工外出”。有两种情形可以明确不属于因工外出：一是对于本市的用人单位在外省市直接招用当地的职工在当地工作；二是本市的用人单位招用第三地的职工，劳动合同中明确约定其工作地点在外省市的。

第二，“因工外出”期间和内容的把握。因工外出期间主要包括职工离开工作场所或经常居住地前往目的地的途中期间、因工外出过程中从事与工作职责相关的活动期间，以及活动结束返回工作场所或经常居住地的途中期间。因工外出的内容一般包括职工受用人单位指派外出履行工作职责，如外出学习、开会、培训等；职工因履行工作职责需要自行外出从事与工作职责有关的活动，如单位外勤人员外出从事销售、客服、设备安装调试及售后服务等工作；单位高级管理人员为单位经营发展目的自行外出从事的业务工作。

第三，“因工外出”受到事故伤害工作原因的把握。因工外出期间由于工作原因受到的伤害，是指由于工作原因直接或间接造成的包括事故伤害、暴力伤害和其他形式的意外伤害，既包括与工作直接有关而形成的伤害，也包括外出开展工作过程中所发生的伤害。因此，职工在因工外出期间参加与履行工作职责有关的活动中受到的事故伤害可以认定为工伤；因工外出期间，职工在参加与工作或正常生理需要无关的活动时，如个人探亲访友以及参加与工作无关的旅游、娱乐活动等受到事故伤害的，一般不应当认定为工伤。值得注意的是，职工因工外出期间死因不明，用人单位或者社会保障部门提供的证据不能排除非工作原因导致死亡的，应当依据《工伤保险条例》第十四条第五项和第十九条第二款的规定，认定为工伤。

（6）上下班途中发生非本人主要责任的交通事故受伤的审查

职工发生事故的时间和空间应为“上下班途中”，产生伤害的交通事故要求为非本人主要责任。《最高人民法院关于审理工伤保险行政案件若干问题的规定》第六条对“上下班途中”的情形进行了列举性的规定。对上下班途中的审查，应根据该规定并结合日常生活中的实际和立法本意予以判断。第一，工伤认定中的“上下班途中”要求事故发生于“上下班”的过程中，既包括职工正常工作的“上下班”，也包括职工加班加点的“上下班”。上班通常是职工以到工作地点工作为目的，从某处出发到达工作地的行为过程，下班通常是职工结束工作后，以进入个人生活状态为目的，从工作地点到达某处的行为过程。对于上班的开始和下班的结束以日常生活的通常理解来判断，比如，职工早上先去医院看病，然后去单位上班，职工从医院去单位是通常意义上的去上班，而从家到医院是去就医；职工下班后去逛街购物，然后再回家，那么职工到达逛街购物地开始行为时，其已经进入个人生活状态，下班过程已经结束。第二，工伤认定中的“上下班途中”要求在合理时间内，这是对职工发生交通事故时是否处于上下班过程中的重要因素。合理时间需要根据交通事故发生时间、职工的工作性质、受到交通事故伤害当日的工作时间、工作安排、职工从居所至单位上下班正常所需时间、预留时间、用人单位的规章制度等因素综合判断。另外，对于上下班合理时间的认定除了在合理路线上的往返时间外，还包括为生活中必需或顺便的合乎情理的短暂停留时间，一般为从事顺带或花费时间较短暂的生活所需活动。第三，工伤认定中的“上下班途中”要求在合理路线上。根据《最高人民法院关于审理工伤保险行政案件若干问题的规定》第六条规定，上下班途中要求职工往返于工作地与住所地、经常居住地、单位宿舍，往返于工作地与配偶、父母、子女居住地，从事属于日常工作生活所需要的活动地等合理路线。合理路线并不指最短路线、最优路线，职工一般选择有合理解释且未超出常理的路线则可以认定为合理路线。

“非本人主要责任”的认定原则上应以公安机关交通管理、交通运输、铁道等部门或司法机关以及法律、行政法规授权组织等有权机关出具的相关法律文书为依据。社会保险行政部门在工伤认定审理中要求申请人提供有权机关出具的相关法律文书，而申请人能够提供证据证明有权机关对该事故正在处理过程中的，应当根据《工伤保险条例》第二十条第三款规定，中止工伤认定审理，待中止情形消失后再恢复审理。

（7）其他情形

对于法律、行政法规规定的其他情形，应认定为工伤的，社会保险行政部门也可作出认定工伤的决定。

【注意事项】

（1）职工参加用人单位组织的活动，包括受用人单位指派参加其他单位组织的活动（以下均称用人单位组织的活动），因工作原因受到事故伤害，能够认定为工伤。该种情形是将参加活动作为工作安排，活动时间和场所作为工作时间和工作场所的延伸，故作出工伤认定决定时应适用《工伤保险条例》第十四条第一项之规定。在审理中应着重审查活动的组织形式和内容，以确定该活动是否为单位工作安排，职工是否因工作原因受到事故伤害。第一，组织形式上，用人单位组织的活动主要是指由用人单位的党政工团等组织发起，要求职工参加的集体活动。由用人单位的车间、班组或部门发起，但经用人单位同意的集体活动也可视作用人单位组织的活动。具体案件中，单位活动的组织形式多样，需要从发起形式、参加要求、请假方式及活动费用支付等具体情况综合判断。第二，活动内容上，用人单位组织的各类体育比赛及相关赛前训练、文艺演出及相关彩排、疗休养（包括一般职工疗休养以及从事有毒有害工作职工的脱岗疗休养）、体检、拓展、考察等属于用人单位组织的与工作原因有关的活动。用人单位组织外出开会、培训、考察活动时又在当地统一组织的集体游览活动，也属于用人单位组织的与工作原因有关的活动范畴。但用人单位组织的与工作无关的餐饮、旅游观光、休闲娱乐等，包括疗休养期间，参加自愿、自费项目或者在与疗休养无关的活动，不能作为工作原因，社会保险行政部门作出不予认定工伤决定的，法院一般予以认可。

（2）对于因工外出期间发生交通事故，造成职工受伤的情形，是否认定工伤，应适用《工伤保险条例》第十四条第五项"因工外出期间，由于工作原因受到伤害"的规定，不应适用《工伤保险条例》第十四条第六项"在上下班途中，受到非本人主要责任的交通事故或者城市轨道交通、客运轮渡、火车事故伤害的"的规定，亦不区分责任，也不按酒后驾车、无证驾驶或者驾驶无证车辆的情形作排除，但属于《工伤保险条例》第十六条相关情形的，应依法予以排除，不应认定为工伤。

（3）工伤认定中一些"上下班"特殊情形的把握。第一种情形是，职工在单位规定的下班时间前提前离开单位的行为，应当根据单位是否有规章制度及其执行情况、常态管理方式，并结合职工的工作性质和离开单位理由等因素区别处理：第一，职工向单位履行请假手续，经同意后提前离开单位的，应当按下班处理。第二，实行计件制的职工在完成规定的生产任务后，提前离开单位且平常单位也默认的，可以按下班处理。第三，交接班工作性质的职工，安排好工作提前离开工作岗位，对工作没有实质性影响的，且平常单位也默认的，可以按下班处理。第四，职工因突发情况（如职工本人生病、家属生病、家庭火灾等职工家庭发生的特殊情况），有合理理由临时提前离开单位的，可以按下班处理。第五，单位管理制度松散，无完备的考勤制度或有考勤制度但形同虚设，职工按惯例提前离开单位，且平常单位也不予以追究的，可以按下班处理。第六，单位有完备的管理制度，且严格执行考勤制度，职工未履行请假手续提前离开单位的，应当视作擅自离岗，不能按下班处理。第二种情形是职工临时性加班往返途中发生事故的问题。职工离开单位并处于休息状态时，用人单位临时安排加班的，职工在往返于单位或工作地途中发生事故的，社会保险行政部门按照《工伤保险条例》第十四条第六项规定处理的，法院一般予以认可。

（4）“上下班途中”受到交通、火车等事故伤害的“非本人主要责任”的认定中，有权机关出具的法律文书内容不明确的，应区分不同情况处理：第一，发生事故后，当场报案且有权机关到现场进行调查并出具相关证明，但相关证明未明确事故伤者本人承担主要责任的，可以视为事故伤者为“非本人主要责任”。若有证据表明系因职工自身原因发生的单方交通事故而受伤害的，不认定为工伤。第二，对于事后报案的情形，应在考虑当事人未及时报案的实际原因的前提下，综合各类证据作出事实认定。如果有权机关未作调查仅根据当事人陈述出具相关证明，而相关证明未对事故责任作区分的，可以根据生效民事判决的赔偿作出相应判断；如果具体承担交通运输职责的公交公司、轮渡公司或者其上级主管部门等组织经调查后出具事故责任情况说明的，可结合其他证据材料作出合理判断；申请人未提起民事诉讼又无新的证据证明事故责任的，社会保险行政部门在工伤认定过程中及法官在行政审判中应综合现有证据及日常生活经验进行判断。职工在上下班途中因无证驾驶机动车、驾驶无牌机动车或者饮酒后驾驶机动车发生事故导致伤亡的，不应认定为工伤。

（5）关于事故中“伤与病”工伤认定的把握。“病”和“伤”一般属于不同法律规范和政策调整的范畴，《工伤保险条例》调整因工作中遭受事故而发生的伤害，而疾病应当属于医疗保险调整范畴。但实践中，职工本身可能存在某种疾病隐患（如脑血管疾病、心脏病），在工作时间和工作场所内因工作原因，发生事故致使其发病（如职工受到撞击后脑梗、心梗），或者因发病致使其发生事故的（突发脑梗、心梗后受到撞击）。因此，工伤认定中涉及职工的“病”应与事故的发生具有一定的关联性，即由事故伤害引起，而关联程度的判断一般应以司法鉴定报告作为依据。如果司法鉴定机构无法作出鉴定结论的，一般可向劳动能力鉴定委员会进行咨询，根据专家咨询意见并综合案件证据作出认定与否的判断。职工在工作中经历事故产生精神疾病或者伤害，是否可以认定工伤亦存在较大争议。在实践中，应根据鉴定机构的鉴定结论或者医学专家的专业意见，判断精神疾病或者精神伤害的成因及与职工遭受事故的关系等具体情况，确定能否认定为工伤。

【规范指引】

《工伤保险条例》第十四条

《最高人民法院关于审理工伤保险行政案件若干问题的规定》第四条、第五条、第六条

《最高人民法院行政审判庭关于职工因公外出期间死因不明应否认定工伤的答复》

《最高人民法院行政审判庭关于职工在上下班途中因无证驾驶机动车导致伤亡的，应否认定为工伤问题的答复》

《最高人民法院行政审判庭关于职工无照驾驶无证车辆在上班途中受到机动车伤害死亡能否认定工伤请示的答复》

【典型案例】

（1）王某淮诉江苏省盱眙县劳动和社会保障局工伤行政确认案，《最高人民法院公报》2011 年第 9 期〔裁判法院：江苏省盱眙县人民法院；案号：(2009）盱行初字第 0008 号〕

裁判要旨：根据《工伤保险条例》第十四条第一项的规定，职工在工作时间和工作场所内，因工作原因受到事故伤害的，应当认定为工伤。这里的“工作场所”，是指职工从事工作的场所，例如职工所在的车间，而不是指职工本人具体的工作岗位。职工“串岗”发生安全事故导致伤害的，只要是在工作时间和工作场所内、因工作原因而发生的，即符合上述工伤认定条件，“串岗”与否不影响其工伤认定。

（2）陈某菊不服上海市松江区人力资源和社会保障局社会保障行政确认案，《最高人民法院公报》2013 年第 9 期〔裁判法院：上海市第一中级人民法院〕

裁判要旨：食宿在单位的职工在单位宿舍楼浴室洗澡时遇害，其工作状态和生活状态的界限相对模糊。在此情形下，对于工伤认定的时间、空间和因果关系三个要件的判断主要应考虑因果关系要件，即伤害是否因工作原因。“因履行工作职责受到暴力伤害”应理解为职工因履行工作职责的行为而遭受暴力伤害，如职工系因个人恩怨而受到暴力伤害，即使发生于工作时间或工作地点，亦不属于此种情形。“与工作有关的预备性或者收尾性工作”是指根据法律法规、单位规章制度的规定或者约定俗成的做法，职工为完成工作所做的准备或后续事务。职工工作若无洗澡这一必要环节，亦无相关规定

将洗澡作为其工作完成后的后续性事务，则洗澡不属于“收尾性工作”。

（3）孙某兴诉天津新技术产业园区劳动局工伤认定行政案，最高人民法院指导案例40号，《最高人民法院公报》2006年第5期〔裁判法院：天津市高级人民法院；案号：（2005）津高行终字第0034号〕

裁判要旨：工作原因、工作场所的认定应当考虑是否与履行工作职责相关，是否在合理区域内受到伤害的。

（4）何某祥诉江苏省新沂市劳动和社会保障局工伤认定行政案，2014年最高人民法院工伤保险行政纠纷典型案例〔裁判法院：江苏省徐州市中级人民法院；案号：（2010）徐行终字第145号〕

裁判要旨：关于“上下班途中”的认定。上下班途中的“合理时间”与“合理路线”，是两种相互联系的认定属于上下班途中受机动车事故伤害情形的必不可少的时空概念，不应割裂开来。结合本案，何某祥在上午听课及中午就餐结束后返校的途中骑摩托车摔伤，其返校上班目的明确，应认定为合理时间。

（5）妮维雅（上海）有限公司诉上海市青浦区人力资源和社会保障局工伤认定案，2014年度上海法院精品案例〔裁判法院：上海市青浦区人民法院、上海市第二中级人民法院；案号：（2013）青行初字第52号、（2014）沪二中行终字第317号〕

裁判要旨：“本人非主要责任”的判断通常以交警部门的责任认定为依据。在交警部门对交通事故成因无法查明、责任无法认定时，工伤认定机构虽不是事故责任认定的法定职能机关，但在认定程序中应就“受伤职工的事故责任”作出判断，不能仅以交警部门未认定受伤职工承担次责、同责、无责为由不认定工伤，仅在现有证据足以排除受伤职工承担非主责的情形下，才可认定为“本人主要责任”。

（6）王某友等诉上海市宝山区人力资源和社会保障局、上海市人力资源和社会保障局工伤认定及行政复议决定案，2019年度上海法院精品案例〔裁判法院：上海市浦东新区人民法院；案号：（2018）沪0115行初355号〕

裁判要旨：本案系全国范围内首例涉足球运动员在封闭集训期休息时间内突发疾病死亡而要求认定工伤的行政案件，可否认定工伤尚无明文规定。从法律制度原则、精神出发，本着优先保护劳动者合法权益的理念，可以认定足球运动员的职业特性及封闭集训期性质，足球运动员在封闭集训期内带有受约束性质的休息具有为比赛备战的性质，具备视同工伤的构成要件。

(7) 上海锘钛通信科技有限公司诉上海市浦东新区人力资源和社会保障局工伤认定决定案，2019 年度上海法院精品案例〔裁判法院：上海市第二中级人民法院；案号：(2018) 沪 02 行终 414 号〕

裁判要旨：我国《工伤保险条例》规定，认定工伤需要满足在工作时间、工作场所和因工作原因的“三工”条件。劳动者在工作中因满足合理生理需要的行为而受伤应当被认定为工伤，但对于何谓工作中的“合理的”生理需要，立法和司法实践并无统一的界定标准。本案中，法院裁判明晰了劳动者工作中满足生理需要的合理认定标准，更为充分地保护了劳动者的合法权益，对类似工伤认定案件的审理具有一定参考意义。

2. 视同工伤情形

【审查要点】

《工伤保险条例》第十五条规定了三种视同工伤的情形，包括在工作时间、工作岗位突发疾病死亡或在 48 小时之内经抢救无效死亡、抢险救灾等维护国家利益及公共利益活动中受伤、因战因公负伤致残后旧伤复发。

(1) 工作时间和工作岗位突发疾病死亡或在 48 小时之内经抢救无效死亡的工伤认定问题的审查。视同工伤的审查主要集中于该情形。工作时间、岗位突发疾病猝死或 48 小时死亡视同工伤的情形有三种：其一，职工在工作时间和工作岗位突发疾病当场死亡的；其二，在工作时间和工作岗位突发疾病，直接送医院或经医疗机构当场救治并在 48 小时内死亡的；其三，在工作时间和工作岗位突发疾病，虽未直接就医，但存在回家拿医保卡或需家人陪同等特殊情形，且及时就医并在 48 小时内死亡的。

(2) 在抢险救灾等维护国家利益、公共利益活动中受到伤害的情形的审查。职工见义勇为，为制止违法犯罪行为而受到伤害的，也应属于公共利益活动中受到伤害的情形，应认定为工伤。非因工作原因对遇险者实施救助导致伤亡的，如未经有关部门认定为见义勇为，似不属于《工伤保险条例》第十五条第一款第二项规定的视同工伤情形。

(3) 职工原在军队服役，因战、因公负伤致残，已取得革命伤残军人证，到用人单位后旧伤复发的，认定为工伤。

【注意事项】

对于工作时间、岗位突发疾病死亡或 48 小时内死亡的工伤认定问题是实践中容易遇到的疑难复杂问题。对于其审查需要特别注意以下三点：

一是关于工作时间、工作岗位的把握。前文已对工作时间的判断要素进行了解读，此处不赘。关于工作岗位，需要注意不能将其与工作场所画等号。工作岗位相较于工作场所而言，更加强调工作职责与任务，而非所在的处所与位置。《工伤保险条例》将在工作岗位突发疾病死亡的情形纳入工伤，而未仅限于工作场所，且对突发疾病的类型、疾病是否与工作原因有关、是否为固有疾病等未作限制，已经对职工予以倾斜和保护。在工作时间和岗位的把握上，需要考虑劳动者利益与用人单位利益以及工伤保险基金承受力等方面的平衡，既不能无限度扩大解释，亦不能将其严格限定于日常办公时间与办公区域、地点，而应结合立法目的考虑与工作的相关性。

二是48小时的起算时间以及职工死亡时间的认定。关于48小时的起算时间，根据《劳动和社会保障部关于实施〈工伤保险条例〉若干问题的意见》第三条规定，48小时的起算时间，以医疗机构的初次诊断时间作为突发疾病的起算时间。关于职工死亡时间的认定，可参照《民法典》第十五条的规定，即自然人的出生时间和死亡时间，以出生证明、死亡证明记载的时间为准；没有出生证明、死亡证明的，以户籍登记或者其他有效身份登记记载的时间为准。有其他证据足以推翻以上记载时间的，以该证据证明的时间为准。

三是因工外出期间职工猝死的工伤认定问题。因工外出有别于通常意义上在工作场所的工作，对职工工作时间、工作岗位均应作适当延伸，因工外出期间职工只要没有从事与工作无关的私人活动，其整个因工外出期间都应认定为工作时间和工作岗位。

【规范指引】

《工伤保险条例》第十五条

《最高人民法院行政审判庭关于非因工作原因对遇险者实施救助导致伤亡的情形是否认定工伤问题的答复》

【典型案例】

（1）上海温和足部保健服务部诉上海市普陀区人力资源和社会保障局工伤认定案，《最高人民法院公报》2017年第4期〔裁判法院：上海市第二中级人民法院；案号：（2015）沪二中行终字第464号〕

裁判要旨：职工在工作时间和工作岗位上突发疾病，经抢救后医生虽然明确告知家属无法挽救生命，在救护车运送回家途中职工死亡的，仍应认定其未脱离治疗抢救状态。若职工自发病至死亡期间未超过48小时，应视为“48小时之内经抢救无效死亡”，视同工伤。

（2）倪某娟、郑某栋、傅某花不服浙江省上虞市人力资源和社会保障局劳动保障工伤行政确认案，《2014年中国审判案例要览》〔裁判法院：浙江省绍兴市上虞市人民法院；案号：（2013）绍虞行初字第15号〕

裁判要旨：患者在工作时间和工作岗位突发疾病，医学角度分析得出患者无治疗希望，其亲属主动放弃治疗导致患者在48小时之内经抢救无效死亡的，视同工伤。

（3）束某红诉江苏省扬州市仪征市人力资源和社会保障局工伤认定纠纷案，《江苏省高级人民法院公报》2014年第4辑〔裁判法院：江苏省扬州市中级人民法院；案号：（2013）扬行终字第0058号〕

裁判要旨：“突发疾病”包括各类疾病。职工如在上班期间已经出现病症，下班后不久病情加重，在48小时内经抢救无效死亡的，应视同工伤。

（4）重庆市涪陵志大物业管理有限公司诉重庆市涪陵区人力资源和社会保障局劳动和社会保障行政确认案，最高人民法院指导性案例94号〔裁判法院：重庆市涪陵区人民法院；案号：（2013）涪法行初字第00077号〕

裁判要旨：职工见义勇为，为制止违法犯罪行为而受到伤害的，属于《工伤保险条例》第十五条第一款第二项规定的为维护公共利益受到伤害的情形，应当视同工伤。

3. 认定工伤决定诉讼的举证责任承担

【审查要点】

如前所述，社会保险行政部门作为被告对其作出的认定工伤决定的合法性负有举证责任。如果用人单位起诉请求撤销该认定工伤决定的，可以举证证明该决定不合法，其不能提供充分证据的，不免除社会保险行政部门的合法性举证责任。如果工伤职工认为认定工伤决定认定的事实不够清楚、范围过小等损害其权益的，也可以起诉证明该违法情形存在，若不能证明的，也不免除被告社会保险行政部门的合法性举证责任。

被告社会保险行政部门应提供作出认定工伤决定的依据和证据。依据包括职权依据、程序依据和适用法律依据。证据则分为两类：一类是程序证据，包括工伤认定申请书及其所附材料、补正通知及送达回证、补正材料、受理通知书及送达凭证、中止通知书及送达凭证、恢复工伤认定通知书及送达回证、认定工伤决定书及送达回证等，证明补正、受理、中止、决定等程序合法，且在法定期限内作出决定并及时送达。另一类是事实证据，包括但不限于劳动关系证明、用人单位规章、工作安排表等证明职工工作时间、地点的证据、调查取证的询问笔录、在用人单位或者其他第三方处调取的材料、鉴定意见等，证明认定事实清楚，证据确凿。

【注意事项】

这里所讲的举证责任是围绕社会保险行政部门作出的认定工伤决定展开，而非职工或用人单位在工伤认定程序中所应承担的举证责任，两者并非同一个层面的概念。另外，程序证据要根据个案来判断，若没有经过补正、中止等程序，则无须提交相关证据。事实认定证据也要根据个案不同情形来判断，核心要点在于社会保险行政部门在工伤认定程序中收集到的所有能证明工伤认定事实的证据。

【规范指引】

《行政诉讼法》第三十四条

《最高人民法院关于行政诉讼证据若干问题的规定》第六条

（三）不予认定工伤决定的审查

1. 不满足认定工伤情形、视同工伤情形不予认定工伤决定审查

【审查要点】

如前所述，《工伤保险条例》第十四条、第十五条规定了认定工伤情形和视同认定工伤情形。若不符合该两条规定的，社会保险行政部门作出不予认定工伤决定，当事人不服提起诉讼的，法院应明确其事实审查要件。具体而言，主要审查被告作出不予认定工伤决定，是否有充分的事实根据和法律依据。即社会保险行政部门应充分阐明其不予认定工伤的事实理由和法律依据。当然，用人单位或者职工认为应当认定为工伤的，也可以提出符合工伤认定情形的事实和理由，法院综合各方的事实陈述、证据等综合判定。

2. 排除认定工伤情形的审查

【审查要点】

除了前述不符合《工伤保险条例》第十五条、第十六条规定不予认定工伤外，还有三种情形是明确列明排除认定工伤的情形，即故意犯罪的、醉酒或者吸毒的、自残或者自杀的。对于该类型不予认定工伤决定的审查，除需

结合案件事实判断是否存在不符合认定或视同工伤规定的情形外，如涉及排除认定工伤的情形，可根据下列审查步骤作出排除工伤与否的判断：一是根据有权机构出具的事故责任认定书、结论性意见和人民法院生效裁判等法律文书认定是否排除认定工伤；二是前述法律文书不存在或结论不明确的，人民法院应结合全案证据以及行政诉讼证明标准对是否存在排除情形作出判断；三是现有证据无法证明故意犯罪、醉酒、吸毒、自残或自杀的，不予排除认定工伤。

【注意事项】

对于职工处于醉酒状态时受到事故伤害的情形，社会保险行政部门应合理判断“醉酒”与事故伤害之间的因果关系。职工认为“醉酒”与事故伤害无关联的，应在工伤认定程序中提供相关证明材料予以佐证。社会保险行政部门根据《工伤保险条例》第十六条规定予以排除的，法院在司法审查中至少应关注两点：一是（事实）醉酒造成了正常本职工作的阻断或阻碍；二是（推理或推定）在未醉酒的正常状态下，没有或极少可能遭受到同样的伤害。社会保险行政部门所作判断应符合上述两点。

【规范指引】

《工伤保险条例》第十六条

3. 不予认定工伤决定诉讼的举证责任承担

【审查要点】

原告对不予认定工伤决定不服，可提供证据证明职工所受伤害属于工伤。被告需提供证据证明不符合工伤认定条件的证据材料。比如被告认为职工所受伤害不属于“三工”情形的，就要提供证据证明该职工工作时间、工作内容等，同职工实际发生的事故伤害地点、时间等对比。

四、行政复议决定的审查

（一）行政复议维持决定的审查

1. 行政复议决定的职权审查

【审查要点】

当事人对于社会保险行政部门作出的工伤认定行政行为不服的，可以向同级人民政府或者上级社会保险行政部门申请行政复议。即上级行政机关或者同级人民政府具有处理行政申请、作出行政复议决定的职权。上海市行政复议体制改革后，工伤认定案件中，复议机关一般为作出工伤认定行政行为的同级人民政府。

【规范指引】

《行政复议法》第十二条第一款

2. 行政复议决定的程序审查

【审查要点】

（1）收到行政复议申请的审查

职工、近亲属、用人单位对工伤认定行政行为不服，是否在60日内申请行政复议，复议机关有无收到复议申请材料以及收到的具体日期。如果其当面提出申请的，以实际提交日期为行政复议申请日期；若邮寄行政复议申请材料的，以寄出邮戳日期为申请日期。

（2）行政复议受理程序的审查

行政复议机关收到行政复议申请日期并不一定是邮件签收日期，而应以复议机关负责法制工作的机构收到复议申请日期为准。在司法审查中，若复议机关认为其收到申请日期并非签收日期，而以法制机构收到的日期为准，可要求复议机关提交法制机构收到的证据，若不能提供的，则流转的日期不宜超过合理期限。法院还要审查复议机关负责法制工作的机构收到行政复议申请后，是否在5个工作日内进行审查，不符合受理条件的，是否作出不予受理复议申请决定或及时告知申请人。

（3）行政复议申请补正程序的审查

行政复议申请材料不齐全或者表述不清楚的，复议机关是否自收到行政复议申请之日起5日内书面通知申请人补正。经补正的，复议审理期限的起算应从复议机关收到补正材料后起算。

（4）行政复议作出程序及送达程序的审查

符合受理条件的，复议机关是否在受理之日起7个工作日内向被申请人发送复议申请书副本、复议答复通知书等材料，被申请人是否在10日内向复议机关提交了书面答复，复议过程中复议机关有无中止、延长审理期限的情形。如果有，何时中止、延长审理期限，何时中止审理期限的情形消失，恢复审理，以及中止、延长审理期限的具体事由是什么，有没有将延长审理期限、中止、恢复审理的通知送达各方当事人等需要进行逐一审查。行政复议机关是否在 60 日的法定期限内作出复议决定（但是法律规定的行政复议期限少于 60 日的除外）并向各方当事人送达复议决定，经批准可以最多延长 30 日复议期限。法院还要审查复议双方当事人是否实际收到了复议决定，以及是否在法定起诉期限内向法院提起行政诉讼。

【注意事项】

《行政复议法实施条例》规定了中止审理情形，并规定了中止原因消除后应及时恢复审理，但并未规定中止的最长期限。实践中，法院可要求复议机关说明中止的理由，审查是否具有合法性和合理性。

【规范指引】

《行政复议法》第十七条、第二十三条、第三十一条

《行政复议法实施条例》第二十九条、第四十一条

3. 行政复议决定内容合法性审查

【审查要点】

行政复议决定内容的审查核心在于复议决定的合法性，而非原行政行为的合法性。具体包括复议决定认定事实是否清楚、证据是否确凿充分、适用法律是否正确。认定事实是指认定原行政行为合法的事实是否清楚，证据除了包含原行政行为合法性的证据外，还有复议过程中形成的证据。

【注意事项】

基于原行政行为与复议决定的一体化，复议过程中，复议机关可以进一步收集、补充证据，在诉讼时证明原行政行为和复议决定的合法性。

【规范指引】

《行政诉讼法适用解释》第一百三十五条

4. “视为维持”原行政行为的复议决定的审查

【审查要点】

复议机关改变原行政行为所认定的主要事实和证据、改变原行政行为所适用的规范依据，但未改变原行政行为处理结果的，视为复议机关维持原行政行为。在视为维持的情形下，法院审理的对象是改变后的行政行为。复议机关已经改变原行政行为所认定的主要事实和证据、适用的规范依据，法院在司法审查中没有必要再对原行政行为作出时的所认定的主要事实和证据、所适用的规范依据进行重复审查和评判，只需对复议改变后的内容进行合法性审查。

【规范指引】

《行政诉讼法适用解释》第二十二条

（二）单独诉行政复议决定的审查

1. 不予受理或驳回复议申请决定的审查

【审查要点】

审查是否存在不符合《行政复议法实施条例》第二十八条规定的情形，如果存在其中一项不符合的，复议机关可以作出不予受理决定。如果已经受理的，则可以作出驳回行政复议申请决定。驳回行政复议申请存在两种情形：程序上驳回和实体上驳回。程序上驳回即不符合受理条件的驳回，应该单独起诉驳回申请决定。如果属于实体上驳回的，则属于维持决定的范畴，应该和原行政行为一起提起共同诉讼。

【注意事项】

如果因复议申请事项不属于行政复议范围，也不属于行政诉讼受案范围，而作出不予受理或者驳回行政复议申请决定的，当事人不服提起诉讼，因该决定对当事人合法权益明显不具有实际影响，法院可以裁定驳回起诉。

【规范指引】

《行政复议法实施条例》第二十七条、第二十八条、第四十八条

2. 撤销、确认违法行政复议决定的审查

【审查要点】

法院对该类案件进行审查时，对于复议决定的认定事实是否清楚、证据是否确凿充分、适用法律是否正确、复议决定表述是否清楚明确等进行审查。

【规范指引】

《行政复议法》第二十八条

（三）举证责任承担

【审查要点】

经过复议且复议机关作出维持决定的案件，复议机关作为共同被告，需对复议决定的合法性承担举证责任。除证明不予受理决定合法的材料外，复议机关还需提供证明复议程序合法的证据，包括：复议申请书、复议受理通知书、复议答复通知书、复议答复书、延期审理通知书、复议决定书及相关寄送凭证等。另外，根据《行政诉讼法》及其司法解释的规定，复议决定改

变了认定事实或适用法律、补强了相关证据等但未改变的原行政行为结果的，不属于改变原行政行为，此时如前作为维持原行政行为处理。复议机关改变工伤行政行为的，其作为单独被告，应就改变事由正当承担举证责任。此部分复议机关的举证要求同样适用于认定或不予工伤决定的审查，下文不展开讨论。

【注意事项】

在复议维持案件中，对于原行政行为的合法性，原行政行为机关和行政复议机关可以共同举证，也可以由其中一个机关举证。复议机关针对行政复议决定的合法性承担举证责任。

【规范指引】

《行政诉讼法适用解释》第一百三十五条

五、一并审查规范性文件请求的审查

对于社会保险行政部门作出的有关工伤认定的行政行为所依据的规章以下规范性文件，原告提出一并审查请求的，需要明确其审查要件。

（一）规范性文件审查请求提出的时间

【审查要点】

当事人提出一并审查规范性文件请求，应当在一审开庭前提出，有正当理由的可以在法庭调查中提出。这里的正当理由包括，开庭前不知道，经当庭确认才知道被告作出行政行为所依据的规范性文件等情形。

【规范指引】

《行政诉讼法适用解释》第一百四十六条

（二）规范性文件审查方式

【审查要点】

被告往往并非规范性文件制定机关，其对于规范性文件制定程序、权限合法性一般无法提供证据证明。那么该如何进行审查呢？对于行政诉讼的原告而言，对行政规范性文件不合法的举证难度要远大于举证行政行为存在违法。在作出行政行为的机关同时也是规范性文件的制作主体的情况下，被告能够在法庭调查中对制定主体、制定依据等相关问题作出举证和答辩。但更多的情况是规范性文件的制定主体并非作出行政行为的机关，若仅由被告对规范性文件的合法性作出陈述，未必能达到良好的审查效果，也容易引发当事人对规范性文件合法性的进一步质疑，但另一方面，制定机关并非案件被告，其对规范性文件的制定所作陈述是否能够作为法院进行认定和评价的证据，某种程度上欠缺法律依据。针对这一问题，《行政诉讼法适用解释》第一百四十七条作出了较好的回应，明确法院发现规范性文件可能不合法时应当听取制定机关的意见，还应当准许其出庭陈述意见。

【规范指引】

《行政诉讼法适用解释》第一百四十七条

（三）规范性文件合法性的审查和认定

1. 制定主体审查

【审查要点】

应当从判断该规范性文件所针对的事项是否属于该主体的管辖范围着手。根据《行政诉讼法》第五十三条的规定，行政规范性文件的制定主体限定在国务院部门、地方人民政府及其部门的范围内。

【规范指引】

《行政诉讼法》第五十三条

《行政诉讼法适用解释》第一百四十八条

2. 制定权限审查

【审查要点】

行政机关制定规范性文件受相应的权限限制，这里的权限审查指的是有无事务制定的权限。审查是否超越制定机关的法定职权，例如规范性文件规定的事项是否属于制定机关的职权范围，法律、法规、规章是否有授权条款，规定制定机关可就相关事项制定规范性文件，制定机关是否存在超出授权范围的情况。

3. 制定程序审查

【审查要点】

程序性要件的判断是评价行政行为合法性的依据。无论当事人对制定程序是否提出异议，法院基于全面合法性审查的要求都应当进行审查。审查时，规范性文件制定程序的判断依据应参照适用行政法规或规章等立法性文件的制定程序，如果对于规范性文件有地方性规定的，可适用地方性规定。比如

《上海市行政规范性文件管理规定》就对规范性文件制定程序作出了明确规定。在制定程序合法性的判断上，根据《行政诉讼法适用解释》第一百四十八条的规定，制定程序应当“法定”，即若法律法规规章等对规范性文件制定程序作出明确规定的，则应该符合上述规定；若对于规范性文件制定程序缺少明确规定的，则仍要依据正当程序的精神和一般原理进行判断。具体而言，违反规范性文件制定程序而构成“规范性文件不合法”的情形主要包括：一是违反批准程序。批准程序涉及规范性文件在行政机关内部的被认可性、权威性和慎重性以及行政机关本身的一致性。二是违反公开发布程序。公开发布程序涉及规范性文件的正式性以及对外的效力性。三是其他严重违反制定程序情形。是否严重违反制定程序因规范性文件的具体制定过程实际与被诉行政行为的合法性审查关联性较小，其中大部分程序属于制定机关内部进行的调查、讨论等程序，故无须作过于细致的审查。值得注意的是，若规范性文件有需及时补正的程序瑕疵，可以建议有权机关在一定时限内予以补正，而对于严重违反制定程序的规范性文件，可建议有权机关对该规范性文件予以废止。这是因为规范性文件适用面较广，只有在制定程序存在严重问题，且无法及时补正，又对当事人合法权益产生不可弥补的损害时，方可认定规范性文件不合法，建议有关机关对该规范性文件予以废止或宣布无效。

4. 相应条款内容是否合法的审查

【审查要点】

审查是否存在与法律、法规、规章等上位法规定相抵触的情形，是否违法增加了公民、法人和其他组织的义务或减损其合法权益。进行此项审查时，应注意从立法本意出发、结合法条上下文，准确理解上位法规定。因上位法往往规定得较为原则，裁量空间较大，规范性文件的制定机关作为更具专业知识的行政机关，其为便利执法所制定的规范性文件，司法审查应给予充分的尊重和适当的裁量空间，对照上位法，综合考虑规范性文件内容的合法性以及对当事人权利义务的影响。对确属行政机关自由裁量权范围内的内容，可在充分听取制定机关及执行机关意见的基础上，本着尊重行政机关在职权范围内行使权力的原则进行审查。

（四）规范性文件不合法的处理方式

【审查要点】

根据《行政诉讼法》及其司法解释的规定，若规范性文件不合法的，在裁判文书中说明理由，并向制定机关提出具体可行的处理建议或司法建议。对此可以建立信息共享机制。《行政诉讼法》第六十四条规定，法院经审查认为规范性文件不合法的，不作为认定行政行为合法的依据，意味着法院仅对规范性文件的相关条款在本案中是否作为认定行政行为合法的依据作出评判，而不是直接宣告撤销该规范性文件或所涉条款，也并不发生规范性文件自此无效的法律后果。但是，由于该规范性文件已在生效裁判文书中被认定为不合法，不能作为行政行为合法的依据，故在其他类似案件中，已生效的裁判文书内容应具有拘束力，能够直接作为认定行政行为违法的依据。

【规范指引】

《行政诉讼法》第六十四条

《行政诉讼法适用解释》第一百四十九条、第一百五十条、第一百五十一条

（五）举证责任承担

【审查要点】

规范性文件一并审查作为行政诉讼原告诉讼请求之一，在举证责任上也应遵循《行政诉讼法》第三十四条第一款的规定，由被诉行政机关对行政规范性文件的合法性进行举证证明。在作出行政行为的机关同时也是规范性文件的制作主体的情况下，被告能够在法庭调查中对制定主体、制定依据等相关问题作出答辩。如果被告并非制定机关，如前所述，可以让制定机关出庭、询问制定机关或者发函等多种方式来对于规范性文件合法性进行审查和认定。

第四部分　一般裁判指引

上文已对工伤认定行政案件的审查标准、举证要求进行了论述，本部分主要对相关裁判方式进行指引。

一、裁定指引

（一）不符合立案条件裁定驳回

【适用情形】

已经立案的案件经进一步审查，不符合受理条件的，应裁定驳回起诉。

【规范指引】

《行政诉讼法适用解释》第六十九条第一款

（二）准予裁定撤诉

【适用情形】

审理中原告申请撤诉或者被告改变行政行为，原告同意并申请撤诉，法院准许的，应出具准予撤诉裁定。

【规范指引】

《行政诉讼法》第六十二条

（三）视为撤诉

【适用情形】

1. 原告经法院传票传唤，无正当理由拒不到庭，按撤诉处理；
2. 庭审中原告未经法庭许可中途退庭的，按撤诉处理；
3. 原告未在规定期限内预交案件受理费，且未提出缓交、减交、免交申请的，按撤诉处理。

【注意事项】

原告因未交诉讼费按撤诉处理后，在法定期限内再次起诉，并依法解决诉讼费预交问题的，法院应予立案。

【规范指引】

《行政诉讼法》第五十八条

《行政诉讼法适用解释》第六十一条

《诉讼费用交纳办法》第二十二条第四款

（四）裁定并案处理

【适用情形】

职工和用人单位均对社会保险行政部门作出的认定工伤决定不服分别提

起诉讼，法院均受理的情况下，因两案由同一行政行为引发，法院可裁定并案处理，职工和用人单位作为一起案件的原告起诉。

【规范指引】

《行政诉讼法》第二十七条

《行政诉讼法适用解释》第一百零一条第一款第十五项

二、判决指引

（一）未经复议案件的判决方式

1. 判决驳回诉讼请求

【适用情形】

工伤认定行政行为职权合法、认定事实清楚、适用法律正确、程序合法，原告的诉请主张不成立的。

【规范指引】

《行政诉讼法》第六十九条

2. 判决撤销工伤认定行政行为

【适用情形】

工伤认定行政行为认定事实不清或证据不足、适用法律错误、程序违法等。例如职工身体多处受伤申请认定工伤的，被告未区分职工伤势、调查职工伤势与事故之间的因果关系，将上述伤势均认定为工伤的；职工因事故、职业病或者工作岗位突发疾病已经死亡的情况下，被告仍将职工作为申请人的，法院可判决撤销工伤认定行政行为。

【规范指引】

《行政诉讼法》第七十条

3. 判决确认工伤认定行政行为违法

【适用情形】

工伤认定行政行为实体合法，但作出程序轻微违法的、行政行为违法，不具有可撤销内容的、被告改变原违法行政行为，原告仍要求确认原行政行为违法的、被告不履行或者拖延履行法定职责，判决履行没有意义的。同时可以责令被告采取补救措施，给原告造成损失的，判决被告承担赔偿责任。

【规范指引】

《行政诉讼法》第七十四条、第七十六条

4. 判决社会保险行政部门对工伤认定申请作出处理

【适用情形】

认为社会保险行政部门未对申请人提出的工伤认定申请履行职责。

【规范指引】

《行政诉讼法》第七十二条

5. 判决确认工伤认定行政行为无效

【适用情形】

认为被告不具有行政主体资格或者没有依据等重大且明显违法情形，判决确认行政行为无效，并可责令被告采取补救措施，造成原告损失的，判决被告承担赔偿责任。

【规范指引】

《行政诉讼法》第七十五条、第七十六条

（二）经过复议案件的判决方式

1. 判决驳回诉讼请求

【适用情形】

工伤认定行政行为合法，复议机关维持（除维持决定外，复议机关维持还包括复议机关驳回复议申请或者复议请求的情形，但以复议申请不符合受理条件为由驳回的除外，下同）并无不当。

【注意事项】

在复议机关改变原行政行为的适用法律依据或确认程序违法，但未改变处理结果的，法院针对原行为该如何判决的问题，实践中已经产生了分歧，有的再次判决原行政行为违法，有的基于复议机关已经确认违法，基于一体化，径行判决驳回原告诉讼请求。对此，有必要予以统一，鉴于复议机关已对原行政行为实体及程序的合法性作出评价，且经法院审查并无不当的，一并判决驳回原告诉讼请求更为适当。

【规范指引】

《行政诉讼法》第六十九条、第七十九条

2. 判决撤销工伤认定行政行为及复议决定

【适用情形】

工伤认定行政行为违法，复议机关作出维持决定亦属违法。

【规范指引】

《行政诉讼法》第七十九条

3. 判决确认复议决定违法，驳回撤销工伤认定行政行为的诉讼请求

【适用情形】

工伤认定行政行为合法，复议机关所作复议决定程序轻微违法。

【规范指引】

《行政诉讼法》第六十九条、第七十四条第一款第二项

4. 判决确认工伤认定行政行为违法，撤销复议决定

【适用情形】

工伤认定行政行为轻微违法或者存在其他需要确认违法情形的，复议机关作出维持的复议决定。

【规范指引】

《行政诉讼法》第七十四条、第七十九条

5. 判决社会保险行政部门对工伤认定申请作出处理，撤销复议决定

【适用情形】

社会保险行政部门未对申请人提出的工伤认定申请依法处理，复议机关作出驳回复议申请决定。

【规范指引】

《行政诉讼法》第七十二条、第七十九条

《行政诉讼法适用解释》第一百三十六条第一款、第四款

（作者单位：上海铁路运输法院　上海市高级人民法院）

规范性文件

最高人民法院关于推进行政诉讼程序繁简分流改革的意见

（法发〔2021〕17号）

为深化行政诉讼制度改革，推进行政案件繁简分流、轻重分离、快慢分道，优化行政审判资源配置，推动行政争议实质化解，依法保护公民、法人和其他组织合法权益，支持和监督行政机关依法行政，根据《中华人民共和国行政诉讼法》（以下简称行政诉讼法）及司法解释的规定，结合审判工作实际，制定本意见。

一、一般规定

第一条 人民法院应当严格规范审理复杂行政案件，依法快速审理简单行政案件，完善行政诉讼简易程序适用规则，推动电子诉讼的应用，引导当事人正确行使诉讼权利、依法履行诉讼义务，全面提升行政审判质量、效率和公信力。

第二条 第一审人民法院审理下列行政案件，可以作为简单案件进行审理：

（一）属于行政诉讼法第八十二条第一款、第二款规定情形的；

（二）不符合法定起诉条件的；

（三）不服行政复议机关作出的不予受理或者驳回复议申请决定的；

（四）事实清楚、权利义务关系明确、争议不大的政府信息公开类、履行法定职责类以及商标授权确权类行政案件。

第二审人民法院对于第一审人民法院按照简单案件快速审理的上诉案件，以及当事人撤回上诉、起诉、按自动撤回上诉处理的案件，针对不予立案、驳回起诉、管辖权异议裁定提起上诉的案件等，可以作为简单案件进行审理。

高级人民法院可以探索开展行政申请再审案件繁简分流工作。

第三条 人民法院可以建立行政案件快审团队或者专业化、类型化审判团队，也可以设立程序分流员，负责行政案件繁简分流，实现简案快审、类案专审、繁案精审。

二、促进行政争议诉前分流

第四条 人民法院应当强化行政争议的诉源治理，完善行政诉讼与行政复议、行政裁决等非诉讼解纷方式的分流对接机制，探索建立诉前和解机制，依托司法与行政的良性互动，加强行政争议多元化解及相关平台建设。

第五条 行政诉讼法规定可以调解的案件、行政相对人要求和解的案件，或者通过和解方式处理更有利于实质性化解行政争议的案件，人民法院可以在立案前引导当事人自行和解或者通过第三方进行调解。开展诉前调解应在调解平台上进行，并编立相应案号。

建立非诉讼调解自动履行正向激励机制，通过将自动履行情况纳入诚信评价体系等，引导当事人自动、即时履行调解协议，及时化解行政争议。

第六条 经诉前调解达成和解协议，当事人共同申请司法确认的，人民法院可以依法确认和解协议效力，出具行政诉前调解书。

当事人拒绝调解或者未达成和解协议，符合法定立案条件的，人民法院应当依法及时登记立案。

立案后，经调解当事人申请撤诉，人民法院审查认为符合法律规定的，依法作出准予撤诉的裁定。

第七条 诉前调解中，当事人没有争议的事实应当记入调解笔录，并由当事人签字确认。

在审理过程中，经当事人同意，双方在调解过程中已确认的无争议事实不再进行举证、质证，但当事人为达成和解协议作出妥协而认可的事实或者有相反证据足以推翻的事实除外。

三、健全简易程序适用规则

第八条 人民法院依照行政诉讼法第八十二条第一款规定适用简易程序审理的行政案件，可以向当事人发送简易程序审理通知书，告知审理方式、审理期限等事项。

人民法院依照行政诉讼法第八十二条第二款规定审理其他第一审行政案件，应当征求当事人意见。征求意见可以通过诉讼平台、电话、手机短信、即时通讯账号等简便方式进行。当事人不同意适用简易程序的，应当自收到通知之日起五日内向人民法院提出。期限内未提出异议的，人民法院可以按照简易程序进行审理。

第九条 人民法院适用简易程序审理行政案件，可以根据案件情况，采取下列方式简化庭审程序，但应当保障当事人答辩、举证、质证、陈述、辩论等诉讼权利：

（一）已经通过开庭前准备阶段或者其他方式完成当事人身份核实、权利义务告知、庭审纪律宣示的，开庭时可以不再重复；

（二）庭审直接围绕与被诉行政行为合法性相关的争议焦点展开，法庭调查、法庭辩论可以合并进行。

当事人双方表示不需要答辩期间、举证期限的，人民法院可以迳行开庭，开庭时间不受答辩期间、举证期限的限制。

适用简易程序审理的案件，应当一次开庭审结，但人民法院认为确有必要再次开庭的除外。

第十条 适用简易程序审理行政案件的庭审录音录像，经当事人同意的，可以代替法庭笔录。

第十一条 人民法院适用简易程序审理行政案件，可以简化裁判文书，但应当包含当事人基本信息、诉讼请求、答辩意见、主要事实、简要裁判理由、裁判依据和裁判主文，以及诉讼费用负担、告知当事人上诉权利等必要内容。

第十二条 由简易程序转为普通程序审理的案件，转为普通程序前已经进行的诉讼行为有效，双方当事人已确认的无争议事实，可以不再进行举证、质证。

由简易程序转为普通程序的案件，不得再转为简易程序审理。

四、依法快速审理简单案件

第十三条 人民法院经过阅卷、调查或者询问当事人，认为原告起诉不符合法定起诉条件的，可以迳行裁定驳回起诉，但需要开庭审理查明相关事实的除外。

第十四条 开庭前准备阶段已核实当事人身份、告知权利义务、进行证据交换的，开庭审理时不再重复进行。

开庭前准备阶段确认的没有争议并记录在卷的证据，经人民法院在法庭调查时予以说明、各方当事人确认后，可以作为认定案件事实的依据。

第十五条 复议机关为共同被告的案件，对于复议决定与原行政行为认定一致的事实，对方当事人在庭审中明确表示认可的，人民法院可以简化庭审举证和质证，但有相反证据足以推翻该事实的除外。

第十六条 人民法院对具备下列情形之一的上诉案件，经过阅卷、调查或者询问当事人，对没有提出新的事实、证据或者理由的，可以不开庭审理：

（一）不服一审行政裁定的；

（二）当事人认为一审裁判适用法律法规错误的。

在依法保障当事人诉讼权利的情况下，第二审人民法院可以通过诉讼平台、电话、手机短信、即时通讯账号等简便方式询问当事人，并记录在案，但涉及新的事实或者新证据的除外。

第十七条 人民法院审查申请再审案件，应当依据行政诉讼法第九十一条规定，结合当事人的再审请求及理由进行审查。需要询问当事人的，可以通过诉讼平台、电话、手机短信、即时通讯账号等简便方式进行。

当事人主张的再审事由明显不成立的，或者不符合申请再审条件的，驳回再审申请裁定可以适当简化，但应当包含当事人基本信息、案件由来、申请人申请再审的请求和理由、简要裁判理由、裁判依据和裁判主文等必要内容。

第十八条 依法快速审理的简单行政案件，庭审笔录可以适当简化。相关庭审录音录像应当制作光盘等存储介质，一并入卷归档。

第十九条 对事实清楚、权利义务关系明确、争议不大的政府信息公开、不履行法定职责、不予受理或者程序性驳回复议申请以及商标授权确权等行政案件，人民法院可以结合被诉行政行为合法性的审查要素和当事人争议焦点开展庭审活动，并可以制作要素式行政裁判文书。

要素式行政裁判文书可以采取简易方式，按照当事人情况、诉讼请求、基本事实、裁判理由和裁判结果等行政裁判文书的基本要素进行填写。

第二十条 不同当事人对同一个或者同一类行政行为分别提起诉讼的，可以集中立案，由同一审判团队实行集中排期、开庭、审理、宣判。

第二十一条 人民法院审理简单行政案件过程中，发现案件疑难复杂的，应当及时转为复杂案件进行审理。需要变更合议庭或者审判员的，应当告知当事人。

第二十二条 人民法院、当事人及其他诉讼参与人通过信息化诉讼平台在线开展行政诉讼活动，行政诉讼法没有规定的，可以参照适用民事诉讼法及民事诉讼程序繁简分流的相关规定。

五、附则

第二十三条 本意见自 2021 年 6 月 1 日起施行。

征稿启事

《行政执法与行政审判》是最高人民法院针对行政审判工作出版发行的唯一的综合指导性图书。丛书自出版以来，深受全国各地法院行政审判法官、行政执法人员和专家学者的普遍欢迎和好评。对各级法院行政审判工作具有权威的指导作用，对各级各部门行政机关依法行政和行政法、行政管理专业的专家学者具有较强的参考作用。

本丛书及时刊登行政法的最新司法解释、司法文件、司法政策及解读，具有典型和指导意义的审判案例及分析，行政执法和行政审判的调研信息及成果等内容，设有“大法官论坛”“理论探索”“案例分析”“实务争鸣”“调查研究”“司法文件”等栏目。现编委会竭诚向全国的行政执法和行政审判理论和实务工作者征稿。来稿要求：

一、稿件应属未公开发表的作品。请勿一稿两投。

二、优先发表在本书所涉领域有创见的、高水平的文章，来稿采用与否以理论和实务价值为标准。

三、稿件引文应当注明出处，注释体例参见本书“写作体例说明”。

四、稿件最好为附打印稿的 word 文件电子版。

五、稿件一经发表，文责自负，但编者保留对来稿进行技术性加工处理的权利。文章一经采用，由本编辑部统一付给稿酬。

六、来稿请按以下联系方式寄送：

地址：北京市东城区东交民巷 27 号

最高人民法院行政审判庭　章文英

邮编：100745

请在信封正面注明“《行政执法与行政审判》来稿”字样。

E-mail：zgfyxzt@ sohu. com

《行政执法与行政审判》编委会

写作体例说明

一、交付稿件要求

（一）总体要求

齐（不缺页、不缺件）、清（稿面清楚）、定（已定稿的稿件）。提供稿件电子版，并附打印清样，出版社视清样为最终定稿。

（二）具体要求

纸样用 A4 纸，单面打印。

电子版内容一定要与提供的清样内容相同。

二、编辑体例

正文编码顺序按“一、（一）1.（1）①第一，其一”等来编排。

三、技术规范

数字用法：

统计数字、时间、物理量等均用阿拉伯数字（如：100kg　45.8 万元　11 个月　4.9 万册　12.4 亿人）；法条号尊重原文，即原文是汉字的用汉字，原文是阿拉伯数字的用阿拉伯数字。

注释方法：

1. 一般原则

（1）注释采取页下注，注释号每页重新起算；

（2）引注作品的，注释应完整；

（3）作者为三人或三人以上的，首次引用时应显示全部作者，重复出现时可在第一作者之后加“等”字样。

2. 著作引文注释范例

一般格式：作者/书名/出版社/出版年代/页码

如：×××/×××编著/×××主编：《×××》，××出版社××年版，第××页。

3. 文章引文注释范例

一般格式：作者/文章题目/引自何种出版物/出版时间/页码

（1）著作中文章

××：《文章名》，载××主编：《书名》，××出版社××年版，第××页。

（2）期刊中的文章

××：《文章名》，载《期刊名》××年第×期。

（3）报纸上的文章

××：《文章名》，载《报纸名》××年××月××日，第×版。